CB080113

AFRODITE

Contos, receitas e outros afrodisíacos

por

ISABEL ALLENDE

ilustrações

ROBERT SHEKTER

receitas

PANCHITA LLONA

tradução

CLAUDIA SCHILLING

7ª edição

BERTRAND BRASIL

Rio de Janeiro | 2025

Dedico estas divagações eróticas aos amantes brincalhões e — por que não? — também aos homens assustados e às mulheres melancólicas.

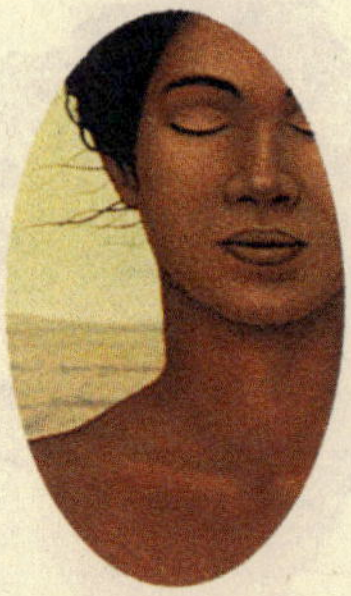

Seu hálito é *como mel aromatizado com*
cravo; Sua boca, deliciosa como
uma manga madura. Beijar sua pele
é como experimentar o lótus.
A cavidade do seu umbigo oculta
uma profusão de especiarias.

Que prazeres repousam depois, a
língua sabe, mas não pode dizer.

Srngarakarika, Kumaradadatta (século XII)

INTRODUÇÃO

— e Rondo Capriccioso —

Os cinquenta anos são como a última hora da tarde, quando o sol já se pôs e tendemos naturalmente à reflexão. No meu caso, porém, o crepúsculo me induz a pecar e, *talvez por isso, no meu cinquentenário reflito sobre minha relação com a comida e o erotismo, as fraquezas da carne que mais me tentam, embora, hélas, não tenham sido as que mais pratiquei.*

Arrependo-me das dietas, dos pratos deliciosos rejeitados por vaidade, tanto como lamento as oportunidades de fazer amor que deixei passar para me dedicar a tarefas pendentes ou por virtude puritana. Passeando pelos jardins da memória, descubro que minhas recordações estão associadas aos sentidos. Minha tia Teresa, que foi se transformando em anjo e quando morreu tinha embriões de asas nos ombros, está para sempre ligada ao cheiro de pastilhas de violeta. Quando essa dama encantadora nos visitava, com seu vestido cinza discretamente iluminado por uma gola de renda e a cabeça de rainha coroada pela neve, as crianças corriam ao seu encontro e ela abria com gestos rituais sua velha bolsa, sempre a mesma, tirava um pequeno estojo de lata pintada e nos dava um caramelo cor de malva. Desde então, cada vez que o aroma inconfundível de violetas se insinua no ar, a imagem dessa tia santa, que roubava flores dos jardins alheios para levá-las aos moribundos do asilo, retorna intacta à minha alma. Quarenta anos mais tarde, fiquei sabendo que essa era a marca de Josefina Bonaparte, que confiava cegamente no poder afrodisíaco daquele efêmero aroma que assim como assalta com uma intensidade quase nauseabunda desaparece sem deixar traços, para regressar em seguida com renovado ardor. As cortesãs da Grécia antiga usavam-no antes de cada encontro amoroso para perfumar o hálito e as zonas erógenas, porque, mesclado ao odor natural da transpiração e às secreções femininas, alivia a melancolia dos mais velhos e excita de modo incontrolável o espírito dos homens jovens. No Tantra, filosofia mística e espiritual que exalta a união dos opostos em todos os planos, do cósmico ao mais ínfimo, e em que o homem e a mulher são espelhos de energias divinas, violeta é a cor da sexualidade feminina, e por isso foi adotada por alguns movimentos feministas.

O cheiro penetrante do iodo não me traz imagens de cortes ou cirurgias, mas de ouriços-do-mar, essas estranhas criaturas marítimas inevitavelmente relacionadas à minha iniciação no mistério dos sentidos. Tinha 8 anos quando a mão rude de um pescador pôs uma língua de ouriço-do-mar na minha boca. Quando vou ao Chile, procuro ir ao litoral para experimentar de novo ouriços recém-extraídos do mar, e toda vez sinto-me tomada pela mesma mistura de terror e fascínio que senti naquele primeiro encontro íntimo com um homem. Para mim, os ouriços-do-mar são inseparáveis desse pescador, de sua sacola escura de mariscos pingando água do mar e de meu despertar para a sensualidade. É assim que recordo os homens que passaram pela minha vida — não quero me gabar, não foram muitos —, uns pela textura da pele, outros pelo sabor dos beijos, o cheiro das roupas ou o tom dos murmúrios, quase todos eles associados a algum alimento especial. O prazer carnal mais intenso, gozado sem pressa em uma cama desarrumada e clandestina, combinação perfeita de carícias, riso e jogos da mente, tem gosto de *baguette*, *prosciutto*, queijo francês e vinho do Reno. Por meio de qualquer um desses tesouros da cozinha surge diante de mim um homem em particular, um antigo amante que volta sempre, como um fantasma querido, para lançar uma luz maliciosa na minha idade madura. Esse pão com presunto e queijo me devolve o cheiro de nossos abraços e esse vinho alemão, o sabor de sua boca. Não consigo separar o erotismo da comida e não vejo razão para fazê-lo; ao contrário, pretendo continuar desfrutando de ambos enquanto tiver forças e bom humor. Daí vem a ideia deste livro, que é uma viagem sem mapa pelas regiões da memória sensual, onde os limites entre o amor e o apetite são tão difusos, que às vezes os perco totalmente.

Não é fácil justificar outro livro de receitas culinárias ou de exercícios eróticos. Todo ano são publicados aos milhares e, francamente, não sei quem os compra, porque ainda não conheci ninguém que cozinhasse ou fizesse amor com um manual. As pessoas que ganham a vida com esforço e rezam escondidas, como você e eu, improvisam o melhor possível entre as panelas e entre os lençóis, aproveitando o que se tem à mão, sem pensar muito no assunto e sem muita pompa, agradecidas pelos dentes que restam e pela sorte imensa de ter a quem abraçar. Então, por que este livro? Porque a ideia de pesquisar afrodisíacos me parece divertida e espero que também seja para você. Nestas páginas tento me aproximar da verdade, porém nem sempre é possível. O que se pode dizer, por exemplo, da salsa? Às vezes é preciso inventar...

Desde sempre, a humanidade tem recorrido a substâncias, truques, magias e jogos, que as pessoas sérias e virtuosas se apressam a classificar como perversões, para estimular o desejo amoroso e a fertilidade. Esta não nos interessa aqui, pois já existem crianças demais no mundo — vamos nos concentrar no prazer. Em um livro sobre magia e amavios ou filtros de amor, empilhado entre muitos textos similares em cima de minha escrivaninha, figuram fórmulas provenientes da Idade Média e outras anteriores, das quais algumas ainda são praticadas, como espetar alfinetes em um desventurado sapo vivo e em seguida enterrá-lo, murmurando esconjuros em uma sexta-feira à noite. Supõe-se que a sexta-feira seja o dia da mulher e os outros seis pertençam ao homem. Encontrei, por exemplo, um encantamento para prender o amante escorregadio, ainda praticado em certas regiões rurais da Grã-Bretanha. A mulher amassa farinha, água e manteiga, salpica a mistura com saliva, depois a coloca entre as pernas para lhe dar a forma e o sabor de suas partes secretas, assa e oferece esse pão ao objeto do seu desejo. Antigamente mesclavam-se beberagens de sangue — com frequência *elixir rubeus* ou sangue menstrual — e outros fluidos do corpo, fermentados no oco de uma caveira à luz da lua. Se o crânio pertencesse a um criminoso morto no patíbulo, tanto melhor. Existe uma variedade surpreendente de afrodisíacos desse tipo, mas aqui nos limitamos àqueles que possam surgir em uma mente e uma cozinha normais. Hoje são raras as pessoas com tempo para preparar massas ou que disponham da cabeça de um enforcado. A finalidade dos afrodisíacos é incitar o amor carnal, mas se perdermos tempo e energia em sua elaboração, mal poderemos desfrutar dos seus efeitos; por isso não incluímos aqui receitas de difícil preparo, salvo em alguns casos obrigatórios, como o dos nossos cozidos orgiásticos. Também ignoramos deliberadamente as receitas truculentas. Se uma pessoa tem de passar o dia todo preparando um cozido de línguas de canário, não vejo como poderá se dedicar a jogos eróticos mais tarde. O fato de ela gastar suas economias comprando uma dúzia desses frágeis passarinhos, para depois arrancar sem piedade suas línguas, mataria para sempre minha libido. Robert Shekter, criador dos sátiros e das ninfas que ilustram este livro, foi piloto na Segunda Guerra Mundial, porém seus piores pesadelos não são com bombardeios e mortos, mas com um pato distraído que acabou derrubando com sua espingarda de caça. Ao se aproximar, viu que ainda se debatia, e teve de lhe torcer o pescoço para acabar com sua agonia. Desde então é vegetariano. Parece que, ao cair, o pato amassou uma alface, e por isso ele também não come esse vegetal. É muito difícil preparar um jantar erótico para um homem com essas limitações. Robert jamais teria colaborado comigo em um projeto que incluísse canários torturados.

Barbatanas de tubarão, testículos de mandril e outros ingredientes não aparecem aqui, porque não foi possível encontrá-los nos supermercados das redondezas. Se você precisa recorrer a tais extremos para elevar sua libido ou a vontade de amar, sugerimos que consulte um psiquiatra ou mude de parceiro. Aqui nos referimos apenas à arte sensual da comida e seus efeitos sobre a realização amorosa, e oferecemos receitas com produtos que podem ser ingeridos por via oral sem risco de morte — pelo menos imediata — e que, além disso, são saborosos. O brócolis, portanto, está descartado. Limitamo-nos a afrodisíacos simples, como ostras recebidas da boca do amante, segundo receita infalível de Casanova, que seduziu dessa maneira um par de pícaras noviças, ou a suave pasta de mel e amêndoas moídas que os escolhidos por Cleópatra lambiam em suas partes íntimas até perderem a razão, e também receitas modernas com menos calorias e colesterol. Não apresentamos poções sobrenaturais, porque este é um livro prático e sabemos como é difícil conseguir patas de coala, olhos de salamandra e urina de virgem, três espécies em extinção.

A gula é um dos caminhos mais diretos para a luxúria e, se avançarmos um pouco mais, para a perdição da alma. Por isso luteranos, calvinistas e outros aspirantes à perfeição cristã comem mal. Os católicos, em compensação, que nascem resignados ao pecado original e às fraquezas humanas, e que são purificados pelo sacramento da confissão, prontos para tornar a pecar, são muito mais flexíveis com relação à boa mesa, tanto que cunharam a expressão "*boccato di cardinale*" para definir algo delicioso. Ainda bem que fui criada entre os segundos e posso devorar todas as guloseimas que desejar sem pensar no inferno, só nos meus quadris, porém não foi tão fácil deixar de lado tabus relacionados ao erotismo. Pertenço à geração de mulheres que se casavam com quem primeiro elas tivessem "chegado até o final", porque depois da perda da virgindade ficavam desvalorizadas no mercado matrimonial, embora, em geral, seus parceiros fossem tão inexperientes quanto elas, raramente sabendo distinguir entre virgindade e melindres. Não fosse a pílula anticoncepcional, os hippies e a liberação feminina, muitas de nós ainda estariam presas à monogamia compulsória. Na cultura judaico-cristã, que divide o indivíduo em corpo e alma, e o amor em profano e divino, tudo o que se refere à sexualidade, exceto a reprodução, é abominável. Chegou-se ao extremo de os casais virtuosos fazerem amor através de um buraco em forma de cruz bordado na camisola. Só o Vaticano poderia imaginar algo tão pornográfico! No resto do mundo, a sexualidade é um componente da boa saúde, inspira a criação e faz parte do caminho da alma; não está associada a culpas ou segredos, porque o amor sagrado e o profano provêm da mesma fonte e supõe-se que os deuses celebram o prazer humano. Infelizmente, demorei trinta anos para descobrir isto. Em sânscrito existe uma palavra para definir o gozo do princípio da criação, que é similar ao gozo sexual. No Tibete, a cópula era praticada como exercício espiritual e no tantrismo é uma forma de meditação. O homem, sentado na posição de lótus, recebe a mulher montada em suas pernas, ambos contam suas respirações com a mente em branco e elevam as almas para o divino, enquanto os corpos se ligam entre si com serena elegância. Assim dá gosto meditar.

Da elaboração deste projeto, participaram ativamente Robert Shekter com seus desenhos, Panchita Llona com suas receitas e Carmen Balcells como agente literária. Participaram passivamente meia centena de autores, cujos textos consultei sem pedir licença e que não pretendo mencionar, porque é muito aborrecido fazer uma bibliografia. Copiar de um autor é plágio, copiar de muitos é pesquisa. E participaram inocentemente muitos dos meus amigos que, para me comprazer, prestaram-se a experimentar as receitas e a me contar suas experiências, embora estivessem convencidos de que este livro jamais veria a luz do dia.

Por pura inclinação poética, Robert Shekter teve a ideia de acompanhar o livro com um disco de música erótica e dividir os temas em *Quatro estações,* como as de Vivaldi, porém a iniciativa não deu certo. Panchita tentou criar seus pratos levando em conta os produtos de cada estação, mas quando Robert lhe pediu que também lhe desse nomes musicais, ela o mandou pro inferno. Parece que a maioria dos termos musicais é italiana, e um *burrito con chile* não pode ser chamado de *allegro ma non troppo.* Por isso, se encontrar nestas páginas algum italianismo musical que possa ter escapado, não se preocupe: é apenas um capricho do nosso ilustrador. A ideia do disco tampouco prosperou porque não conseguimos chegar a um acordo sobre o tipo de música considerada erótica. Panchita se inclinava pelo *Bolero* de Ravel, Robert por Bach e eu por uma música de realejo que entrou pela janela uma tarde de verão quando... bem, essa é outra história.

Robert é um cientista. Não me permitiu truques de romancista, exigiu precisão. Tive de lhe mostrar a montanha de livros usados para a pesquisa e mensurar a potência afrodisíaca das receitas de Panchita com base em um método inventado por ele. Recorremos a voluntários de ambos os sexos e diversas raças, maiores de 40 anos, pois até uma infusão de camomila estimula os mais jovens, o que confundiria nossas estatísticas. Depois de convidá-los para jantar e observar sua conduta, medimos e anotamos os resultados. Foram semelhantes aos obtidos há alguns anos, quando trabalhava como jornalista e tive de escrever uma reportagem sobre a eficácia da magia negra na Venezuela. Os sujeitos que sabiam que eram alvos de rituais vodu começaram a desvariar e a eliminar humores demoníacos, ficaram com espinhas na garganta e o cabelo caiu; em contrapartida, os que permaneceram na feliz ignorância continuaram tão prósperos como antes. No caso deste livro, os amigos que desfrutaram dos afrodisíacos informados do seu poder revelaram pensamentos deliciosos, impulsos velozes, arroubos de imaginação perversa e conduta sigilosa, mas os que nunca souberam do experimento devoraram os alimentos sem mudanças aparentes. Em uma ou outra ocasião bastou deixar o manuscrito em cima da mesa, com o título bem visível, para seu poder afrodisíaco surtir efeito: os comensais começaram a mordiscar as orelhas uns dos outros mesmo antes de o jantar ser servido. Deduzo, portanto, que, como no caso da magia negra, é conveniente advertir os participantes, pois assim se poupa tempo e trabalho.

Feito o plano, lançamo-nos cada um de nós à sua tarefa e, à medida que surgiam ninfas, sátiros e outras criaturas mitológicas do lápis de Robert, alimentos fabulosos na cozinha de Panchita, cálculos matemáticos na mente de Carmen e dados da biblioteca que eu estava pesquisando, nosso ânimo mudou. As dores nos ossos que Robert sentia diminuíram e ele está pensando em comprar um veleiro, Panchita parou de rezar o terço, Carmen engordou vários quilos e eu fiz uma tatuagem de camarão no umbigo. As primeiras manifestações de luxúria começaram quando programamos o índice. No momento em que provamos os primeiros bocados afrodisíacos, já estávamos todos com um pé na orgia. Robert é solteiro, por isso prefiro não perguntar qual foi o método que ele usou. Carmen Balcells ficou com uma pele de porcelana desde que passou a tomar banhos semanais com caldinho de galinha. O marido da Panchita e o meu andam aos saltos e com as pupilas dilatadas, surpreendendo-nos atrás das portas. Se estes pratos obtiveram tanto sucesso com velhotas como nós, o que não poderão fazer por você?

No final, quando eu e todos os colaboradores deste projeto acreditávamos ter terminado e fazíamos as últimas revisões, compreendemos que, entre tantos afrodisíacos, desde mariscos com ervas e especiarias, até camisolas de renda, luzes cor-de-rosa e sais aromáticos para banho, havia um, o mais poderoso de todos, que não tínhamos incluído: as histórias. Em nossas longas vidas bem vividas, Robert, Panchita, Carmen e eu verificamos que o melhor estimulante do erotismo, tão efetivo quanto as mais sábias carícias, é uma história contada entre dois lençóis recém-passados para fazer amor, como demonstrou Sheherazade, a portentosa narradora da Arábia que, durante mil e uma noites, cativou um cruel sultão com sua língua de ouro. O homem regressou do campo de batalha sem aviso prévio — erro imperdoável que produziu inumeráveis tragédias — e encontrou uma de suas esposas, a mais amada, divertindo-se alegremente com seus escravizados. Mandou decapitá-la e depois, com cristalina lógica masculina, decidiu possuir uma virgem a cada noite, mandando o carrasco decapitá-la ao amanhecer, de modo que ela não tivesse oportunidade de lhe ser infiel. Sheherazade era uma das últimas donzelas disponíveis naquele reino de pesadelo. Era mais sábia do que bonita, e possuía o dom da palavra fácil e da imaginação ilimitada. Na primeira noite, depois de ser violada sem grandes contemplações pelo sultão, arrumou os véus e começou a lhe contar uma longa e fascinante história, que se estendeu por várias horas. Com o primeiro raio da alvorada, Sheherazade calou-se discretamente, deixando o monarca sob tal suspense que este lhe concedeu outro dia de vida, mesmo correndo o risco de ela lhe pôr chifres em pensamento, pois em função da vigilância, de outro modo não seria possível. E assim, de conto em conto e de noite em noite, a moça salvou seu pescoço da cimitarra, aliviou a incerteza patológica do sultão e conseguiu a imortalidade. Depois de se preparar e servir um jantar delicioso, tendo a secreta tepidez do vinho e as cócegas das especiarias percorrido os caminhos do sangue e a antecipação das carícias ruborescido a pele, este é o momento de se deter por alguns minutos, atrasando o encontro para que os amantes se presenteiem com uma história ou um poema, como nas mais refinadas tradições orientais. Outras vezes, a história aviva a paixão depois do primeiro abraço, quando se recuperou o fôlego e um pouco de lucidez e o casal descansa satisfeito. E uma boa maneira de manter desperto o homem, que tende a cair anestesiado, e de divertir a mulher quando ela começa a se entediar. Essa história ou esses versos são únicos e preciosos: ninguém os disse nem dirá nesse tom, com esse ritmo, com essa voz particular ou essa intenção precisa. Não é o mesmo que um vídeo, por favor. Se nenhum deles tem talento natural para inventar histórias, pode-se recorrer ao imenso repertório estimulante da literatura universal, dos mais deliciosos textos eróticos à pornografia mais vulgar, desde que seja breve. Trata-se de prolongar o prazer lendo um trecho excitante, porém curto; o ímpeto amoroso ganho com o jantar não deve ser desperdiçado em excessos literários. Assim, você poderá transformar algo tão trivial como o sexo em uma ocasião inesquecível.

Em meu livro *Contos de Eva Luna* há um prólogo que evoca o poder da narração, algo que nunca poderia ter escrito se não o tivesse vivido. Peço desculpas pela arrogância de citar a mim mesma, mas acho que ilustra o que disse. Os amantes, Eva Luna e Rolf Carlé, repousam depois de um abraço encabritado. Na memória fotográfica de Rolf, a cena é como um quadro antigo, no qual a amada está a seu lado sobre a cama, com as pernas dobradas, um xale de seda sobre um ombro e a pele ainda úmida pelo amor. Rolf descreve assim a pintura:

> *O homem está com os olhos fechados, uma mão sobre o peito e outra sobre a coxa dela, em* íntima *cumplicidade. Para mim essa visão* é

recorrente e imutável, nada muda, é *sempre o mesmo sorriso plácido do homem, a mesma languidez da mulher, as mesmas pregas dos lençóis e cantos sombrios do quarto, sempre a luz da lâmpada roçando os seios e os pômulos dela no mesmo ângulo e sempre o xale de seda e os cabelos escuros caindo com igual delicadeza. Cada vez que penso em ti, assim te vejo, assim nos vejo, presos para sempre nesta tela, invulneráveis à deterioração da má memória. Posso desfrutar longamente esta cena, até sentir que entro no espaço do quadro e não sou mais o que observa, mas o homem que jaz junto a essa mulher. Então se rompe a simétrica quietude da pintura e escuto nossas vozes muito próximas.*

— Conta-me uma história — digo.

— De que tipo?

— Conta-me uma história que não tenhas contado para ninguém.

APOLOGIA DOS CULPADOS

ROBERT SHEKTER

Em uma livraria das redondezas, um desses lugares com piso de madeira fina e poltronas antigas que me fazem lembrar a casa dos meus avós, conheci Robert Shekter. Passo quase todas as manhãs por essa livraria, impulsionada por sentimentos contraditórios. Por um lado, adoro mergulhar nessa atmosfera cheia de espíritos *literários* e, por outro, fico extremamente deprimida ao verificar o número impressionante de novos títulos que aparecem todos os dias. Tanta concorrência me desanima. Para levantar o ânimo, nada melhor que um *capuccino* duplo injetado na veia e um *croissant* cheiroso, que aliviam temporariamente o susto. Desde o primeiro momento, prestei atenção a Robert Shekter, porque seu perfil é idêntico ao do meu avô, que em paz descanse. Esse nariz adunco, esses olhos cor de aço e esses lábios um pouco cruéis me intrigavam e aprendi a amar este homem em segredo, muito antes de lhe dirigir a primeira palavra. Suponho que ele notou meus olhares insistentes e, como bom cavalheiro suíço que é, resignou-se a tomar a iniciativa e a me cumprimentar. Assim surgiu uma amizade baseada em xícaras de café, *croissants* e uma discreta ironia que flui entre os dois como uma corrente poderosa. Alguém disse que a conversa é o sexo da alma... Numa daquelas manhãs de café e calorias crocantes, confessei a meu amigo um dos meus estranhos sonhos eróticos, no qual eu era uma matrona de Rubens, só que um pouco mais velha, pulando nua como uma fada obesa em um jardim encantado, onde cresciam aspargos altos como árvores, cogumelos carnosos, temíveis berinjelas e todo tipo de frutas mórbidas que gotejavam um mel espesso e dourado. Também havia animais nesse prodigioso lugar: patos com laranja, faisões assados, coelhos ao vinho, porcos ao caramelo e lulas ao alho. Enquanto eu descrevia aquelas alucinações de faquir, Robert secava discretamente o suor da testa e, talvez para se distrair, tirou umas luvas que costuma usar nas mãos quando a dor das articulações se torna insuportável, e com seus dedos tesos como garras de águia pegou um lápis e desenhou com maravilhosa facilidade uma ninfa gordalhona num guardanapo de papel. Assim seria o meu futuro se não fizesse regime, admiti ruborescendo. Em seguida, vi surgir do seu lápis um sátiro galopante e não foi preciso explicar que, apesar da doença que entortou seu esqueleto, é assim que ele se sente por dentro. Dessa forma nasceram naquele guardanapo de papel os personagens que haveriam de se transformar em protagonistas destas páginas: as ninfas determinadas e os sátiros travessos.

— Por que tenho esses pesadelos, Robert? Estou há meio século toureando os demônios da carne e do chocolate.

— Tenho más notícias, querida. Aos 72 continuo igual. A tentação continua, mas a execução falha — replicou.

Daí a conversa derivou naturalmente para o tema dos afrodisíacos, enquanto bebíamos outro *capuccino* e zombávamos das minhas camisolas transparentes, cada dia menos atraentes para afastar meu marido do computador, e das pernas de Robert, que já não servem para perseguir mulheres... e tampouco para escapar delas. "No fim das contas, tudo é sexo", suspirou Robert, melancólico. Ao falar de afrodisíacos, meu amigo recorreu aos seus conhecimentos de medicina e começou a elaborar uma lista de cor, mas eu, um pouco mais moderna, recorri ao arquivo da livraria para procurar textos sobre o assunto. Descobrimos que há menos informação que o esperado e o atribuímos ao fato de que, neste fim de milênio, as pessoas não gemem mais em batalhas de amor, preferem fazê-lo nas academias. Mas essa é uma conclusão precipitada, pois a verdade é que continua existindo o mesmo interesse pelos afrodisíacos que distinguia os cozinheiros de Lucrécia Bórgia, cuja fama de envenenadora, diga-se de passagem, ofuscou injustamente suas qualidades de grande anfitriã. Logo que Robert e eu começamos a indagar amigos e conhecidos, deparamo-nos com uma avalanche de conselhos. Todo mundo queria participar do tema e experimentar as receitas. Mais tarde, com o projeto já em andamento, sobraram voluntários para devorar os cozidos de Panchita com rigor de militantes. Depois nos ligavam a horas intempestivas para contar suas proezas eróticas. Sem a amizade de Robert Shekter este livro não existiria. Sem seu humor e sua sabedoria, eu seria uma avó formal escrevendo tragédias.

PANCHITA LLONA

Pouco a pouco, Robert e eu elaboramos uma lista de tudo aquilo que, conforme nossa experiência e os conhecimentos acumulados durante séculos em diferentes culturas, poderia servir para embelezar a vida amorosa e a vida simplesmente. Como é natural, a comida encabeçava a lista. Logo que a mencionamos, pensei em Panchita Llona, a melhor cozinheira que conheço, e das mãos mágicas de Robert surgiu uma companheira para as ninfas e os sátiros: uma bruxa com toda sua parafernália de feiticeira da cozinha e dos filtros amorosos amavios. Suponho que deva esclarecer que Panchita é minha mãe, para não haver mal-entendidos. Já que vou me meter nesta confusão, prefiro fazê-lo com alguém da minha confiança. Nos muitos anos que dura minha amizade com essa esplêndida mulher, nunca a vi servir o mesmo prato, em tudo ela introduz alguma variante e adorna com tal originalidade, que em suas mãos um vulgar repolho se transforma em obra de arte, como um *ikebana*, esses arranjos florais do Japão com dois crisântemos e um galho torto. É o triunfo da estética sobre a escassez. Minha mãe tem um ar elegante, coquete e irônico que à primeira vista pode ser confundido com distração frívola. Nada disso: é de uma lucidez prístina. Quando um tema lhe interessa, estuda-o com uma concentração de astrônomo, mas sem maiores alardes, causando-nos enorme surpresa quando aparece um dia convertida em especialista em algo que ninguém na família suspeitava. Assim foi, por exemplo, com o Renascimento italiano, a pintura impressionista e a literatura do século XX. A cozinha é um de seus pontos fortes. Ao experimentar um prato, por mais elaborado que seja, ela sabe imediatamente os ingredientes que contém e em que proporção, quanto tempo cozinhou e como poderia melhorá-lo. Assim, elaborou sua famosa torta de amêndoas a partir de uma receita que foi segredo de outra família, guardada como relicário desde a época colonial no Chile. Nada escapa ao seu olfato, ao seu paladar e ao seu instinto de grande cozinheira, nem os recônditos mistérios de um bacalhau à biscainha saído de um fogão camponês em Bilbao, nem os confeitos de almíscar servidos em pires de nácar em um funeral de Damasco, e muito menos as ingênuas receitas da *nouvelle cuisine*, sobretudo a da Califórnia, que ela fareja com gesto sarcástico. Ir com minha mãe a um restaurante costuma ser uma experiência constrangedora. Ao entrar, percorre as mesas observando os pratos alheios, às vezes tão de perto que assusta os clientes. Lê o cardápio com atenção desmedida e atormenta o garçom com perguntas maliciosas que o obrigam a ir até a cozinha, voltando com as respostas escritas. Depois induz a todos a pedirem coisas diferentes e quando os pratos chegam, fotografa-os com uma Polaroid que carrega sempre na bolsa. O resto é fácil, prova um bocado de cada prato e já sabe como interpretá-lo mais tarde em sua casa. Sua arte culinária foi um fator determinante em seu destino, sou testemunha disso.

Minha mãe foi protagonista de um amor de ficção. Quando se apaixonou pelo meu padrasto, o ponderado tio Ramón, há mais de meio século, ninguém dava um tostão por aquela tortuosa relação. Estavam casados com outros cônjuges, tinham ao todo sete filhos e viviam no ambiente mais beato e conservador que se pode imaginar, onde, além de tudo, sequer existe o divórcio. O Chile foi um dos últimos países a aprovar o divórcio, só em 2004; antes disso, os casais estavam legalmente atados por uma eternidade. Entretanto, de alguma maneira minha mãe e o tio Ramón deram um jeito para compartilhar a vida e fazer desta atração clandestina um romance lendário que nem os sete filhos, as línguas invejosas e as limitações de um salário de funcionário público puderam arruinar nem corromper. Supomos que o sólido pilar dessa relação tenha sido o feroz equilíbrio entre o erotismo e a boa comida, mas em nossa família isso jamais é mencionado; preferimos dizer que esse par de bisavós estão unidos por uma profunda afinidade espiritual. De qualquer forma, liguei para a minha mãe no Chile, convidei-a a participar do nosso projeto e, tal como eu esperava, ela captou o espírito da coisa no ato. Parece-me que, ao mencionar o termo "afrodisíaco", houve uma pausa significativa ao sul do continente americano, mas ela é demasiado leal para negar um pequeno capricho à sua filha.

— O que dirão minhas amigas do grupo de oração quando souberem disso! — suspirou.

— Nunca ficarão sabendo, mãe. Até terminarmos o livro, já terão sido enterradas.

CARMEN BALCELLS

Admito que me aterrava a perspectiva de propor a ideia de um livro de afrodisíacos a Carmen Balcells, a mais famosa agente literária do mundo, cuja presença costuma causar arrepios nos editores e ataques de puxa-saquismo entre os escritores. Essa senhora investiu muito esforço em minha suposta "carreira literária". Desde o início, quando em 1982 chegou pelo correio a Barcelona um pacote com o original do meu primeiro romance, *A casa dos espíritos,* ela concebeu planos ambiciosos para mim, e com grande paciência esperou e continua esperando que, como o vinho, eu amadureça com graça. Prova da sua enorme fé é que, em cada uma das minhas visitas a Barcelona, ela me prepara o prato mais impactante — e afrodisíaco — do seu repertório: o "Cozido da Carmen". Ninguém poderia narrar com justiça o espetáculo dessa mulher com avental, lenço na cabeça e uma coleção de blasfêmias à flor dos lábios, fazendo malabarismos em sua cozinha com as conchas de madeira, as panelas de ferro negro, as montanhas de ingredientes, os frascos de especiarias, os ramalhetes de ervas e os jorros generosos do melhor brandy. É impossível descrever o odor das suas panelas, o sabor desse caldo levanta-defuntos, a textura dos pedaços de morcela, do frango e da carne que se desmancham na boca. Na mesa redonda de Carmen Balcells, a louça é de fina porcelana, a toalha de linho é engomada, bordada em toda a sua extensão em conventos de clausura, as taças de cristal cortado servem para verter o melhor vinho de La Rioja, e as colheres de pesada prata antiga são herança de remotos antepassados. E depois de várias horas de esforçada labuta na cozinha, passamos à mesa, onde ela extrai com a devida cerimônia de uma sopeira barriguda os tesouros do seu cozido para encher nossos pratos… E comemos até a alma se elevar em suspiros e se renovarem as virtudes mais recônditas das nossas golpeadas humanidades, enquanto aquela sopa bendita penetra em nossos ossos, varrendo de uma vez só a fadiga de tantas perdas acumuladas na viagem da existência e devolvendo-nos a sensualidade incontida dos 20 anos. Mas eu moro na Califórnia, onde todo mundo se alimenta de kiwi e ricota e anda trotando pela rua com uma concentração demente, e por isso não me lembrei do cozido quando liguei para Carmen em Barcelona para lhe comunicar timidamente que, em vez do grande romance que espera de mim há quinze anos, cairia sobre sua escrivaninha um monte de divagações sobre a sensualidade e receitas culinárias da minha mãe.

— *Déu meu!* — exclamou, não sei se em latim ou em catalão, com o mesmo tom exaltado que teria utilizado se Cervantes tivesse lhe confiado um dos seus manuscritos. E com essa lendária generosidade, que a distingue dos tubarões do ambiente literário, Carmen me ofereceu a receita do seu extraordinário cozido, como um presente para os leitores deste livro, que pode ser encontrada, naturalmente, no capítulo sobre as orgias.

EU

Numa noite de janeiro de 1996, sonhei que me jogava numa piscina cheia de arroz-doce (veja a receita na seção de sobremesas), onde chafurdava com a graça de um boto. É meu doce preferido — o arroz-doce, não o boto — e por isso, em 1991, em um restaurante de Madri, pedi quatro pratos de arroz-doce e, para complementar, um quinto, de sobremesa. Comi todos eles sem piscar, com a vaga esperança de que aquele nostálgico prato da minha infância me ajudaria a suportar a angústia de ver minha filha muito doente. Nem minha alma nem minha filha se aliviaram, mas o arroz-doce ficou associado na minha memória a consolo espiritual. No sonho, em compensação, não havia nada de elevado: eu mergulhava e esse creme delicioso acariciava minha pele, escorregava entre minhas dobras e enchia a minha boca. Acordei feliz e me lancei sobre meu marido antes que o coitado conseguisse perceber o que estava acontecendo. Na semana seguinte sonhei que colocava Antonio Banderas desnudo em cima de uma *tortilla* mexicana, jogava um pouco de abacate e molho picante por cima, enrolava-o e o comia com avidez. Desta vez acordei aterrada. E pouco depois sonhei... bem, não vale a pena continuar enumerando, basta dizer que quando contei essas truculências para a minha mãe, ela me aconselhou a procurar um psiquiatra ou um cozinheiro. Você vai engordar, acrescentou, e assim decidi enfrentar o problema com a única solução que conheço para minhas obsessões: a escrita.

Depois da morte da minha filha Paula, passei três anos tentando exorcizar a tristeza com rituais inúteis. Foram três séculos com a sensação de que o mundo tinha perdido as cores e um cinza universal estendia-se inexoravelmente sobre as coisas. Não posso precisar o momento em que apareceram as primeiras pinceladas de cor, mas quando começaram os sonhos de comida soube que estava chegando ao final daquele longo túnel do luto e por fim emergia do outro lado, em plena luz, com um desejo enorme de voltar a comer e a me divertir. E assim, pouco a pouco, quilo a quilo e beijo a beijo, nasceu este projeto.

A parte que me tocou neste trabalho de equipe foi a de pesquisa. Não estou me queixando. Na vasta biblioteca ao meu alcance descobri mais de uma coisinha que nem suspeitava... Escrevi estas páginas em um quarto da minha casa, porque no início não queria que os montes de livros com ilustrações explícitas ficassem expostos no meu escritório às vistas de meus virtuosos assistentes e de visitantes ocasionais. Como tampouco desejava exibir este material em minha casa, mantinha-o bem trancado, mas à medida que me familiarizei com todas as posições possíveis e outras impossíveis para fazer amor, como também com todos os artefatos, amavios ou filtros, bálsamos, loções, especiarias, ervas, drogas, penas de avestruz e balas com forma fálica oferecidos pelo mercado, os livros ficam soltos por toda parte, e meus netos, criaturas inocentes que ainda não chegaram à idade da razão, brincam de casinha com eles, como se fossem os tijolos perversos de outra torre de Babel. De tanto vê- los, nada mais me impressiona, e nem aos meus netos.

AFRODISÍACOS

Como definir um afrodisíaco? Digamos que se trata de qualquer substância ou atividade que desperta o desejo amoroso. Alguns têm fundamento científico, mas a maioria atua por impulso da imaginação. Cada cultura e cada pessoa reage à sua maneira diante deles. Durante milhares de anos a humanidade tem ensaiado diferentes possibilidades na busca incessante de novos estímulos, busca que conduziu à pornografia e à criação da arte erótica, tão antiga quanto os albores da pintura rupestre em cavernas milenares. A diferença entre ambas é questão de gosto; o erótico para um pode ser pornográfico para outro. Para os puritanos o Mal estava em todas as partes: cobriam com capas os pés das mesas para evitar maus pensamentos e as senhoritas não podiam pendurar retratos de homens nas paredes do seu quarto, para evitar que a pintura as espiasse enquanto tiravam a roupa... Era preciso muito pouco para excitar essa boa gente. Alguns afrodisíacos funcionam por analogia, como as ostras em forma de vulva ou o aspargo, de falo; outros, por associação, porque nos recordam algo erótico; também por sugestão, porque acreditamos que, ao comer o órgão vital de outro animal — e em alguns casos, de outro ser humano, como sucede entre os antropófagos — adquirimos sua força. Em geral, qualquer coisa com nome francês parece afrodisíaca. Não é a mesma coisa servir cogumelos com alho em vez de *champignons à la provençale*, pão com ovas de peixe em vez de *croque-monsieur au caviar*. O mesmo critério se aplica às lides do amor. É bom dispor de nomes sugestivos para as diferentes posições, como os sábios manuais eróticos da Ásia. Não é necessário recordar os autênticos, pode-se inventá-los e ninguém notará a diferença: *Delicada mariposa em salto mortal*, *Flor de lótus desmaiada em lagoa com patos* e outros do tipo. Com certeza, não podemos descartar os estimulantes terapêuticos, plantas e hormônios, mas depois de experimentar um bom número deles, creio que os sensoriais são os mais efetivos: jogos atrevidos, massagens, espetáculos, literatura e arte eróticos.

As sociedades patriarcais, isto é, quase todas, menos algumas de indígenas perdidos nas crônicas de remotos conquistadores, têm verdadeira obsessão pela virilidade e seu símbolo: o falo. Trata-se de produzir filhos, varões, naturalmente, para garantir a sucessão e preservar o poder da família. Em toda falocracia os afrodisíacos são muitos importantes, em função das limitações do caprichoso apêndice masculino, que costuma desmaiar não só por fraqueza do seu proprietário, mas também por fastio. Desde que os homens tiveram a curiosa ideia de basear sua superioridade sobre as mulheres nesse órgão de sua anatomia, eles começaram a ter problemas. A ele são atribuídos poderes desproporcionais, quando na verdade é bastante insignificante, se comparado com um braço ou uma perna. E quanto ao tamanho, francamente não se justificam os nomes de armas ou instrumentos que costuma receber, pois pode ser colocado comodamente em uma lata de sardinhas, ainda que duvide que alguém deseje fazer isto. Basta olhar para baixo do umbigo de um homem para calcular quanta ajuda requer para manter o moral elevado. Disso provém o interesse pelos afrodisíacos.

Comer e copular dependem menos dos sistemas digestivo e sexual que do cérebro, como quase tudo o que nos acontece, que não passa de sonho, ilusão, engano. Shakespeare tem uma frase genial a esse respeito, mas lamentavelmente não pude encontrá-la; em compensação, posso citar uma de Calderón de la Barca:

Que é a vida? Uma ilusão
uma sombra, uma ficção.
Pois toda a vida é sonho
e os sonhos, sonhos são.

No que se refere à alimentação e à sexualidade, a natureza exige um mínimo, bastante simples, destinado à preservação do indivíduo e da espécie; o resto são ornamentos ou subterfúgios que inventamos para festejar a vida. A imaginação é um demônio persistente, e sem ela o mundo seria branco e preto, viveríamos em um paraíso de militares, fundamentalistas e burocratas, em que a energia hoje investida na boa mesa e no bom amor seria destinada a outros fins, como matar uns aos outros com maior disciplina. Se nos alimentássemos apenas de frutas silvestres e copulássemos com a inocência dos coelhos, pouparíamos muita literatura sobre esses temas, milhares de árvores escapariam da fatalidade de se transformarem em polpa e os sete pecados capitais não incluiriam a luxúria e a gula, e com isso aumentaria significativamente o número de almas no Paraíso. Mas a natureza nos dotou — ou nos maldisse — de um cérebro insaciável, capaz de imaginar não só todo tipo de comidas maravilhosas e variantes amorosas, como também as culpas e castigos correspondentes. Desde que os primeiros humanos puseram um cadáver de corvo ou de rato sobre as brasas e depois celebraram aquele festim com alegres fornicações, a relação entre comida e sexo tem sido um tema constante em todas as culturas. Não sabemos se o mesmo ocorre entre os animais, mas observando os texugos que roubam o alimento de meu gato, percebi que nas noites de lua cheia eles uivam nos telhados imitando os gritos de amor dos felinos das redondezas. Essas latas de repugnante pasta de peixe têm algo que atiça igualmente as intenções de gatos e texugos.

Os afrodisíacos são a ponte entre a gula e a luxúria. Em um mundo perfeito, suponho que qualquer alimento natural, saudável, fresco, atraente para a vista, saboroso e leve — isto é, as mesmas virtudes que desejamos em nossos parceiros — seria afrodisíaco, mas a realidade é bem mais complicada. Na busca incansável de fortalecer o frágil membro masculino e curar a indiferença das mulheres distraídas, chega-se ao extremo de engolir pó de baratas. O estudo das virtudes estimulantes dos alimentos é tão antigo que se perde na noite de civilizações enterradas há séculos. Muitas receitas desapareceram nos labirintos da história, mas algumas perduraram na tradição oral. Há mais de dois mil anos, viveu na China um monge taoista cuja esposa transitou por esta vida afinando seu espírito e seu dom de cura, mediante a prática amorosa com inúmeros voluntários, enquanto seu marido tomava nota daquelas maratonas e aperfeiçoava uma dieta para preservar integralmente a saúde, provocar sonhos cristalinos e aumentar a alegria genital de sua mulher. Ela seguiu a dieta ao pé da letra, com excelentes resultados. O monge também foi autor de um elixir venenoso à base de mercúrio, cuja ingestão, depois de uma vida de meditação e ervas, iluminava a mente e enviava o espírito em sua última viagem astral, deixando o corpo inerte, porém imune à decomposição. Sua mulher, discípula fiel, também o tomou.

E já que estamos na China, não posso deixar de me referir a BanYigui, mencionada no livro *O monge vai ao Ocidente,* sacerdotisa que chegou a ser a mestra mais poderosa do Tao. Essa mulher afirmava que a Realidade só era alcançada através do êxtase sexual. Mais de mil homens por ano, devotos seguidores, dedicavam suas vidas à disciplina ritualística para transformar sua energia sexual em energia espiritual e alcançar a Iluminação, mas a maioria perdia o controle diante da beleza da Mestra, falhava pelo caminho e morria de cansaço. Ela absorvia a energia masculina e conservava-se eternamente bela e jovem como uma garota de 17 anos. A história conta que viveu quinhentos anos. Em outras culturas recomendam-se jejum e abstinência para alcançar a Iluminação. No entanto, jejum e abstinência também são afrodisíacos, embora seja penoso chegar a esses extremos. Na Idade Média, em algumas regiões da Europa, existia a tradição de os noivos dormirem três noites juntos antes da boda, despidos e sem se tocar, separados por uma espada. Em vários textos eróticos aconselham-se jejum total e rigorosa castidade pelo menos durante seis dias, para incrementar o desejo. Como vencem os demônios da carne os santos, anacoretas, gurus, faquires, sacerdotes, anoréxicos e outras pessoas que praticam essas excentricidades como virtudes?

Assim como há métodos para incitar o desejo, há outros que o matam. Entre os antiafrodisíacos mais seguros está o mau hálito (nesse caso não cabem eufemismos). Antigamente os problemas dentais eram inevitáveis; não havia donzela nem galã com mais de 15 anos, por mais nobres e importantes que fossem, que não tivessem dentes carcomidos e gengivas inflamadas. Muitas substâncias consideradas afrodisíacas são apenas aromáticas, adstringentes ou antissépticas. Outros antiafrodisíacos que vale a pena mencionar são o resfriado comum, um homem nu com meias, uma mulher com rolos no cabelo, a televisão e o cansaço. Há substâncias consideradas fatais para a libido: a valeriana, que em pequenas doses tem uma larga reputação de estimulante — antes era misturada à cerveja e ao vinho para alegrar os clientes nos prostíbulos —, em excesso causa apatia, sono fora de hora, perturbação nas ideias e tédio no amor. Os banhos de água gelada também são contraproducentes: se são usados para aturdir os loucos, imaginem como devem congelar a veemência do desejo. E a lista continua com o vinagre, cujas virtudes medicinais incluem despertar dos desmaios, mas que também pode causar vômitos, corroer os dentes e produzir impotência temporária, porque esfria o sangue. Outrora recorria-se à infusão de alface, para ser bebida antes de se deitar, e à pederneira embaixo das camas, para evitar as poluções noturnas e os sonhos felizes dos rapazes no serviço militar e nos internatos religiosos. A propósito, meus amigos católicos acrescentam a essa lista a santa devoção de rezar o terço na cama, que costuma adormecer tanto o mais crente quanto o mais apaixonado. Sobre essa questão, há várias ideias contraditórias. O pepino, que por sua forma é considerado erótico em muitas regiões, em outras era utilizado nos mosteiros para aplacar o ardor viril dos monges. Não sei se o comiam, se o aplicavam em compressas ou o usavam de outras formas que não pretendo detalhar. Diante da dúvida, é melhor se abster, dizia o meu avô.

Pretendo oferecer nestas páginas, da melhor forma possível, uma descrição dos afrodisíacos mais comuns. Espero que não faltem em sua cozinha e que deem à sua vida pinceladas de sabor e bom humor, tão desejados neste turbilhão do modernismo. Vivemos correndo para chegar primeiro à morte. Cabe apenas acrescentar que, se tiver sorte e esses excitantes derem o resultado esperado, você viverá e morrerá feliz, talvez de um ataque súbito causado por uma combinação de gula e luxúria, únicos pecados capitais em que cabe certo estilo, pois os demais são pura malignidade e quebranto.

NA VARIEDADE ESTÁ O SABOR

É necessário anunciar agora, de peito aberto e antes que o leitor continue perdendo seu tempo com estas páginas, que o único afrodisíaco verdadeiramente infalível é o amor. Nada consegue deter a paixão acesa de duas pessoas apaixonadas. Nesse caso, não importam os achaques da existência, o furor dos anos, o envelhecimento físico ou a mesquinhez de oportunidades; os amantes dão um jeito de se amarem porque, por definição, esse é seu destino. Mas o amor, como a sorte, chega quando não é chamado, instala-nos na confusão e se desmancha como neblina quando tentamos retê-lo.

Do ponto de vista de seu valor estimulante é, portanto, luxo de uns quantos afortunados, mas inatingível para os que não foram feridos pelo seu dardo. Isso nos leva ao segundo afrodisíaco mais poderoso: a variedade.

A variedade renova constantemente o ardor amoroso. Isso explica a poligamia e a infidelidade, ambas esgotadoras. O sábio rei Salomão amou — além da filha do faraó — muitas mulheres que Jeová desaprovava, não pela quantidade, mas porque eram estrangeiras:

E teve seiscentas mulheres rainhas e trezentas concubinas; e suas mulheres desviaram seu coração.

— 1 Reis 11:3

Como conseguia o velho Salomão dar conta dessa multidão de mulheres? Graças a muitos afrodisíacos e à ajuda divina, pois novecentos é um número epopeico. Certa vez, convidei seis mulheres para tomar chá na minha casa e fiquei com dor de cabeça por uma semana... O que eu faria, não com novecentos, mas com dois homens? O meu ímpeto já não é suficiente para mais de um namorado por vez, tenho de procurar outras formas de incorporar surpresa à minha vida amorosa. Disfarcei-me com uma peruca loura e óculos escuros, pois ainda pesam sobre mim certos escrúpulos que uma década em San Francisco não conseguiu eliminar totalmente, e fui a uma loja pornô do bairro gay em busca de material didático para estas páginas. Não me detive muito nos instrumentos sadomasoquistas, nas bonecas infláveis — incluindo uma ovelha — ou nos atraentes vibradores com luzes fluorescentes, nem sequer em um que tocava uma valsa ao ser ligado, como as antigas caixinhas de música; dirigi-me diretamente para as prateleiras com livros, onde comecei a encher um par de sacolas. Havia tanta variedade para escolher, que só a urgência de começar a lê-los longe de testemunhas conseguiu me arrancar de lá. Como minha mãe me aguardava em casa, tentei esconder minhas aquisições para que tanta impudicícia não lhe tirasse o fôlego, mas logo a surpreendi folheando-os, sentada em sua cadeira de balanço com uma xícara de chá de camomila. A conclusão, depois de semanas de interessante leitura, é que, quando não se muda de parceiro, pelo menos deve-se introduzir variações na prática.

Nas culturas em que o erotismo tem status de arte, existem prolixos manuais ilustrados para os que se casam e desejam transitar com bom humor e êxito pelos caminhos do amor. A maioria enfatiza esta e aquela posição, inclusive algumas anatomicamente improváveis. Só os humanos podem se dar esse prazer, porque somos os únicos mamíferos capazes de fazer amor de frente, segundo dizem, embora eu imagine que um porco-espinho deve preferir esta posição, e os golfinhos, que passam um terço da vida em jogos sensuais, com certeza também devem tê-la descoberto. Os demais o fazem rapidamente e por trás, de modo que a fêmea possa escapar em caso de perigo. Não é preciso esgotar a fantasia, pois tudo já foi inventado e experimentado; basta ter um espírito curioso e alguma literatura erótica na mesa de cabeceira para incorporar variações deliciosas àquilo que, de outra maneira, acaba se transformando em rotina.

Se os livros de culinária fazem parte de sua biblioteca, os de erotismo também deveriam fazer. Entre os mais célebres manuais encontram-se o *Kama Sutra*, da Índia, os livros chineses de alcova e os *shungas* do Japão (em sua maioria escritos e ilustrados por monges em mosteiros), mas há muito mais; da variedade ocuparam-se quase todos os povos asiáticos, árabes, polinésios, africanos e outros livres dos estigmas religiosos que castigam o prazer. Na Europa, em meados do século XVI, Giulio Romano pintou nas paredes do Vaticano uma série de posições que depois foram imortalizadas por Pietro Aretino em seus sonetos. Dois séculos mais tarde, esses dezesseis desenhos ainda eram usados como parte da educação sexual dos jovens aristocratas. Algumas posições apresentadas nesses exóticos manuais, sobretudo os da índia, são demasiado acrobáticas para o gosto burguês: os cotovelos e os joelhos flexionam-se para o lado contrário, a cabeça gira 180 graus e há uma tal confusão de braços e pernas, que sem a ajuda de um massagista não sou capaz de entender como é possível se desvencilhar. Já não consigo passar as pernas para trás do pescoço, mexer as orelhas ou tocar o nariz com a ponta da língua, e por isso tenho de renunciar a boa parte desses malabarismos. Tampouco sou aficionada aos trapézios e outros aparelhos circenses; sofro de enjoo e às vezes essas piruetas são mortais, e podem nos fazer engolir a língua ou nos estrangular com uma corda.

Certas variantes assustam muitos de nós. Um bom amigo meu, descendente de ferreiros quacres, grande e barbudo, poeta e apicultor por profissão, foi convidado para jantar por uma admiradora dos seus versos e do mel de suas abelhas, com evidentes intenções de sedução.

Ao final de uma ceia galante, ao calor da lareira e à tênue luz de velas aromáticas, quando ela abria a segunda garrafa de vinho e desabotoava o terceiro botão da blusa, meu amigo foi discretamente ao banheiro. De passagem, deu uma olhada no quarto de sua anfitriã para medir as distâncias e planejar sua estratégia; sempre é bom saber onde se está pisando antes de erguer uma mulher nos braços e avançar às cegas rumo a uma cama desconhecida. Enquanto espiava, distinguiu luzes titilantes, espelhos nas paredes e um trapézio pendurado em cima do leito. Aterrado, o poeta escapou por uma janela e nunca mais foi visto por aquelas paragens. Em uma de suas cartas, esse amigo me comentou que a obsessão pela variedade tem muito a ver com a perda do talento para saborear um modesto tomate, com nossa incapacidade de estarmos sensualmente no mundo. No afã de compensar essas carências, algumas pessoas chegam a extremos como aquele inofensivo balanço, para não mencionar estranhas perversões. Ele me falou de seu compadre Tom, que sempre levava consigo uma caderneta onde desenhava linhas verticais, uma para cada mulher que tinha "possuído". E onde ficavam os nomes? Esse cavalgante se esquecera de anotá-los; nem sequer as "possuía" na lembrança. Em sua extenuante carreira de sedutor de uma noite, Tom aprendera menos do que outros que amaram apenas uma mulher e a "conheceram" em todos os sentidos. E como os comedores compulsivos, que engolem sem degustar ou bebem em excesso sem descobrir o mistério da uva; ou como os que acumulam com voracidade insaciável sem jamais experimentar a abundância. Howard Hughes, magnata americano, famoso playboy e um dos homens mais ricos de todos os tempos, que ao morrer tinha mais dinheiro que o Produto Nacional Bruto da maioria dos países do mundo, morreu de fome em um motel de Las Vegas, completamente só, reduzido a pele e ossos, como uma sombra de campo de concentração, infestado de germes e bactérias, caminhando com caixas de sapatos nos pés, porque suas unhas tinham crescido como garras de mandarim. Morreu de pobreza. Pobreza dos sentidos e do espírito. Alguns rabanetes arrancados da terra e uns goles de água poderiam tê-lo salvado. Tanta acumulação e tão pouca abundância! Vivemos obcecados por um insaciável apetite de sensações cada vez mais fortes, porque na pressa de devorar tudo, dissociamos o corpo da alma. Já não bastam uma carícia sutil, o prazer de pele contra pele ou compartilhar um pêssego, exigimos uma exaltação cósmica que nada, nem as drogas, nem a violência do cinema, nem a pornografia mais brutal podem nos dar. Na busca de alívio para o tédio elevamos a crueldade à categoria de arte ou de piada... (Basta! Fui mãe por tanto tempo, que não posso evitar os sermões.)

A BOA MESA

Os que escrevem sobre cozinha provêm naturalmente de uma longa tradição de refinamento culinário, nasceram e cresceram em lugares sugestivos, como a zona rural francesa ou uma vila da Itália, onde suas mães e avós cultivavam uma arte tão delicada quanto suculenta. Na mesa diária servia-se o melhor vinho, e enquanto o pai, com o guardanapo amarrado ao pescoço, cortava solene o pão camponês, apertando-o contra o peito como quem degola um rival, a mãe dirigia com o olhar o desfile de robustas criadas, que traziam da cozinha fumegantes sopeiras de porcelana, bandejas com pratos essenciais, tábuas de queijos da província e bandejas com pirâmides de frutas e doces. Eram festins abundantes que reuniam a família na lenta cerimônia de cada refeição. Nessas mesas, sempre cobertas por toalhas de damasco engomadas, brilhavam taças de cristal, galheteiros com o mais puro azeite de oliva e vinagre balsâmico, vasos e candelabros de prata, testemunhas mudas de vários séculos de excelente cozinha. Talvez nessas salas de jantar se falasse apenas de assuntos prazerosos, como a textura incomparável do patê de fígado com trufas, o sabor do veado assado, a sensualidade do suflê de cerejas e o perfume daquele novo café, enviado do Brasil por um amigo explorador. Desse tipo de ambiente, suponho, saem os célebres cozinheiros e *gourmets*, os provadores de vinhos, os autores de livros de culinária e, por fim, os aristocratas da comida, que orientam os paladares da ínfima percentagem da humanidade que pode comer diariamente. Temo não possuir essas credenciais.

Venho de uma família em que o desprezo pelos prazeres terrenos era uma virtude e o ascetismo nos costumes era considerado bom para a saúde. Os únicos valores aceitáveis eram os da mente e, em certos casos, os do espírito. Meu avô, que vivia fascinado pelos avanços da ciência e da tecnologia, ignorou olimpicamente a água quente e a calefação até meados do século XX. No seu caso tratava-se de arrogância — ele se situava acima da comodidade e de outros caducos hábitos burgueses —, mas outros membros do nosso clã adotavam a mesma atitude por razões de santidade, loucura, avareza ou simples distração, como minha avó. Enquanto outras damas de sua idade e categoria velavam pelos detalhes domésticos e pelo comportamento dos seus herdeiros, a minha ocupava-se de aprender a levitar. Meus primeiros anos junto a ela devem ter sido muito felizes, mas na minha memória prevalece a época posterior à sua morte, quando a casa perdeu a luz e a alegria. Recordo um casarão sombrio, onde meu avô reinava como um Zeus severo, embora sempre justo, em meio a incontáveis parentes, protegidos e empregadas que, como personagens de romance, passeavam por esses quartos de tetos altos, cada um com seus dramas, paixões e excentricidades. A ausência de minha avó deixou um vazio tremendo que até hoje, em pleno outono da minha vida, ainda dói. Era uma mulher lendária, da qual se contam histórias improváveis, que passou sua existência em um plano intermediário entre a realidade e o sonho, mais preocupada com fenômenos extrassensoriais e obras de caridade do que com as grosseiras realidades deste mundo. Os trabalhos domésticos ou as obrigações da maternidade interessavam-lhe pouco, delegava essas responsabilidades às numerosas "babás", sempre disponíveis. Minha avó vestia qualquer roupa que tivesse à mão, indiferente à moda ou ao clima, assim como comia o que colocassem à sua frente. A questão dos alimentos, como tantas outras relativas ao corpo e suas funções, parecia-lhe de mau gosto e, portanto, não era mencionada em sua presença. Eternamente inapetente, sentava-se à mesa por hábito, com a mente nos travessos fantasmas que costumavam visitá-la em suas sessões semanais, ou concentrada em receber as mensagens telepáticas de suas amigas espíritas. Em seu rosto demasiado pálido, destacavam-se grandes olhos negros que lhe davam um ar de ausência, e por isso seu riso fácil e seu senso de ironia surpreendiam. Talvez porque não acreditássemos que ela fosse totalmente humana, jamais pensamos que seria capaz de morrer, mas um dia essa avó prodigiosa deu um profundo suspiro de despedida e partiu para o outro mundo sem explicações. Com sua partida, todos perdemos o rumo, principalmente seu marido, incapaz de perdoar-lhe o fato de tê-lo abandonado trinta anos antes do que ele havia planejado.

Depois da morte de minha avó, minha mãe, ainda muito jovem, separada do marido e com três crianças pequenas, teve que se encarregar do casarão. Havia várias empregadas antigas pouco dispostas a obedecer suas ordens e uma temível cozinheira, cujo cargo incluía as ingratas tarefas de afogar os gatos recém-nascidos que povoavam os telhados, torcer o pescoço de patos e galinhas no último pátio e engordar outros animais para depois decapitá-los em massa e jogar os restos em suas panelas. Essa mulher reinava na cozinha, um cômodo espaçoso, escuro, mal arejado, com móveis de madeira impregnados pela gordura de tantos cozimentos. Nos ganchos do teto estavam pendurados utensílios de um metal negrusco que, de tão usados, tinham perdido sua forma original. Enquanto minha avó viveu, a cozinheira tomava as decisões na parte de trás da casa, onde moravam os criados, as crianças e os animais. Ninguém teria se atrevido a contradizê-la e muito menos a fazer um comentário crítico sobre suas comidas duvidosas. Servia diariamente pratos típicos da cozinha chilena que são deliciosos se preparados com amor, mas que ela transformava em canjica de internato: legumes de manhã e à tarde, rústicas *cazuelas* e sopas, pesadas tortas de batata ou milho, previsíveis guisados de carne e, de sobremesa, sempre aquele doce de marmelo elástico como barriga de sapo, cujo preparo era uma cerimônia estival da qual participavam todas as criadas, com luvas e rostos protegidos por lenços, revolvendo por turnos o caldeirão de cobre onde fervia aquela mistura. Se havia convidados, a cozinheira abria com má vontade um vidro de castanhas em calda e se dirigia, chave em mão, à adega, para escolher o vinho correspondente à categoria dos visitantes. Minha mãe, que por um desses incompreensíveis acidentes genéticos nascera com uma sensibilidade refinada em meio àquela tribo espartana, quis impor algumas melhorias no estilo de vida, mas a cozinheira, que a vira crescer, não se mostrou disposta a receber sugestões. Uma guerra surda estabeleceu-se entre ambas.

Minha mãe esmerava-se em modernizar os costumes da família, enquanto a outra aferrava-se às suas antigas manias com o apoio tácito dos varões da casa, que não tinham a menor intenção de complicar suas vidas com ideias afrancesadas. No tocante aos alimentos, meu avô sustentava posições inexpugnáveis: não experimentava nada novo; não misturava ingredientes, era preciso servir-lhe os ovos da *tortilla a la española* em um prato e as batatas em outro; colocava sal e pimenta às colheradas antes de experimentar as comidas, porque supunha que isso era bom para os intestinos; considerava as sobremesas efeminadas e, em vez de vinho, bebia grandes copos de genebra junto com a comida. Quando um dos meus tios voltou da Índia convertido em faquir, vestido com uma sunga e mastigando sessenta vezes cada garfada, meu avô encontrou o pretexto perfeito para não comer em casa. Saía cedo e só regressava tarde da noite, exceto aos domingos, quando a família se reunia em festins pantagruélicos. Durante certo tempo minha mãe tentou fazer mudanças, mas acabou vencida pela zombaria dos parentes, pela desídia das empregadas e pela tirania da cozinheira.

Foi imposto então um cardápio fixo para a semana que, com leves variações conforme as estações, servia para o ano inteiro. Não havia surpresas, exceto as *empanadas* e as tortas dos domingos e feriados. A esse regime, deve-se acrescentar o fato de eu ter sido educada em colégios ingleses, onde a comida abominável fazia parte do método didático para fortalecer o caráter dos alunos. Havia uma comovente clareza nos princípios morais dos colégios ingleses da época. Ah, a sopa das quintas-feiras! Era um líquido turvo, onde flutuavam pedaços indeterminados e cinzentos, talvez as sobras da cozinha dos últimos dias. Levar cada colherada à boca, sob o olhar compassivo, mas inflexível, da diretora da instituição, exigia tanto autocontrole, que quando terminava eu era invadida por uma satisfação espiritual só comparável ao prazer erótico. Já sei, isso é material para psiquiatra. Basta dizer que, agora, tudo o que como parece um manjar dos deuses, exceto a beterraba, que não suporto. Estou orgulhosa do meu ódio profundo pela beterraba. No fim das contas, há uma ética do ódio.

Nos anos seguintes, a mansão da minha infância naufragou no esquecimento, morreram a feroz cozinheira e um bom número dos meus extraordinários parentes, meu avô foi se transformando em um velho carvalho retorcido e minha mãe casou-se com um diplomata. Em sua longa trajetória de embaixada em embaixada, finalmente teve a chance de desenvolver seu gênio doméstico, e digo gênio porque no seu caso trata-se de um talento extremo e espontâneo, sem esforço aparente, que não aprendeu por disciplina nem herdou de antepassado conhecido. Sua casa e sua cozinha são modelos impossíveis de igualar, e não tenho qualquer complexo por isso, como caberia a filhas de mães assim. A seu lado aprendi o valor de uma pitadinha de especiarias, de umas gotinhas de licor, de um grãozinho de sal, um nada de mostarda, um punhado de ervas, uma nuvem de açúcar e outras medidas subjetivas da arte culinária. No entanto, muitos anos se passariam antes que a cozinha deixasse de ser um espetáculo estrelado pela minha mãe e eu me interessasse pessoalmente por ela. Isso ocorreu quando percebi que entre as poucas coisas que homens e mulheres têm em comum estão o sexo e a comida. Então empreendi a aventura de explorar ambos. Foi uma longa viagem através dos sentidos que, entre outras coisas, me levou a imaginar estas páginas.

COZINHANDO DESPIDOS

Enquanto ajustava um insignificante trapo semitransparente de sete mil dólares sobre os ossos de uma modelo anoréxica, ouvi um célebre estilista dizer que o melhor enfeite de uma mulher é um sorriso radiante. Às vezes não é preciso mais nada, mas infelizmente descobri isso um pouco tarde, depois de desperdiçar minha vida enfurecendo-me diante do guarda-roupa e numa idade em que não é muito engraçado andar pelada.

Tudo o que se cozinha para um amante é sensual, mas mais sensual ainda é quando ambos participam da preparação e aproveitam para ir tirando as roupas com malícia, enquanto descascam cebolas e desfolham alcachofras. Que pena, meu marido é bom cozinheiro, mas não é vaidoso. Seria divertido vê-lo atarefado com suas panelas e ao mesmo tempo atirando suas roupas pelos ares... Contei-lhe a história dos adamitas, seita cristã do século II, cujos membros andavam nus, pretendendo recuperar a inocência de Adão anterior ao pecado original, mas ele não é homem de captar indiretas, e até agora não consegui fazê-lo tirar os jeans engordurados com que exerce sua inquestionável autoridade na cozinha. Poucas virtudes mais eróticas pode possuir um homem que a sabedoria culinária. A primeira coisa que me atraiu nele foi a incrível história de sua vida — que não se importou em me contar em nosso primeiro encontro e que inspirou meu quinto livro, *O plano infinito* —, mas a verdade é que me apaixonei várias horas mais tarde, quando o vi preparar um jantar para mim. Um dia depois de nos conhecermos, convidou-me a ir a sua casa. Naquela época, ele morava com uns monstros que, como soube depois, eram seus filhos, e uma coleção de mascotes detestáveis, que incluíam desde ratos neuróticos, que passavam suas míseras existências mordendo o rabo uns dos outros, até um cachorro sem controle dos esfíncteres e um aquário onde flutuavam tristes peixes agonizantes. Aquele espetáculo teria espantado qualquer mulher normal, mas eu só tive olhos para aquele homem que se movimentava com desembaraço entre as panelas. Muito poucas mulheres latino-americanas passaram por uma experiência semelhante, porque em geral os machos do nosso continente consideram toda atividade doméstica um perigo para a sua sempre ameaçada virilidade. Admito que, enquanto ele cozinhava, eu o despojava mentalmente das suas roupas. Quando meu anfitrião acendeu as brasas da churrasqueira e com um golpe cruel de facão partiu um cadáver de frango pela metade, senti uma mescla de pavor vegetariano e primitiva fascinação. Depois arrancou ervas frescas do jardim e selecionou de um armário vários frascos de especiarias; compreendi então que me encontrava diante de um possível candidato com um enorme potencial, que uns quantos anos comigo transformariam em uma joia. E quando apanhou uma espécie de cimitarra e com quatro passes de samurai transformou uma insignificante alface em robusta salada, meus joelhos dobraram e minha cabeça se encheu de imagens obscenas. Isso ainda me acontece com frequência e mantém nosso relacionamento no ponto certo.

Nós mulheres nos impressionamos com homens entendidos em comida, mas isso não é recíproco. Um homem que cozinha é sexy, a mulher não, talvez por recordar demais o arquétipo doméstico. O contraste e a surpresa são eróticos: uma moça vestida de bandido cavalgando uma moto pode ser excitante, enquanto um homem na mesma situação não passa de um macho ridículo. Eu nunca admito que sei cozinhar, é fatal. Minha amiga Hannah, compositora dessa música *new age* que se ouve em salões de beleza e consultórios odontológicos, e seu último marido são um bom exemplo dessa afirmação. Em um breve período de celibato, depois do seu terceiro divórcio, Hannah respondeu um desses anúncios classificados de jornal para encontrar um parceiro. Por telefone, o homem parecia perfeito: ganhava a vida treinando cachorros para cegos e fora como voluntário construir escolas na Guatemala, onde uma bala perdida o fez perder uma orelha. Minha amiga, inexperiente em anúncios pessoais e um pouco desesperada, convidou-o para jantar antes de vê-lo. (Nunca pense nisso: os encontros às cegas são muito perigosos.) O apropriado nesses casos é um breve encontro em um lugar neutro, do qual ambos possam escapar com dignidade, nunca um jantar a sós que pode se transformar em um longo martírio. Ela esperava uma versão madura de Che Guevara, mas chegou uma réplica de Vincent van Gogh. Ela não tem nada contra a pintura impressionista, apesar de preferir motivos astrológicos para suas paredes, mas aquele desconhecido de cabelo cor de cenoura e olhos apavorados foi uma desilusão. Arrependeu--se logo que o viu. Mas no fim das contas, já estava lá e ela não podia bater a porta no seu nariz por questão de uma orelha a mais ou a menos. Minha amiga não estava em condições de ficar suscetível com miudezas, mas aquele homenzinho era pior do que ela imaginara em seus pesadelos solitários. Tinha planejado luz de velas e uns sambas lentos brasileiros, mas não quis provocar iniciativas indesejáveis em seu hóspede, por isso acendeu todas as luzes e colocou uma das suas composições musicais de zumbido de vento e uivos de coiotes, que tendem a causar uma letargia hipnótica. Deixou de lado a taça de vinho preliminar e outras cortesias de praxe e conduziu-o diretamente para a cozinha, disposta a preparar uma macarronada de última hora, alimentá-lo depressa e despedi-lo antes de servir a sobremesa. O homem a seguiu mansamente, sem dar mostras de desencanto, como quem está acostumado a receber um tratamento bastante brusco, mas ao chegar à cozinha algo mudou em sua atitude, respirou fundo, enchendo o peito, endireitou as costas e seus olhinhos de lebre percorreram tudo, tomando posse do terreno, conquistando-o. Com licença, disse ele, e sem dar oportunidade a que Hannah o contestasse, retirou suavemente o avental de suas mãos, amarrou-o na própria cintura e instalou-a em uma cadeira. Vamos ver o que temos aqui, anunciou, enquanto resgatava da geladeira os ingredientes que ela havia decidido guardar para o dia seguinte e outros em que não tinha pensado. Van Gogh pegou panelas e frigideiras como se tivesse nascido entre aquelas quatro paredes. Com graça e destreza inesperadas fez as facas dançarem partindo verduras e mariscos para dourá-los com mão leve em azeite de oliva, lançou o macarrão na água fervente e, num abrir e fechar de olhos, preparou um molho translúcido de coentro e limão, enquanto contava à minha amiga suas aventuras na América Central. Em poucos minutos aquele homenzinho patético se transformou: sua cabeleira de palhaço adquiriu a força viril de uma juba de leão, e seu ar de náufrago converteu-se em serena concentração, mescla irresistível para uma mulher como Hannah. O aroma que surgia da frigideira e as borbulhas da panela começaram a produzir nela uma crescente excitação, sentiu que gotas de suor deslizavam pelas suas costas, empapando sua blusa, que suas coxas umedeciam-se e ficava com água na boca, enquanto descobria, surpresa, as mãos elegantes e as costas largas daquele homem. Os heroicos relatos da Guatemala e dos cachorros para cegos encheram seus olhos de lágrimas; a orelha cortada adquiriu para ela o valor de uma condecoração de guerra, e um desejo irresistível de acariciar a cicatriz fê-la estremecer da cabeça aos pés. Quando Van Gogh colocou em cima da mesa uma travessa com um fumegante macarrão *a la pescatore*, como o chamou, ela suspirou vencida. Tirou do seu esconderijo a garrafa de vinho francês, que pensara reservar para outro candidato mais meritório, apagou a luz, acendeu as velas e colocou o samba lento brasileiro no toca-discos. Espere-me um momento, anunciou com um ronronar de gata, vou colocar algo mais cômodo. E regressou com sua roupa de couro preto e suas botas de domadora...

Os *gourmets*, capazes de escolher pratos em francês em um cardápio e discutir sobre vinhos com o *sommelier*, inspiram respeito às mulheres, respeito que pode se transformar com facilidade em voraz apetite amoroso. Não podemos resistir àqueles que sabem cozinhar. Não me refiro a esses caras desajeitados, ataviados com chapéus histriônicos, que se declaram especialistas e com grandes gestos chamuscam uma linguiça na churrasqueira do jardim, mas aos epicuristas que escolhem amorosamente os ingredientes mais frescos e sensuais, preparam-nos com arte e oferecem-nos como um presente para os sentidos e a alma; esses varões com classe para abrir garrafas, cheirar o vinho e vertê-lo primeiro em nossa taça para que o provemos, enquanto descrevem os sucos, a cor, a suavidade, o aroma e a textura do *filet mignon* naquele tom que, nos parece, utilizarão mais tarde para se referirem aos nossos próprios encantos. Necessariamente, pensamos, esses homens têm todos os sentidos aguçados, inclusive o do humor. Quem sabe... talvez até sejam capazes de rir de si mesmos! Quando observamos como limpam, preparam e cozinham os camarões, imaginamos essa paciência e destreza aplicadas à tarefa de nos fazer uma massagem erótica. Se experimentam delicadamente um pedaço de peixe para verificar seu cozimento, trememos antegozando essa sábia mordida em nosso pescoço. Supomos que, se são capazes de lembrar quantos minutos uma rã tem de ficar na frigideira, com maior razão poderão recordar quantas cócegas exige o nosso ponto G, embora nem sempre isso seja verdade, pois na vida real eles costumam se interessar muito mais pelas pernas de rã que pelas nossas.

Jason, um dos meus enteados, ligou-me há pouco tempo de Nova York para me anunciar que havia conhecido a mulher de sua vida; esta seria a número dezessete, se é que não me engano nas contas. Precisava de instruções urgentes para o primeiro encontro. Seu orçamento era tão limitado quanto sua experiência, de modo que não valia a pena lhe aconselhar uma boa peça de teatro, um pequeno restaurante marroquino e, para culminar a tarde, um passeio em carruagem puxada a cavalos pelo parque e uma sessão de jazz no Harlem. Por outro lado, insinuar que cozinhasse para ela equivalia à sua sentença de morte. Lembrei-me então do bolo de chocolate e me pareceu que uma ocasião como aquela justificava uma pequena trapaça; nem sempre vale ser honesto, às vezes é preferível ser criativo. O bolo de chocolate é complicado demais para incluí-lo em minha agitada vida, por isso quando recebo visitas compro um na melhor confeitaria dos arredores, tiro os enfeites, coloco-o em um prato do nosso jogo de louça e depois dou duas voltas ao redor da mesa da sala de jantar pulando, para ele desmaiar o suficiente a ponto de parecer preparado em casa. Os bolos comprados, como os penteados de cabeleireiro, têm o carimbo indissimulável da mão profissional, mas depois de agitá-los com pulos vigorosos ambos são rebaixados ao plano das imperfeições domésticas.

Disse a Jason que saísse em busca de comida exótica, mas nem tanto, para não parecer suspeita. A comida chinesa, por exemplo, é indissimulável. Ninguém em são juízo pensaria que meu enteado é capaz de preparar *wanton* ou *lumpias,* mas um prato árabe, desses que parecem mastigados, pode passar pela prova, sobretudo se, na hora do convite, anunciar à moça que vai cozinhar para ela com ingredientes afrodisíacos. Tirados da sua embalagem, o *falafel* ou o *shish kebab* perdem consistência e adaptam-se facilmente à sua nova situação. Contei-lhe a história de Hannah e seu novo marido e lhe sugeri que decorasse a mesa, pusesse boa música e, quando ela tocasse a campainha, abrisse a porta com a panela em uma mão e a concha na outra — a primeira impressão costuma ser definitiva —, a instalasse em uma cadeira com um copo de vinho bem gelado e, enquanto fingia cozinhar, fizesse perguntas para distraí-la. Recordei-lhe que tirasse os sapatos, como os budistas na Califórnia, e depois desabotoasse a camisa, para mostrar os músculos; o levantamento de tantos pesos teria que servir para algo.

Ao contrário dos homens, que só pensam no objetivo, nós mulheres tendemos aos rituais e procedimentos. Tive de explicar a Jason que essa cerimônia prévia, ainda que um ato de ilusionismo, com certeza seria tão excitante para a jovem como todas as suas acrobacias eróticas posteriores. Não a apresse, supliquei, saboreie com ela o aroma das velas, a delicadeza das flores, cada gole de vinho e garfada de comida; fale pouco e finja prestar atenção ao que ela diz. Nenhuma mulher se interessa realmente pelo que os homens falam, só pelo que murmuram. Dance com ela, assim pode abraçá-la sem parecer um gorila no cio, e quando pensar que chegou o momento de conduzi-la a uma posição mais cômoda, espere. E continue esperando mais um bom momento. Não se pode apressar o cozimento de um bom prato. Brinque com ela, disse a Jason, pensando que o riso é um excelente afrodisíaco, coisa que este rapaz com aspirações literárias costuma esquecer em seu desmedido entusiasmo pela tragédia. E se houver um segundo encontro, lembre-se de que a preparação compartilhada dos alimentos é um preâmbulo do amor. Não importa muito que as receitas não sejam propriamente afrodisíacas — do ponto de vista científico, claro — desde que os beijos e carícias na cozinha o sejam. Brinque na cama e brinque com a comida. Grandes autores, de Henry Miller em seus *Trópicos* a Pablo Neruda em infinitas metáforas poéticas, transformaram a comida em inspiração sexual. Recorde o velho ditador do romance de García Márquez *O outono do patriarca,* disse a ele, que atraía colegiais aos jardins do seu palácio para esfregar suas zonas erógenas com os ingredientes da salada e depois... Bem, leia o livro, filho, por favor! Escutei uma exclamação de nojo na linha. Jason é jovem demais para tais sutilezas. Então me referi a um dos textos perdidos pelos cantos da minha casa (G. Legman, *Oragenitalism),* onde se sugere algo semelhante com morangos e bananas, assim como servir vinho doce no mesmo lugar, mas evidentemente o autor não pensou na coceira. Quem faz essas propostas deveria experimentá-las primeiro em si mesmo. Os galãs de outrora bebiam champanhe nas botinas das cortesãs e sempre podemos dispor de vales, montanhas e fendas da anatomia do amante para colocar os bocados mais sensuais. (Cuidado com o tapete e os lençóis, Jason, é difícil tirar as manchas depois.) Tentei resumir tudo isso em uma ligação de longa distância, mas meu enteado respondeu que agora nenhuma moça usa botinas, mas coturnos, e que o sorriso radiante proposto pelo estilista ficaria estúpido em uma pessoa jovem.

No entanto, não quero dar a impressão de que sou uma dessas avós capazes de se envolver em véus de odalisca para picar cebola e de servir a mesa com pantufas turcas meneando o umbigo como uma dançarina exótica, porque seria uma mentira perigosa. Poderia induzir outras mulheres a uma depressão similar à que me derruba quando me comparo com essas donas de casa que aparecem nas revistas femininas, que usam os restos do abacate para máscaras faciais e pintam flores no papel higiênico. Se alguma vez fiz isso — a dança do ventre — foi na minha juventude, talvez no começo de uma relação amorosa que então me parecia transcendental e de que mal lembro hoje, mas já não tenho a mesma disposição de antes para fazer papel ridículo e, como diz minha mãe, se perco tempo com fantasias, quem vai cuidar do suflê?

O CONJURO DOS AROMAS

A mulher é como uma fruta que só exala sua fragrância quando a esfregam com as mãos. Tome, por exemplo, o manjericão: a menos que o aqueçamos com os dedos, ele não emite seu perfume. E você sabe, por exemplo, que se o âmbar não for amornado e manipulado, ele retém o seu aroma? A mesma coisa acontece com a mulher: se não a animar com seus beijos e carícias, com mordidas nas coxas e abraços apertados, você não obterá o que deseja; não experimentará prazer quando ela compartilhar seu divã, e ela não sentirá afeto por você.

— De *O jardim perfumado*, do xeque Nefzawi

Onde começa o gosto e termina o olfato? São inseparáveis. A tentação do café não nasce do sabor, que deixa um resquício de fumaça na lembrança, mas dessa fragrância intensa e misteriosa de bosque remoto. Com os olhos fechados e o nariz tampado não podemos distinguir entre uma batata crua e uma maçã, entre gordura e chocolate. O nariz é capaz de detectar mais de dez mil odores e o cérebro de diferenciá-los; esse mesmo cérebro, porém, costuma ser incapaz de diferenciar luxúria e amor. Do ponto de vista da evolução, o olfato é nosso sentido mais antigo. É preciso, rápido, poderoso, e fica gravado na memória com tenaz persistência; daí o sucesso dos perfumes, cujo segredo é usar sempre o mesmo até transformá-lo em um carimbo pessoal e intransferível, algo que nos identifica. Cleópatra sabia disso e, como em tudo o que fazia, exagerava. A brisa anunciava nos portos a chegada de sua nave dourada com horas de antecedência, porque transportava a fragrância de rosas de Damasco com que essa rainha sedutora mandava impregnar o velame. Em sua célebre visita a Roma, onde chegou com Cesarião, seu filho com Júlio César, em meio a um formidável escândalo social e político que ela ignorou com a natural arrogância dos faraós, o perfume de rosas entrou na moda, e todas as mulheres de boa posição, menos Calpúrnia, a esposa humilhada de Júlio César, passaram a usá-lo. As vezes o odor permanecia nas ruas como uma burla egípcia, recordando aos cidadãos de Roma que seu invencível império podia se perder entre os lençóis de uma estrangeira. Nos festins dos romanos poderosos, os escravizados contavam entre suas tarefas a de aromatizar os cômodos soprando perfumes por engenhosas tubulações de prata e lançando chuvas de flores do teto. O aroma de rosas, tão caro como o bálsamo de mirra líquida, mas muito mais erótico, era borrifado sobre os convidados como uma forma de adulação dos partidários de César ou de protesto de seus inimigos. Vários séculos mais tarde, nos castelos medievais, o chão era coberto com pétalas de flores e ervas aromáticas para dissimular o fedor do lixo e dos excrementos. Era a época em que nobres e lacaios aliviavam os intestinos atrás das cortinas; o banheiro foi uma invenção muito posterior. Monarcas franceses consumiam litros de essências florais para dissimular o fato de nunca tomarem banho. Outros nobres europeus, que tampouco se distinguiam pela higiene pessoal e não dispunham dos famosos perfumistas franceses, simplesmente cheiravam a estábulo.

Durante séculos, a humanidade esgotou sua criatividade em busca de fragrâncias deliciosas, sempre com a ilusão de criar uma que fosse capaz de conceder ao seu usuário o poder da sedução absoluta. Em seu romance *O perfume,* Patrick Süskind trata o tema de forma notável: o protagonista é um homem carente de cheiro próprio que ninguém ama, nem a própria mãe. Obcecado por descobrir o bálsamo que o tornará irresistível, aprende a ciência dos perfumistas e consegue destilar o aroma dos corpos de moças virgens para suprir o que lhe falta. Talvez a história de Süskind seja uma metáfora genial sobre o carisma... De qualquer forma, a arte de fabricar perfumes é complexa e difícil como a de destilar vinhos. Como é que a humanidade descobriu a maneira de apreender esse espírito sutil que é o aroma? Talvez os monges ou as freiras tenham descoberto o âmbar entre outras resinas de árvores, quando buscavam plantas mágicas para suas poções e bálsamos. O âmbar gris, secreção dos intestinos de certas baleias, pode ter sido um presente das sereias a um navegante de águas frias. E deve ter sido um temível guerreiro de Gengis Khan, à caça de um veado pelas planícies asiáticas, quem extraiu casualmente do corpo do animal uma glândula de odor inefável, sem suspeitar que esse almíscar, nas mãos de um alquimista, seria transformado no fundamento de elixires deliciosos. Como estas, existem outras substâncias que, misturadas com flores e especiarias, são a base de quase todas as fragrâncias comerciais.

No sótão da minha casa na Califórnia vive uma família de gambás. Durante alguns anos empreendemos uma luta sem trégua contra eles, que incluiu todo tipo de armas, menos veneno e bala, naturalmente, porque somos pessoas decentes. Colocamos jaulas em locais estratégicos, mas quando chegou o momento de usá-las ninguém quis se aproximar e, assim, diante da tarefa de ter de alimentar os gambás para evitar que morressem de fome e da aflição natural dos cativos, acabamos pagando uma quantia absurda a um funcionário da Sociedade Protetora dos Animais para resolver o problema. O homem apareceu vestido com uma roupa de astronauta, pegou as gaiolas com um gancho comprido, levou-as para o jardim e abriu as portas de longe com um pau imantado. Os gambás saíram cambaleando, sacudiram o pelo e regressaram correndo para o nosso porão. Meu enteado, Harleigh, que na época era um adolescente com vocação satânica, todo vestido de couro preto, coberto de tatuagens fúnebres e com o cabelo de cor púrpura eriçado como os chifres de um animal pré-histórico, ficou sabendo pela televisão do método utilizado pelos *marines* americanos para derrubar o general Noriega. (Vamos imaginar que fosse o contrário: que o exército do Panamá invadisse os Estados Unidos para prender o presidente e levá-lo acorrentado a fim de julgá-lo em seu país...) Harleigh nos informou que os *marines* ofereceram um interminável concerto de rock a todo volume diante da Nunciatura, onde o general Noriega tinha se refugiado, até que o barulho o obrigou a sair com as mãos nos ouvidos. Todos, inclusive o núncio apostólico e os vizinhos, estavam enlouquecendo. Harleigh deduziu que, se Noriega preferiu cumprir sua pena em uma cadeia de segurança máxima em vez de suportar o estrondo do rock, talvez os gambás tivessem a mesma opinião. Instalou seu toca-discos nos alicerces da casa e durante 24 horas nos torturou com seus ritmos favoritos. Surtiu efeito: os animaizinhos retiraram-se em fila indiana, com o rabo erguido, ofendidos; mas nós também estávamos prestes a emigrar para onde quer que fosse. O êxito da operação foi curto, pois logo que o barulho terminou nossos hóspedes retornaram. Um dia, meses mais tarde, descobrimos que o cheiro não nos incomodava mais, pelo contrário, parecia-nos excitante, e começamos a aspirá-lo a plenos pulmões. Hoje em dia os gambás e minha família convivem amigavelmente.

O corpo humano, sobretudo durante a excitação sexual, exala um odor marítimo similar ao dos mariscos e peixes. E tão importante cheirar-se mutuamente que em algumas regiões do mundo a palavra "beijar" significa "cheirar", como afirma Diane Ackerman em seu extraordinário livro *Uma história natural dos sentidos*. O odor dos genitais e das axilas é um chamado, uma mensagem cifrada que viaja diretamente para o cérebro do outro, ativando o sistema de associação, assim como essa série de assombrosas reações físicas e emocionais que nos incitam a fazer amor. A ciência comprovou recentemente aquilo que, sem tanto estudo, toda mulher sabe há milênios: que o desejo amoroso começa no nariz.

Tu te aproximas de mim com o cheiro
da grama matinal recém-cortada,
meus mamilos endurecem.

— Haiku de Yuko Kawano

Temos um sensor na entrada das narinas que não percebe cheiros, mas feromônios, que são uma espécie de intenções, um chamado romântico exalado pela pele. Talvez a isso se refira a pieguice popular quando fala de "alquimia" entre apaixonados, essa atração, com frequência inexplicável, que nos induz a buscar parceiros. Por que gostamos de um certo tipo humano, ou de alguns indivíduos em particular? O que algumas amigas minhas veem em seus maridos, me pergunto? Os culpados são os feromônios, só eles. Nas pessoas sadias e desprevenidas, o primeiro impulso de aproximação é determinado por esses humores imperceptíveis em nível consciente, mas estrepitosos para os hormônios. Depois prestamos atenção às advertências da mãe e aos conselhos de todo mundo, enquanto a mente coloca filtros culturais, estéticos, econômicos e outros, até finalmente escolhermos o companheiro ou companheira que nos ajudará na absurda tarefa de propagar a espécie. Quando os cientistas conseguiram isolar os feromônios, surgiu a ideia de criar um perfume capaz de dotar o usuário de uma avassaladora atração física, como a emanada dos porcos. Os feromônios no hálito dos machos desses animais são capazes de enlouquecer de desejo as fêmeas no cio. Por fim, está ao alcance da ciência o sonho universal de uma poção erótica que nos torne irresistíveis: os feromônios humanos sintetizados em laboratório são anunciados como o único afrodisíaco infalível. Uma de minhas amigas comprou um frasquinho caríssimo com aquela promessa de amor instantâneo, que resultou ser um líquido transparente, inodoro e insípido como a água. Seguiu as instruções do produto, misturando algumas gotas à sua água-de-colônia e foi passear. Não aconteceu nada, nenhum transeunte caiu aos seus pés desvariando de amor, ela só sentiu um desejo arrebatador de comer porco. O estudo dos feromônios ainda é muito incipiente, mas os cientistas prometem colocar ao nosso alcance as mais deliciosas sensações no próximo milênio, isto é, quando for tarde demais para mim.

No *Tantra* há um capítulo completo dedicado aos diferentes perfumes que, aplicados em partes especiais do corpo, exaltam os sentidos e convidam ao amor. O profeta Maomé, homem sóbrio e santo, gostava dos perfumes e os recomendava às suas mulheres. Na Bíblia aparecem com frequência as essências perfumadas:

> *Perfumei minha alcova*
> *Com mirra, aloé e canela.*
> *Vem, vamos embriagar-nos de carícias até o amanhecer,*
> *Gozemos as delícias do amor.*
>
> — Provérbios 7: 17-18

Em *As canções de Bilitis*, o poeta e romancista Pierre Louÿs (1870-1925) escreve:

> *À noite nos deixaram em um alto terraço branco, desvanecidos entre as rosas. O suor morno fluía das nossas axilas como pesadas lágrimas, molhando nosso peito. Um esmagador prazer luxurioso enrubescia nossas cabeças inertes. Quatro pombas cativas, banhadas em quatro perfumes diferentes, revoavam silenciosas sobre nós. Gotas de essência caíam de suas asas sobre as mulheres nuas. Corria pelo meu corpo o odor dos lírios. Ah, fadiga! Apoiei a face sobre o ventre de uma jovem, refrescando seu corpo com meu cabelo úmido. Minha boca entreaberta embriagava-se com o cheiro de açafrão de sua pele. Lentamente ela fechou as coxas em volta do meu pescoço.*

O que talvez Louÿs não soubesse é que os lírios (*Iris pseudacorus*) são venenosos e não convém lambê-los na pele amada. Se não tivéssemos tantos preconceitos e inibições, o cheiro humano em seu estado natural — e, por que não?, o dos gambás — seria vendido engarrafado, assim como tentam fazer com os feromônios. Quem teve a ideia dos desodorantes vaginais? E tão disparatado como pretender que os camarões tenham cheiro de lavanda, e os cogumelos, de incenso. Certamente não foi Napoleão Bonaparte, que em suas cartas rogava a Josefina que não lavasse suas partes íntimas nas semanas anteriores ao seu regresso do campo de batalha. Em suas *Memórias*, Casanova diz que há algo no quarto da mulher amada, emanações voluptuosas tão íntimas e balsâmicas que, se tivesse de escolher entre esse aroma e o céu, o amante não vacilaria em escolher o primeiro.

O sentido do olfato é mais desenvolvido nas mulheres que nos homens. Uma mãe é capaz de reconhecer pelo cheiro, com os olhos vendados, a roupa de seu filho entre a de vinte crianças em uma creche. Nelas o olfato também está mais ligado ao erotismo, mas os varões são mais vulneráveis a essa arma infalível que é o cheiro feminino, assim como sucede entre quase todos os mamíferos. Esse aroma único e pessoal de uma mulher é como uma flecha certeira que atravessa o espaço apontando para o instinto mais primitivo do homem. Em francês, esse sortilégio de fragrâncias que cada mulher emana se chama *cassolette*, palavra que outras línguas pediram emprestada. Em *O cantar dos cantares*, o rei Salomão diz a Sulamita:

> *Teus brotos são paraíso de romãs, com frutos suaves, de flores de alfena e nardos; nardo e açafrão, bambus aromáticos e canela, com todas as árvores de incenso; mirra e aloé, com todas as principais especiarias aromáticas.*

Impressionante a *cassolette* dessa senhora! As mulheres são mais sensíveis à peculiar fragrância do corpo masculino quando estão ovulando e seus níveis de estrogênio são altos. O odor da transpiração do homem influencia os ciclos menstruais de sua companheira de leito; deduzo que dormir em camas separadas não seja uma boa ideia. Não há nada tão delicioso como o cheiro de uma criança, nem tão excitante como o de um homem jovem! Bem, às vezes não importa a idade. Pouco tempo depois de nos conhecermos, Willie me convidou para dançar. Com saltos altos, meu nariz chega à metade do seu esterno e não tive dificuldade em identificar seu cheiro como a causa daqueles golpes de tambor que sentia nas frontes. A música terminou e eu não conseguia desgrudar da sua camisa, cheirando-o como cachorro perdigueiro. Esse homem inocente afirma que o nosso foi um encontro de almas... O cheiro masculino é mais forte e direto que o das mulheres, talvez porque em geral não está camuflado por perfumes, mas apenas mitigado por água e sabão. Em alguns contos árabes, os audazes aventureiros que, correndo o risco de uma morte lenta, sobem nos muros do palácio para seduzir as odaliscas de um harém alheio, em geral têm cheiro de camelo ou de tâmaras. E Sulamita responde a Salomão:

Suas faces são como uma eira de espécies aromáticas, como fragrantes flores, seus lábios, como lírios que destilam mirra fragrante.

Isso me faz lembrar o cheiro dos meus netos.

Assim como o aroma do corpo é excitante, também o é o da comida fresca e bem preparada. Os perfumes da boa cozinha não só nos fazem salivar, como também nos fazem palpitar de um desejo que, se não é erótico, é muito parecido. Feche os olhos e tente recordar a fragrância exata de uma frigideira com azeite de oliva onde se fritam cebolas delicadas, nobres dentes de alho, estoicos pimentões e tomates tenros. Agora imagine como esse cheiro muda quando caem na frigideira três fibras de açafrão e depois um peixe fresco refogado em ervas e finalmente um jorro de vinho e o suco de um limão... O resultado é tão estimulante como o mais sensual dos eflúvios e mil vezes mais que qualquer perfume de frasco. Às vezes, ao evocar o aroma de um prato saboroso, a nostalgia e o prazer me comovem até as lágrimas. Voltam à minha memória o sol esmagador de Sevilha e uma bandeja de cerâmica azul sobre um muro rústico de adobe branco, repleta de ameixas maduras, algumas abertas, oferecendo-se lânguidas aos apetites de uma enorme mosca amarela que se lançava em picada nessa polpa indecente. Sevilha é para mim a fragrância adocicada daquelas ameixas e dos jasmins que enchem o ar de desejos ao entardecer.

... Desde então
a terra, o sol, a neve,
as rajadas
de chuva, em outubro,
nos caminhos,
tudo,
a luz, a água,
deixaram
em minha memória
odor
e transparência
de ameixa:
A vida
ovalou em uma copa,
sua claridade, sua sombra,
sua frescura.
Ó beijo
da boca
na ameixa,
dentes
e lábios
cheios
do âmbar cheiroso,
da líquida
luz da ameixa!

— Fragmento de "Ode à ameixa", de Pablo Neruda

MORTE POR PERFUME

No final do século X, período em que floresceu a mais refinada literatura no Japão, destacaram-se algumas vozes femininas com extraordinários contos, profundos romances, poesia imortal e erotismo. Este conto foi escrito na Corte de Heian pela dama Onogoro:

Era uma vez um cortesão infiel que enganou sua amante com três mulheres diferentes em uma noite. Uma das mulheres, criada da senhora, confessou o que fizera chorando, e esta, que estava cansada das tolices do amante, concebeu um plano para livrar-se dele.

Na visita seguinte do cortesão, fingindo uma atitude doce e confiada, ela lhe rogou que a acompanhasse ao quarto onde eram misturados os perfumes, com o pretexto de confeccionar um aroma que fosse exclusivamente deles. O cortesão, que se jactava de ser um conhecedor da arte do perfumista, seguiu-a ansioso ao aposento de mármore onde ferviam os recipientes das mesclas, longas tiras de folhas de angélica secavam penduradas e pétalas de primaveras noturnas entregavam seus óleos sob a pressão de grandes pranchas de ferro.

O cortesão nunca tinha sentido antes essa mistura de aromas e suas narinas estremeceram com a harmonia de mimosas e violetas, de madressilva e bálsamo, de limão e jacinto silvestre. Ao passar perto do morteiro, tomou entre os dedos uma pitada de noz-moscada e cravo, e amassou os cristais da crosta da árvore de cânfora, ao mesmo tempo que recitava trechos de poemas que lhe pareciam relevantes, porque, temos que dizê-lo, tudo o que podia recordar eram trechos.

Ocultando seu desprezo por tamanha complacência de si mesmo, a dama abraçou seu amante com paixão e lhe prometeu uma sensação totalmente nova. Intrigado, o cortesão foi facilmente persuadido a tirar a roupa e estender-se sobre uma túnica que sua amante colocara no chão.

A dama começou a aplicar gotas de lírio e cravo nas têmporas do cortesão, e foi seguindo até atingir a branca fenda na base do pescoço, que recebeu a potente essência de calêndula. Sob as axilas colocou milefólio e genciana e continuou com suas gentis atenções até ter distribuído fragrâncias por todo o corpo extasiado de seu amante.

No entanto, o que a dama sabia é que, assim como o excesso de yin se transforma no princípio oposto yang, também certas doses de essências de flores curativas e estimulantes podem tomar um aspecto negativo.

Uma vez mais inclinou seus frascos sobre o corpo do cortesão, e a mostarda provocou em seu amante uma súbita e profunda melancolia, e a mimosa o encheu de medo das doenças e de suas consequências, e o lariço o convenceu do fracasso, e o azevinho espetou seu coração com invejosa raiva, e a madressilva trouxe lágrimas de nostalgia aos seus olhos.

A urze, acrescentada em certa proporção secreta, exagerou ao extremo os mais ínfimos desgostos, e o zimbro o desanimou, e a clematite o aturdiu, e o olmo o arrasou pensando em suas deficiências e a maçã silvestre o convenceu de que era impuro. O botão de castanha provocou-lhe a lembrança compulsiva dos seus muitos erros, e o salgueiro causou- lhe o ressentimento da boa fortuna do próximo, e o álamo o fez suar e tremer com vapas apreensões, e a urze o convenceu de que sua mente falhava, e a rosa silvestre resignou-o à apatia, de modo que já não lhe importava viver ou morrer, mas teria preferido, de uma vez por todas, o último.

Satisfeita de lê-lo preparado até esse ponto, a dama administrou mais dois toques de maçã silvestre em suas têmporas para exacerbar o ódio a si mesmo. Desvanecido de desprezo por si mesmo, seu amante rogou-lhe que lhe desse uma dose fatal para pagar assim todos os seus crimes contra ela. A dama, vendo o cortesão vencido em seus braços, ficou com pena do seu tormento e colocou uma gota de acônito em sua língua impaciente. Assim morreu o amante infiel, desnudo e aliviado, e desde a morte do próprio Príncipe Luminoso não houve outro corpo tão perfumado no próprio funeral.

— *The Pillow Boy of the Lady Onogoro*, organizado e traduzido para o inglês por Alison Fell e Ayre Blower

À PRIMEIRA VISTA

Lola Montez (1821-1861), a famosa cortesã a cujos pés deixaram fortunas reis coroados e banqueiros, inventou uma dança da tarântula *sui generis*, com a qual conseguia enlouquecer os espectadores de ansiedade e desejo. Fazia-se passar por uma aristocrática dançarina espanhola, embora não soubesse nada de dança nem tivesse nada de espanhola, mas o que lhe faltava de talento e sangue, ela supria com atrevimento. Com a fúria das suas castanholas, o ímpeto do seu sapateado e o feitiço das suas mentiras, criou sua própria lenda. (Por que me identifico com essa senhora?) Em particular, Lola Montez costumava usar os arrebatamentos da tarântula para despojar-se dos seus véus, porém não cometia o erro de despir-se por completo; preferia mostrar seus encantos entre nuvens de renda que realçassem sua pele e dissimulassem as imperfeições do seu corpo. Na arte erótica do Japão, os personagens sempre aparecem com roupagens esplêndidas, vestidos de gala para fazer amor. Na linguagem simbólica dessas pinturas, as dobras voluptuosas das túnicas indicam paixão, assim como flores e frutas representam os órgãos sexuais, e os dedos dos pés ágeis, o orgasmo.

Na Índia as mulheres nunca se despojam de suas joias nem tiram o *khol* das pálpebras, porque o tilintar das pulseiras e o sombrio chamado do olhar envolvem o homem na atração inefável do mistério. Meu avô, que nasceu quando não havia luz elétrica nas ruas de Santiago e o transporte coletivo consistia de bondes puxados por cavalos — carros de sangue, como eram chamados —, passou impávido pela moda da minissaia, mas mesmo depois de velho virava-se com agilidade para vislumbrar um tornozelo feminino aparecendo por baixo de uma saia comprida na época dos hippies. A tentação não está no nu, afirmava ele, mas no transparente e no arregaçado. Daí o sucesso da *lingerie* provocativa, que nunca passará de moda; por baixo dos brutais atavios sintéticos de algumas moças modernas, ainda se encontram rastos de seda. Algumas pessoas colecionam catálogos de roupa íntima, e floresce um mercado de roupa interior feminina — de preferência usada — para satisfazer as necessidades de certos fetichistas. Por um erro do carteiro, recebi há pouco tempo, em um embrulho discreto, uma calcinha da Madonna. Ignorava que Madonna usasse essa peça de roupa. A mãe de uma das minhas amigas, viúva de 81 anos, casou-se pela terceira vez com um galã também octogenário. Pouco antes do casamento acompanhamos essa senhora para comprar o mais essencial do seu enxoval: camisolas de renda, sutiãs com penas de cisne nos mamilos, calcinhas com os signos do zodíaco e uma divertida cinta-liga com luzes ativadas por uma bateria minúscula. "Na minha idade preciso de muita ajuda", comentou a noiva.

Entre os humanos, a atração começa de longe pela vista — os outros sentidos, como o olfato, entram em ação a menor distância —, por isso recorremos à maquilagem, penteados, joias, tatuagens e até cicatrizes decorativas. A teoria das almas gêmeas, a afinidade intelectual e o ter sido amantes hipotéticos em encarnações prévias são elucubrações posteriores, exceto honrosas exceções, como meu amigo poeta, aquele que saiu correndo do balanço erótico, que é capaz de se apaixonar por causa de uma carta de uma mulher jamais vislumbrada, mas cujos poemas tocam sua alma. Em geral as mulheres se enfeitam mais, mas os homens não são menos vaidosos; nenhuma mulher se atreveria a ostentar as capas imperiais, os penachos e medalhas que os militares costumam usar. Em

Níger na tribo dos wodaabe, todos os anos realiza-se um concurso de beleza masculina. Os homens jovens se enfeitam e dançam perante um júri feminino que seleciona os mais atraentes. Os guerreiros ficam vesgos e inventam todo tipo de caretas para mostrar até o último dente de trás, porque o branco dos olhos e dos dentes é considerado o mais apreciado tributo de beleza. Deste lado do mundo temos um equivalente, mas no caso são moças de maiô, perante um júri de homens, que ressaltam seus seios e coxas, em vez de os dentes e olhos. A vencedora ganha uma coroa de pedras falsas e o título de a mais bela do universo.

A comida também entra pelos olhos. O frescor dos ingredientes naturais deveria ser suficiente, mas a incansável inventiva cozinha humana mistura, transforma e decora os alimentos com a mesma paixão utilizada no arranjo pessoal. A associação entre as formas e as cores dos alimentos e as do corpo é inevitável. No início do século, um pôster francês, geralmente encontrado nos banheiros masculinos, mostrava garotas chupando aspargos com tal sensualidade que só um inocente teria deixado de perceber a alusão direta. Panchita, que se preocupa tanto com o aspecto da mesa quanto com as suas próprias roupas, afirma que a cor do jantar é importante: não se deve servir sopa de ervilhas se o segundo prato também for verde, a menos que se busque um efeito determinado. Em Milão fui convidada para jantar na casa de uma célebre estilista de moda. Nas paredes da sala de jantar, com espelhos escuros, refletiam-se as cadeiras e a toalha pretas; neste fundo lúgubre destacavam-se magistrais e radiantes as flores e os guardanapos amarelos. Serviram um bufê de arroz e vários tipos de *curry* em tons de açafrão; inclusive a sobremesa — uma deliciosa manga flambada — era dessa cor.

Com o pretexto de destruir bactérias, na América do Sul os vegetais eram cozidos até se reduzirem a murchas sombras de si mesmos. Só nos últimos anos, por influência da cozinha estrangeira, que enfatiza o sabor, a textura e as vitaminas, começaram a ser servidos crocantes. Há alimentos tão belos que não é preciso talento para preservá-los com altivez, mas outros precisam de ajuda: um pedaço de fígado ou um rolo de tripas exigem arte para dissimular seu aspecto. As ostras, essas sedutoras lágrimas do mar, que se prestam a deslizar de boca a boca como beijos prolongados, vêm em conchas duras de abrir. Também podem ser conseguidas em frascos, mas parecem amostras de tumores malignos; nas conchas, em compensação, úmidas e túrgidas, sugerem delicadas vulvas. É um bom exemplo da comida que entra pelos olhos. Desde que comecei a me interessar por cozinha, tentei imitar o gênio de minha mãe, mas meus pratos, embora saborosos, sempre pareciam ter sido resgatados do focinho do cachorro. Demorei anos para aprender a apresentá-los com certa graça.

Prefiro os alimentos em seu estado natural e assim também gosto dos homens. Desconfio de enfeites desnecessários, dos homens com correntes de ouro, bigodes lambidos e unhas esmaltadas, tanto quanto do frango sufocado por um molho impenetrável ou de pétalas de flor navegando pela sopa, mas de vez em quando é divertido inovar: aspargos compridos e firmes com duas batatas novas na base, duas metades de pêssego com mamilos de framboesa em um leito de creme chantilly. Recomendo aos apaixonados dispostos a perder tempo com esses detalhes abastecer-se de velas em forma de maçã, coração ou Cupido, toalha de mesa comprida de suntuoso cetim, louça evocativa (tenho uma com desenhos dos afrescos eróticos de Pompeia). Na mesma loja de pornografia de San Francisco onde comprei livros por quilo, encontrei umas horripilantes taças vermelhas com a forma de sapatos femininos de saltos agulha. Não consegui resistir a elas. Uso-as para servir coquetéis que insinuam deleites eróticos só pela graça da embalagem. Também possuo um molde em forma de Vênus para preparar *aspic* nas noites de luxúria. O *aspic* é uma engenhosa solução para servir as sobras do dia anterior em forma. O segredo é prudência com a gelatina, usada apenas para lhe dar forma, mas não tanta quanto para dar-lhe vida própria.

Falando de gelatina... Minha avó passou sua existência flutuando acima da realidade, mas essa distração angélica não impediu que ela provocasse paixões. E não me refiro ao meu avô, que a amou desesperadamente durante os cem anos de sua vida, mas a um casual cavalheiro peruano. Minha avó, ainda jovem, estava viajando por Arequipa, branca cidade cheia de flores da serra andina. Hospedou-se em uma hospedaria colonial de corredores sombrios que incitavam ao romance. Naquela noite, perto da fonte do jardim onde ela contava as estrelas e ouvia a música alegre e doce de um violão arrastada pela brisa, outro viajante aproximou-se dela. O homem a observara de longe durante o dia e por fim, naquela hora, tinha reunido coragem suficiente para abordá-la. Depois de algumas frases galantes, que ela respondeu com a habitual franqueza, o sedutor convidou-a a experimentar um famoso prato da região. Sentados à mesa, o próprio chefe de cozinha apresentou-se trazendo uma travessa enfeitada com cerefólios e jasmins, no centro da qual jaziam dois porquinhos-da-índia rodeados de geleia. Esses grandes ratos, intactos das pontas dos tesos bigodes às unhas das patinhas, envolvidos em sua mortalha de gelatina vítrea e trêmula, moviam-se a cada passo do cozinheiro como preparando-se para pular em cima dos comensais. Pelo menos uma vez na vida minha avó aterrissou neste mundo e caiu desfalecida no chão. E já que estamos falando de gelatina, não resisto à tentação de citar uns versos:

Ó encanto da gorda
perna de robustez elefantina
que em gordura se desborda!
Ó majestade divina
da coxa disfarçada de gelatina!
... Vivam as adiposas
adoradoras do esforço nulo,
que deixam as odiosas
fadigas para a mula
e comem tudo o que faz crescer sua bunda.

— do "Himno a la celulitis", de Enrique Serna

Desculpe, estou divagando novamente. A apresentação da mesa, tanto quanto o sabor da comida e a abundância e qualidade dos licores, determina o ânimo dos comensais. Em *A festa de Babette*, aquele comovente filme baseado em um conto de Isak Dinesen, a câmera vai e vem entre a cozinha, onde se preparam amorosamente os pratos, e a sala de jantar, onde os rostos severos desses estoicos habitantes de um mundo distante e gelado vão mudando, à medida que o vinho e os alimentos se apoderam dos seus sentidos. Em *O discreto charme da burguesia*, Luis Buñuel cria uma atmosfera de crescente ansiedade ao mostrar as mesas com louças esplêndidas e cristais que os atores nunca conseguem tocar, porque sempre são interrompidos.

ETIQUETA

Quatro princípios fundamentais, gravados a fogo desde a mais tenra infância, sustentaram minha formação de senhorita: sente-se com as pernas juntas, caminhe com as costas retas, não opine e coma direito. Todos os esforços da minha mãe, porém, não foram suficientes para fazer de mim uma dama: simplesmente carecia de matéria-prima. Minha família não pôde se recuperar da decepção. Aos 17 anos, quando descobri que abrir as pernas é muito mais interessante que fechá-las, dediquei-me a violar um por um todos os severos preceitos da minha educação, e agora, passado o meio século de vida bem vivida, compreendo que a única coisa que realmente me serviu foi caminhar com as costas retas. E não o digo em sentido metafórico; para uma mulher com um metro e cinquenta de altura, uma postura erguida e a cabeça levantada fazem parte da estratégia de sobrevivência. Se eu andar curvada, podem pisar em mim. Quanto a *comer direito,* logo percebi que isso depende da latitude e das circunstâncias, e que, para alguém que tem prazer em fazer amor comendo e vice-versa, a questão dos bons modos é muito relativa.

A maior parte da humanidade, por razões práticas, come com os dedos. Na Índia as pessoas sempre levam o alimento à boca com a mão direita, porque a esquerda é usada para enxaguar-se no banheiro; o papel higiênico é considerado um hábito nojento dos europeus. A ideia dos talheres é relativamente nova e a dos estritos bons modos à mesa ainda mais; ambas correspondem a uma cultura que se relaciona com o mundo através da visão e tem uma estranha desconfiança nos outros quatro sentidos, sobretudo no do tato. Desde pequenos somos ensinados a respeitar a distância física com outras pessoas e a ignorar nosso próprio corpo. Mesmo antes de aprender a falar e a amarrar os cadarços dos sapatos, já interiorizamos a proibição de explorar qualquer orifício da nossa própria anatomia e, naturalmente, da dos outros. Depois temos de gastar fortunas em terapia para descobrir o poder curativo do tato! Na Califórnia, onde moro, começou uma febre de oficinas para ensinar o que qualquer orangotango sabe fazer sem nenhuma aula: tocar-se e tocar os demais. Manusear a comida incorpora o sentido do tato ao prazer básico de satisfazer o apetite; comer com as mãos permite perceber a alma dos alimentos antes de consumi-los. Gosto de fazer biscoitos, sentir nos dedos a suavidade da farinha, apalpar a textura áspera do açúcar, a escorregadia manteiga e o ovo, juntar a massa, esticá-la, cortá-la; desfruto do paciente labor de lavar morangos e cogumelos, espremer um limão ou espetar a faca na firme consistência de uma maçã. A única comida que recordo é a que devorei com a mão: melancia madura e milho fresco no verão chileno, *arepas* recheadas da Venezuela, um frango com canela em Marrocos, mangas silvestres em Bali... Ao pensar em uma comida afrodisíaca descartamos imediatamente a etiqueta: imaginamos uma orgia romana ao estilo de Fellini, em que os comensais lançam frutas e doces por cima da cabeça, limpam as mãos nos cabelos dos escravizados, fornicam com os patos assados e coçam o céu da boca com penas para esvaziar o estômago e começar a engolir de novo. Ou pensamos naquela cena inesquecível de *Tom Jones*. Essa simpática comédia inglesa filmada nos anos 1960, em que o herói e uma cortesã, sentados frente a frente em uma mesa estreita, compartilham um jantar pantagruélico. A câmera regozija-se com as mãos destroçando frangos e mariscos, as bocas bebendo, mastigando, chupando, rindo, os sucos escorrendo por queixos e pescoços, como se essas patas de caranguejo e peras macias fossem as carícias que se abstêm de mostrar. Mais tarde, quando descobrimos que a cortesã é na verdade a mãe de Tom Jones, a comida transforma-se em uma irônica metáfora do incesto.

Essas imagens de abandono e depravação evocam sensualidade, mas às vezes os bons modos podem resultar excitantes. As normas de comportamento na mesa são basicamente uma série de proibições que nada têm de erótico para o amante impaciente, mas funcionam como o Index do Vaticano, que por ser tão estrito produz o efeito contrário. Vários dos meus livros tiveram a imensa sorte de cair na lista negra de uma seita fundamentalista católica, foram proibidos em algumas escolas mórmons e sabe-se lá em que outras organizações virtuosas, o que aumentou notavelmente o número dos meus leitores. Meu avô, homem de firmes convicções religiosas, inquietava-se quando as mulheres de sua família se confessavam, porque podiam cair nas mãos de um padre minucioso que, com santa devoção, as interrogasse de acordo com o manual. Nesse manual, um extenso repertório de indecências que circulava no pátio do colégio como texto pornográfico, eram enumerados pecados cuja perversidade superava amplamente o que qualquer pessoa normal seria capaz de imaginar e muito menos de cometer. Nada melhor para aquecer o ventre e corromper a alma com tortuosos desejos que aquelas famosas listas de pecados. Na época da rainha Vitória, os súditos do Império Britânico transformaram as aparências sociais em uma filosofia da honra. Tudo era permitido, desde que não se violasse a etiqueta. Esses maníacos dos bons modos cometiam à sombra inomináveis barbaridades, e enquanto cultivavam a linguagem das flores, proliferavam prostíbulos, satanismo e clubes de flagelação, onde as nádegas eram chicoteadas sem misericórdia, mas não eram chamadas pelo seu nome, e sim por *onde a gente se senta*. Não pretendo insinuar que os bons modos à mesa levem a esses extremos, por favor. Nesse caso, como ocorre com frequência comigo, começo a dizer algo e a língua adota direções inesperadas. Voltemos ao tema: parece-me que, assim como as listas de pecados incitavam à rebeldia, a constrição imposta à mesa pode ter um efeito estimulante. Há um componente erótico na formalidade.

Onde se não no costume e na cerimônia
Nascem a inocência e a beleza?

— William B. Yeats (1865-1939)

Imaginemos uma ocasião especial, talvez um jantar elegante na sala de jantar de um palácio renascentista transformado em restaurante ou hotel, como tantos nas velhas cidades europeias. Lâmpadas de lágrimas e candelabros com velas propiciam uma luz tênue, tapetes macios protegem as antigas madeiras do piso, gobelinos de trezentos anos cobrem as paredes, e afrescos mitológicos decoram os tetos. Diante das mesas redondas cobertas com longas toalhas e decoradas com orquídeas sentam-se os comensais, de gala, em cadeiras com encostos entalhados. Rubi e âmbar nas taças, o som apagado das conversas gentis, o tilintar da prata contra a porcelana... Dançam os garçons, sacerdotes de uma missa suntuosa, solícitos, irônicos, levando e trazendo as travessas com deliciosos manjares. Um casal ocupa uma das mesas junto à janela. As pesadas cortinas de brocado estão abertas, e através dos vidros vislumbram-se os jardins em sombra, iluminados apenas pela lua tímida. A mulher, esplêndida, usa veludo cor de sangue, com os ombros nus e duas magníficas pérolas barrocas nas orelhas. O homem está vestido de preto, impecável, com botões de ouro na camisa. Mantêm as costas retas e a distância precisa entre a cadeira e a mesa, seus gestos são controlados, um pouco rígidos, como se se movessem em uma coreografia acartonada, mas através de seus gestos estudados percebe-se a atração mútua como um rio turbulento que ameaça arrastar tudo o que encontrar pela frente. Sob a toalha, os joelhos roçam-se por acaso e esse contato, quase imperceptível, os golpeia como uma corrente poderosa; uma chama furiosa sobe pelas coxas e incendeia os ventres. Nada muda em suas posturas, mas o desejo é tão intenso que pode ser visto, apalpado, como uma névoa quente apagando os contornos do mundo circundante. Só eles existem. O garçom aproxima-se para servir mais vinho, mas eles não o veem. Tremem. Ela ergue o garfo, abre os lábios e, do outro lado da mesa, ele adivinha o sabor de sua saliva e a tibieza do seu hálito, sente a língua dela movendo-se em sua própria boca como um molusco sufocante e terrível. Deixa escapar um gemido que dissimula imediatamente, tossindo com discrição e escondendo o rosto com o guardanapo. Ela olha fixamente para a última ostra do prato do seu companheiro, uma vulva inchada, palpitante, indecente, molhada de leite oceânico, síntese do seu próprio desvario. Nada revela a turbação de ambos. Em silêncio realizam com decoro, passo a passo, os rituais precisos da etiqueta; mas não ouvem as notas do pianista animando a noite em um ângulo do salão palaciano, estão aturdidos pelo estrepitoso furacão do desejo em seus peitos. Forças primitivas desencadearam-se: tambores e gemidos de guerra, um sopro de selva, de húmus, de nardos podres insinuando-se através do aroma delicado da comida e do perfume feminino; imagens de carne nua, de abraços cruéis, de lanças inflamadas e flores carnívoras. Sem se tocarem, o homem e a mulher percebem o cheiro e o calor do outro, as formas secretas de seus corpos no ato da entrega e do prazer, as texturas da pele e do cabelo ainda desconhecidas; imaginam carícias novas, nunca antes experimentadas por ninguém, carícias atrevidas e íntimas que inventarão só para eles. Uma fina película de suor recobre suas testas. Não se olham nos olhos, observam as mãos um do outro, mãos cuidadas que sustentam os talheres com elegância, vão e vêm entre o prato e os lábios, como pássaros. Elevam a taça em um brinde repleto de intenções, por um instante os olhares se cruzam e é como se se beijassem. Ardem, aterrados diante da fúria avassaladora das suas próprias emoções, ela úmida, ele rijo, contando os minutos daquele jantar eterno e, ao mesmo tempo, desejando que aquele suplício se prolongue até que cada fibra dos seus corpos e cada alucinação das suas almas alcancem o limite do suportável, calculando quando poderão se abraçar, dispostos a fazê-lo ali mesmo, na mesa, diante dos garçons dançarinos e de toda aquela comparsaria de fantasmas de gala, ela debruçada em cima da mesa, as pernas abertas, suas nádegas de ninfa expostas à luz das lâmpadas vienenses, clamando obscenidades, ele atacando-as por trás entre as pregas de veludo grená, uivando entre pratos quebrados, manchados de comida, cobertos de molho, molhados de vinho, puxando e arrancando a roupa, as pérolas barrocas, os botões de ouro, mordendo-se, devorando-se. Aquela visão é tão intensa, que os dois oscilam à beira de um abismo, prestes a explodir em um orgasmo cósmico. E então dois garçons aparecem junto à mesa, inclinam-se cerimoniosos, colocam diante deles os pratos cobertos e com gestos idênticos levantam as tampas metálicas. *Bon apetit*, murmuram.

COM A PONTA DA LÍNGUA

Apesar da enorme quantidade de livros de culinária publicados anualmente, muito pouco se escreveu sobre o sentido do gosto, porque é quase tão difícil definir um sabor quanto um cheiro. Ambos são espíritos com vida própria, fantasmas que aparecem sem ser invocados para abrir uma janela da memória e levar-nos através do tempo a um acontecimento já esquecido. Outras vezes os chamamos ansiosamente, buscando um efeito erótico do passado e, em compensação, deparamo-nos com a nossa desnuda inocência. Somos onívoros, podemos comer qualquer coisa, apreciamos a variedade e passamos a vida experimentando diversos sabores, quase todos adquiridos, porque na infância só toleramos o neutro e o doce. Nenhum bebê gosta de mostarda, embora adorem coca-cola, e conheço muitos adultos que não aprenderam a comer caviar. Ainda bem, assim sobra mais para nós. Segundo a ciência, só podemos diferenciar quatro sabores: doce, salgado, amargo e azedo; todos os outros são mistura desses com milhares de odores diversos. Assaltam-me algumas dúvidas… como classificar o sabor metálico do medo, o arenoso da inveja ou o espumante do primeiro beijo? Mas, enfim, respeitarei as opiniões dos sábios, pois as minhas carecem de respaldo autorizado.

O prazer de um sabor centra-se na língua e no céu da boca, embora com frequência não comece ali, mas na lembrança. E parte essencial desse prazer reside nos outros sentidos, na visão, no olfato, no tato, inclusive na audição. Na cerimônia do chá no Japão, o gosto da bebida é o menos importante — na verdade o chá é amargo —, mas a serena intimidade das paredes nuas, as formas depuradas dos utensílios, a elegância do ritual, a concentrada harmonia dos gestos de quem oferece o chá, o quieto agradecimento de quem o recebe, o tênue odor da madeira e do carvão, o som da concha ao verter a água no silêncio do aposento, tudo constitui uma celebração para a alma e para os sentidos.

O sabor associa-se à sexualidade muito mais do que os puritanos desejariam. A pele, as dobras do corpo e as secreções têm sabores fortes e definidos, tão pessoais como o cheiro. Pouco sabemos deles porque perdemos o hábito de nos lambermos e cheirar uns aos outros. Ainda lembro do sabor de goma de mascar, tabaco e cerveja do meu primeiro beijo, há exatamente quarenta anos, embora tenha esquecido por completo o rosto do marinheiro americano que me beijou. O sentido do gosto se cultiva, tal como se cultiva o ouvido para o jazz: livre de preconceitos, com curiosidade e sem levá-lo a sério. Uma vez, à época de minha juventude em que andava procurando sabedoria engarrafada, assisti a uma palestra de um célebre guru. O homem provinha de uma família judia em plena Nova York, mas sua longa estadia na Índia e seus anos de estudo e meditação não só o converteram em guia espiritual, como lhe conferiram sotaque de Calcutá e aspecto de encantador de serpentes. No decorrer da conferência, cada neófito recebeu do mestre uma uva grande e rosada com a instrução de comê-la em não menos de vinte minutos, muito mais do que o meu tio faquir empregava para mastigar sessenta vezes cada bocado na mesa de meu avô. Durante esses intermináveis vinte minutos toquei, olhei, cheirei, fiz a uva dar voltas na minha boca com uma lentidão atroz, suando, e finalmente a engoli. Dez anos depois ainda posso descrever sua forma, textura, sabor e cheiro; aprendi a comer uvas com um imenso respeito, que tentei aplicar a outros alimentos, embora a verdade seja que, sem o olho vigilante do guru, acho impossível conservar algo na boca por mais de alguns segundos. Refiro-me a alimentos, naturalmente. Para outras coisas tenho mais paciência.

Mas voltemos à comida. Segundo Panchita, no planejamento de um cardápio devemos considerar os diferentes sabores, para que se complementem e se distingam uns dos outros sem concorrência. A ordem em que os pratos são servidos influi em sua apreciação; convém não começar com o mais suculento, porque se ele for servido primeiro, o resto ficará insosso. Um magistral *ossobuco* sempre é o único protagonista, porque anula qualquer prato que se atreva a desafiá-lo. Deve ser servido antes de uma discreta salada verde e, como final leve, um sorvete. Um jantar bem pensado é um *crescendo* que começa com as notas suaves da sopa, passa pelos arpejos delicados da entrada, culmina com a fanfarra do prato principal, seguido finalmente dos doces acordes da sobremesa. O processo é comparável ao de fazer amor com estilo, começando com insinuações, saboreando os jogos eróticos, chegando ao clímax com o estrondo habitual e, por fim, deslizando em um afável e merecido repouso. A pressa no amor deixa irritação na alma, e a pressa na comida altera os humores fundamentais da digestão. As papilas gustativas, assim como os órgãos maiores e outros não tão maiores, também se cansam. Nos banquetes e restaurantes de luxo, entre dois pratos contundentes, costuma-se servir uma pequena porção de sorvete agridoce para eliminar qualquer resíduo do primeiro antes de se provar o segundo. A temperatura tem tanta importância como a textura e a cor, tudo influi na sensual experiência de uma comida.

ERVAS E ESSÊNCIAS

Quando ainda não existiam métodos de conservação de alimentos, as especiarias eram mais valiosas que o ouro. Ainda hoje, quanto mais quente for o clima de um país, mais especiarias são usadas na cozinha popular, porque a decomposição ocorre mais rapidamente: o curry foi inventado na índia, não na Noruega. Em busca das especiarias, partiram rumo ao Oriente piratas, aventureiros, comerciantes e conquistadores.

> *Ouvindo a rainha de Sabá sobre a fama que Salomão tinha alcançado pelo nome de Jeová, quis pô-lo à prova com perguntas difíceis. E veio a Jerusalém com um séquito muito grande de camelos carregados de especiarias e ouro em grande abundância, e pedras preciosas…*
>
> — 1 Reis 10: 1 e 2

As especiarias não foram usadas só para temperar alimentos e fabricar perfumes, mas também para os filtros amorosos. Mescladas com ervas aromáticas, melhoravam seu sabor; não nos esqueçamos de que as fórmulas costumavam incluir raspas de unhas, fel, excremento de vaca e outras delicadezas que são mais um gosto adquirido. Se essas poções mágicas surtiam algum efeito em estimular paixões humanas, não era por esses horripilantes ingredientes, mas pelas ervas e especiarias utilizadas em seu cozimento. Eram cultivadas nos jardins domésticos e nas hortas dos conventos e mosteiros, mais para uso medicinal que culinário; muitas delas eram remédios para a impotência e para a esterilidade. Essa sabedoria se extinguiu, hoje acrescentamos salsa à salada e açafrão ao arroz sem suspeitar das suas propriedades secretas. Para que as ervas e especiarias afrodisíacas surtam efeito, recomenda- se seu uso frequente; é ingênuo pretender que a libido se excite com o primeiro filamento de canela na torta de maçã. Outrora supunha-se que todo novo alimento proveniente de lugares remotos possuía carga erótica, inclusive as primeiras batatas importadas do Novo Mundo, e com maior razão as especiarias aromáticas do chamado Extremo Oriente. Mas nestes tempos em que se perdeu o mistério da distância — é possível beber chá do Tibete com gordura de iaque no Texas —, pouca coisa nos surpreende ou excita, exigimos afrodisíacos cada vez mais refinados: artefatos com bateria e espetáculos ao vivo ou em vídeo, mais próximos da pornografia que da arte do erotismo. Pornografia é método sem imaginação; erotismo é inspiração sem método. (Erótico é usar uma pena; pornográfico é usar a galinha.)

As plantas são afrodisíacos sutis e, como o amor, agem sem alarde, discretamente e a longo prazo. Como não confiar nelas se quase toda a farmacopeia moderna está baseada nas plantas? E, assim como costuma acontecer no amor, as mais comuns e modestas também são as mais preciosas. Não é aconselhável perseguir plantas exóticas, como a *Cassytha filiformis*, a *Bourveria ovata*, a *Artemisia absinthium* e outras, a menos que sua obsessão seja a botânica, porque se sair a procurá-las de cócoras pelos bosques, perderá muitas oportunidades de usá-las. A natureza é perigosa, em seu seio oculta todo tipo de alimárias e plantas venenosas, feras furiosas e bandoleiros que, disfarçados de geógrafos, costumam espreitar suas vítimas entre os matagais; não convém se deixar arrebatar pela curiosidade bucólica, mas aceitar com gratidão o que é produzido em seu jardim ou o que conseguir no mercado. Veja nossa lista de ervas e especiarias domésticas e tente fazer com que não faltem em sua cozinha, junto com o azeite puro de oliva virgem (um dos poucos casos em que a virgindade serve para alguma coisa), o vinagre balsâmico, a melhor mostarda, o mel mais puro e tantos outros ingredientes fundamentais para realçar seus pratos e sua vida amorosa.

As ervas e especiarias são a alma de sua cozinha, não só porque transformam qualquer prato em um potencial afrodisíaco, mas também porque dissimulam os erros culinários. *Se cheira mal se disfarça com curry* é o axioma básico da cozinha indiana, e na América Latina usamos a pimenta com o mesmo fim. Sem chegar a esses extremos, admito que uns raminhos de ervas frescas ou uma pitadinha de especiarias muitas vezes salvaram minhas medíocres experiências na cozinha, por isso cultivo as primeiras em vasos no terraço. Entendam-me, não sou uma dessas pessoas que encontram paz espiritual sujando-se com terra. Nem mesmo tenho jardim, gosto da natureza em fotografias, mas neste caso não se requer talento nem vocação, só um pouco de terra boa, dessa que vendem em sacos, água, luz e do resto se encarrega o ímpeto da vida. Um mês depois da plantação das sementes há ervas suficientes para todos os seus jantares afrodisíacos, para presentear os amigos, e ainda sobram algumas para tomar banhos de coentro ou hortelã, que deixam mais claras a pele e a consciência.

Quando Panchita vem do Chile me visitar, compramos especiarias em uma minúscula loja de San Francisco, atendida por um homem de turbante, com mais aspecto de santo do Ganges que de comerciante. Há algo sigiloso e intangível na loja desse hindu. Depois de cada visita saímos com a sensação de nunca termos estado lá, mas de termos nos perdido nos labirintos da própria imaginação, só que o pacote com as compras é uma prova de que aquela lojinha não é pura ilusão. Lá tudo é poesia: a mescla de aromas intensos, o pequeno altar orientado para o noroeste onde sempre há oferendas de arroz, incenso e pétalas de flores, o tapete da parede com elefantes e deuses bordados em fios de ouro, os humildes artesanatos da Índia cobertos de pó, que ninguém comprou em todos estes anos. O espetáculo de poeira, folhas, cascas e sementes, de frascos com líquidos misteriosos, da caixa com as cobras e da silenciosa família do dono, todos magros, morenos e com enormes olhos alucinados, deslizando como sombras chinesas pelo fundo do cômodo, compensa plenamente a viagem para essa cidade e a aventura de encontrar aquele cantinho escondido entre ruelas estreitas. Com prazer reverente, o homem extrai as especiarias com uma colher de madeira, pesa-as em uma antiga balança de bronze e as entrega em saquinhos plásticos. Costumam sair mais caro que as do supermercado, mas não perderam seu poder evocativo, são mais penetrantes e, pelo que deduzo, também mais afrodisíacas. Em Katmandu encontrei uma loja parecida, embora mais estreita e tumultuada, onde comprei com uma ambição desmedida mais especiarias do que poderiam usar várias gerações de meus descendentes. Elas me foram entregues em cones de papel de jornal e fui para o hotel equilibrando aquele tesouro nos braços. Metade vazou na maleta, perfumando minha roupa para sempre, e o resto ainda está em uma gaveta da cozinha, em seus envoltórios originais. Não posso identificar os conteúdos e não me atrevo a colocá- los na comida, mas os guardo porque talvez um dia ainda receba em minha casa um visitante do outro lado do mundo capaz de pronunciar seus nomes.

ERVAS PROIBIDAS

Lista de ervas e especiarias proibidas, por serem afrodisíacas, do convento das Irmãzinhas Descalças dos Pobres, com comentarios de Panchita.

Açafrão (Crocus sativus) *Especiaria vermelho-alaranjada, em filamentos ou em pó, que pinta tudo de amarelo — inclusive o cozinheiro, se ele se descuidar —, por isso na Ásia era usado para tingir tecidos. No Tibete a cor açafrão é sagrada. Em geral é muito caro, mas para evitar seu sabor amargo usa-se pouca quantidade, só dois ou três fios. É o tempero indispensável na* paella *e outros pratos espanhóis, e sempre fica delicioso com certos tipos de mariscos. Tem prestígio como estimulante no Oriente.*

Açafrão-da-índia (Curcuma longa) *Vem da Índia e tem gosto meio amargo, fragrância sutil e intensa cor amarela. Deve ser usado moderadamente, porque pode se sobrepor a todos os outros sabores.*

Alcaparra (Capparis spinosa) *Frutos redondos e pequenos, de sabor muito forte, que a natureza criou para perfeito acompanhamento dos peixes. (Um dos meus filhos enfiou uma alcaparra no nariz e teve de ser operado para extraí-la, experiência antiafrodisíaca por definição.)*

Anis (Pimpinella anisum) *É uma planta de flores brancas e sementes pequenas e aromáticas, usada na fabricação de confeitos, xaropes, essências, temperos e licores. E a base do Pernod, licor da moda na Europa do século XIX, que, bebido em excesso, como o absinto, produz loucura e morte. Não se assuste, as sementes não são mortais. Em muitos países do Oriente Médio se usa para incitar o amor dos recém-casados e curar a impotência.*

Baunilha (Vanilla fragans, Vanilla planifolia *e outras variedades*) *Tempero indispensável para doces, bolos, sorvetes, cremes, café, chocolate etc. Vem em estojos (ou cápsulas) e em extrato ou essência. Se puder escolher, evite a baunilha sintética, de sabor grosseiro e às vezes tóxica. Voltou à moda o costume de Madame Pompadour de perfumar a roupa com baunilha; existem linhas completas de produtos para o banho, loções, cremes e perfumes com este aroma, mas não gosto de ficar com cheiro de sobremesa, acho que atrai moscas.*

Borragem (Borago officinalis) *Usa-se para cozinhar carnes e peixes, assim como em saladas. Os índios mapuches do Chile utilizam-na como abortivo: preparam uma infusão muito forte e bebem várias xícaras por dia, até começarem a ocorrer cãibras e espasmos que, além do desprendimento do feto, provocam ideias malignas. Com moderação e sorte, porém, induz* à *luxúria.*

Canela (Cinnamomum zeylanicum *e* Cinnamomum cassia) *É extraída da casca da árvore da canela e usada em lascas e em pó, não só em doces, mas também em carnes e diferentes tipos de curry na Ásia e no Oriente Médio. É o tempero clássico das receitas de Natal. A infusão das ramas de canela é recomendada como remédio para distúrbios da menstruação e da gravidez.*

Cardamomo (Elettaria cardamomum) *Pode ser vendido em sementes, que são moídas para cozinhar, ou em pó, que perde o aroma rapidamente. Nos países árabes, é colocado no café para enriquecer o sabor e estimular a benevolência entre os amigos. As sementes são mastigadas para refrescar a boca, não devemos esquecer que um dos piores inimigos do erotismo é o mau hálito. Em alguns rituais tântricos é usado como símbolo do* yoni, *genitália feminina.*

Cominho (Cuminum cyminum) *Sementes minúsculas que dão um sabor característico à comida oriental e, em geral, às receitas de lentilhas e feijão, cuja essência de óleo é utilizada para loções balsâmicas e amavios.*

Cravo (Caryophyllus aromaticus) *É tão aromático e picante, que deve ser usado com precaução e retirado da comida antes de servi-la, mas o pó é mais suave. Usa-se como tempero em sobremesas, carnes — sobretudo presunto —, e em muitos pratos orientais exóticos. Na Ásia e na América do Sul, quando o dinheiro não chega para pagar um dentista, coloca-se um cravo no dente afetado. Não cura, mas alivia a dor e turva a consciência.*

Curry *Não* é *uma especiaria, mas uma mistura de várias delas: coentro, cardamomo, pimenta-de-caiena, pimenta, gengibre, canela, sementes de mostarda, açafrão-da-índia etc. Na cozinha da Índia ou da Indonésia, por exemplo, o curry é preparado especialmente para cada comida — a proporção geralmente é segredo de família — e sempre se cozinha com óleo ou banha para obter o máximo de aroma e sabor. No Ocidente, nos contentamos com um pó amarelo, chamado genericamente de curry, que nos é oferecido nas opções suave ou forte. O forte é para os valentes.*

Endro (Anethum graveolens) *As folhas e sementes são usadas sobretudo em peixes. Está sempre presente nas mesas das casas escandinavas. As sementes, colocadas em uma garrafa de óleo ou vinagre, aromatizam delicadamente, enquanto as folhas são ideais para fazer cócegas nos pés.*

Erva-cidreira (Melissa officinalis) *Tem sabor de limão e serve para maionese, receitas com queijo fresco e creme, molhos e saladas, inclusive algumas sobremesas de frutas. No Chile é bebida como infusão porque se supõe que sirva para emagrecer. Se fosse tão fácil...!*

Estragão (Artemisia dracunculus) É *muito melhor fresco do que seco. Pode ser conservado submerso em uma garrafa de vinagre, de modo que perfume o vinagre, e quando se precisar das folhas, estarão ao alcance da mão.*

Feno-grego (Trigonella foenum-graecum) *De folhas um pouco peludas e sementes amarelas, tem cheiro repugnante para as pessoas com chiliques. É difícil encontrá-lo, mas o incluímos porque há séculos na Europa se acredita que provoca paixões e sonhos sensuais.*

Gengibre (Zengiber officinale) *A raiz fresca, que dura duas ou três semanas em lugar seco, é mais saborosa, mas também pode ser adquirida em pó ou em xarope. Seu sabor característico, um pouco picante, realça doces, sobremesas e inúmeras comidas exóticas. Nunca falta na cozinha japonesa, e é a única maneira de engolir o sushi, suponho. Os cozinheiros de Madame du Berry preparavam uma mistura de gemas de ovo e gengibre que induzia os amantes dessa cortesã e o próprio Luís XV à luxúria desenfreada.*

Hortelã (Mentha viridis, Mentha rotundifolia *e outras variedades*) *Seu sabor fresco é popular em doces e bebidas, mas também é usado em muitas comidas. Para os britânicos é o companheiro inseparável do cordeiro. Shakespeare se refere a ele, junto com a lavanda e o alecrim, como estimulante para cavalheiros de meia-idade. Cresce como mato, por isso é fácil cultivá-lo em seu jardim. Em alguns países do Oriente Médio sempre se recebem os hóspedes com uma xícara de chá de hortelã, forte, quente e muito açucarado.*

Lavanda (Lavandula vera) *As sementes aromatizam perfumes e sabonetes, mas antigamente também eram usadas na cozinha como afrodisíacos. São um pouco amargas e picantes, podem arruinar sua salada, mas realçam uma sopa (que deve ser coada antes de servir). Se não quiser correr riscos em sua cozinha, coloque-as em um saché embaixo do travesseiro onde vai fazer amor.*

Louro (Laurus nobilis) *Os heróis romanos eram coroados com ramos de louro, símbolo de virilidade. Da próxima vez que dançar para seu amante, enfeite-se com uma coroa dessas folhas sagradas. O riso também é afrodisíaco. Na comida o louro é usado em pouca quantidade, só uma folha pequena ou média, porque tem um sabor muito forte, um pouco amargo.*

MANJERICÃO (Ocimum bacilicum e Ocimum minimum) *Tem cheiro de almoço dominical no sul da Itália. Suas folhas aromáticas são indispensáveis em toda cozinha que se preze. Produz mais feito quando fresco — acrescenta-se ao final —, mas pode ser usado seco durante a cocção de certos alimentos. Em cultos antigos — e, ainda hoje, no vodu do Haiti — o manjericão é associado à fecundidade e à paixão.*

MOSTARDA (Brassica nigra *e* Sinapis alba) *Pode ser comprada em semente, em pó e preparada. Quando indico mostarda nas minhas receitas, refiro-me sempre a essa que se consegue em qualquer lugar, porque suponho que em seu calendário erótico há assuntos mais urgentes que a preparação da sua própria mostarda. Um antigo remédio contra a impotência consistia em esfregar mostarda no membro masculino, método de persuasão um pouco brutal, a meu ver.*

NOZ-MOSCADA (Myristica fragans) É *uma noz dura usada para aromatizar doces e sobremesas, mas que também realça o sabor de alguns vegetais, como espinafre e carnes suaves. Vem em pó, mas tem mais efeito quando é ralada do fruto fresco.*

ORÉGANO (Origanum vulgare *e* Origanum onite) *Não deve faltar em sua cozinha. De sabor e aroma fortes e penetrantes, é típico da comida mediterrânea. Jogar um punhado no banho de água quente que compartilha com seu parceiro é uma experiência erótica.*

PIMENTA (Piper nigrum) *Declaro que traz alegria para os viúvos e alivia a impotência dos tímidos. Você vai ver que ela é mencionada em quase todas as receitas deste livro, menos nas sobremesas. É melhor moer os grãos conforme a necessidade, não só para obter mais sabor, mas também pela cerimônia, mas o pó que se compra em qualquer lugar também serve. Sabia que espirrar é um prazer erótico? Meu avô sempre levava consigo uma caixinha de ouro com rapé e três lenços de batista bordados pelas freiras para seus espirros. Ponha pimenta no travesseiro na próxima vez que compartilhar o leito do seu amante e, se não der certo, não faz mal, façam amor no tapete.*

PIMENTA-DE-CAIENA *Pó picante feito com pimentão vermelho seco e moído, que é a mesma base da páprica, da pimenta em pó, do tabasco e da santaka no Japão. Usa-se em pouca quantidade, para dar cor, sabor e um toque picante. Se cair nos olhos, eles arderão para sempre.*

SALSA (Petroselinum hortense) *Era usada pelas bruxas como um dos ingredientes da poção mágica para voar. Alguns textos dizem que elas preparavam um bálsamo para untar o corpo — sobretudo as zonas erógenas — com a finalidade de produzir alucinações; outros, que esfregavam com salsa a fálica vassoura dos seus voos noturnos. Um tio meu, que leu sobre as virtudes da salsa em um texto antigo, tentou ambos os métodos, mas se deparou com um problema aerodinâmico e, quando se jogou com uma vassoura do terraço do segundo andar, quebrou várias costelas. Existem mais de trinta variedades comestíveis; usa-se em carnes, peixes, saladas etc. Seu frescor alivia o hálito de cebola ou alho. Como o endro, serve para cócegas e outras carícias sensuais, em vez das penas que se usavam antes e que agora estão completamente fora de moda.*

SÁLVIA (Salvia officinalis) *É uma das ervas favoritas para carnes fortes, como porco e animais ou aves de caça. E muito melhor fresca do que seca. Os soldados da Grécia antiga eram recebidos com infusão de sálvia pelas suas mulheres, para estimular a fertilidade e perpetuar a raça grega, sempre em perigo de extinção por aquela mania de seguir os heróis nas guerras. Tem aroma muito penetrante e deve ser usada com moderação.*

TOMILHO (Thymus herba-barona *e outras variedades*) *Acompanha com graça as carnes vermelhas e é praticamente indispensável no patê e em vários molhos com vinho tinto.*

A ORGIA

Acho que mencionei em alguma parte deste livro meu padrasto, o inefável tio Ramón. Uma das curiosas tradições tribais do Chile é que as crianças chamam de tio ou tia os amigos dos seus pais e, em geral, a toda pessoa dez anos mais velha, desde que pertença à mesma classe social. Quando minha mãe nos apresentou seu pretendente, naturalmente o recebemos com o título de tio, do qual não se livrou até hoje. Esse tio Ramón foi diplomata durante sessenta anos. No difícil começo de sua carreira, quando ainda não tinha baixado a poeira do escândalo social provocado por seus amores com minha mãe, foi enviado para o Líbano. Foi parar lá com a nova mulher e três filhos alheios, enquanto mantinha no Chile a primeira esposa e seus quatro filhos, tudo isso com um módico salário de funcionário público. Nem preciso explicar que em nossa casa não sobrava dinheiro e abundavam as dificuldades, mas tio Ramón e minha mãe estavam determinados a viver seu romance até o fim.

Em Beirute morávamos em um apartamento com pisos azulejados, onde qualquer ruído ecoava nos corredores e quartos semivazios, muito pouco adequados para o amor. De vez em quando, certamente inspirado pelos quatro volumes encadernados em couro vermelho com bordas de ouro de *As mil e uma noites*, que mantinha trancados em seu armário, ou talvez pelos aromas sensuais que subiam do mercado e pelo vento que soprava do deserto, tio Ramón planejava com grande cuidado uma festa para minha mãe, talvez pobre, mas íntima e gloriosa. Crianças, víamos como ele arrastava para o quarto o biombo policromado, os tapetes e as almofadas turcas da sala, instalava alto-falantes, cobria a lâmpada com lenços de seda e preparava misteriosos coquetéis com cerejas ao marrasquino, acompanhados por torradas com caviar, único luxo que podiam se permitir. Fechada a porta, ouvíamos os boleros e as valsas peruanas, cuja finalidade não era apenas animar essa discreta orgia privada, mas sobretudo atenuar as palavras e suspiros de amor. Então minha imaginação disparava. Eu também lia *As mil e uma noites*. Tio Ramón, em sua infinita inocência, nem suspeitava que eu fizera uma cópia da chave do seu armário e lia aqueles textos proibidos cada vez que ele saía, o que ocorria com frequência. Que acontecia atrás daquela porta fechada? Visões de luxúria me assaltavam: jardins da Arábia, fontes exuberantes de frutas e flores, banhos de águas perfumadas, escravas, eunucos, odaliscas, atrevidos ladrões e príncipes chifrudos, sexo, aventura, intriga e poesia, tudo misturado.

Passaram anos, muitos anos, sem que eu esquecesse aquela porta fechada. Sempre desejei secretamente que algum amante arrastasse os móveis pela casa para criar um cantinho exótico e fazer amor comigo, mas nenhum deles teve essa ideia, apesar das incontáveis indiretas lançadas aqui e ali. Uma de minhas fantasias eróticas mais recorrente é a orgia. Em um livro sobre o Império Romano, também trancado no armário do tio Ramón, constatei que a ideia é tão antiga quanto a humanidade. Com diferentes pretextos, desde datas religiosas até vitórias guerreiras, as farras privadas e as bacanais públicas serviam de válvula de escape para as tensões cotidianas e os pesares do coração. Não existia então o problema da superpopulação, ao contrário, tratava-se de trazer uma grande quantidade de crianças ao mundo; a fertilidade era celebrada por todas as civilizações antigas em festividades orgiásticas. Por umas tantas horas ou dias, regras e leis eram esquecidas e o povo saía à rua em uma alegre mistura de homens e mulheres, nobres e plebeus, virtuosos e pecadores. Daí provêm nossos pálidos carnavais modernos, que com muito poucas exceções são tristes simulacros das bacanais da antiguidade, quando o desenfreio apoderava-se das almas e todos tinham licença para se embriagar e fornicar à vontade.

Antes do triunfo do cristianismo na Europa não existia o conceito de compaixão ou de amor ao próximo, e ninguém teria imaginado também que o sofrimento físico fosse proveitoso para a alma. A ideia de negar o prazer com o propósito de desenvolver um estado superior de consciência já tinha sido formulada, porém não tinha grande aceitação popular. A filosofia espartana, baseada na severidade e na disciplina, só teve adeptos entre os guerreiros. Epicuro representava melhor a tendência da sua época: a terra e tudo o que ela contém foram criados pelos deuses para uso e gozo dos homens... bem, às vezes também das mulheres. Nas culturas grega e romana o prazer era um fim em si mesmo, de forma alguma um vício que depois fosse preciso expiar. As classes altas viviam no ócio, completamente alheias ao sentido de culpa, pois o trabalho não era virtude mas fatalidade, indiferentes à sorte dos menos afortunados e rodeadas de escravizados que podiam atormentar à vontade. Nas festas romanas, que costumavam durar vários dias, desperdiçavam-se fortunas em uma concorrência infinita por superar as extravagâncias de outros anfitriões: uns após outros desfilavam os pratos mais deliciosos e criativos, regados com os melhores vinhos; os escravizados cobriam o solo com camadas renovadas de pétalas de flores frescas, aspergiam perfumes sobre os comensais, limpavam os vômitos e ofereciam banhos — às vezes em tinas de vinho espumante —, massagens e túnicas limpas; músicos, mágicos, comediantes e dançarinos divertiam os participantes; anões e monstros faziam piruetas; animais exóticos eram exibidos em jaulas antes de irem parar nas panelas dos cozinheiros; gladiadores batiam-se até a morte entre as mesas, e belas escravas drogadas submetiam-se a todo tipo de infâmias. Ao final, exaustos e muitas vezes doentes, os convidados regressavam às suas casas para se purgar, sem suspeitar que nas cozinhas, nos pátios, nas ruas, em toda parte, os escravizados propagavam aos sussurros a estranha fé que haveria de acabar com o mundo tal como eles o concebiam. Essa nova religião baseava-se no amor aos outros seres, sobretudo aos mais pobres e infelizes, na simplicidade de costumes e na negação de todo aspecto prazeroso da existência; os sentidos e os apetites eram armadilhas satânicas que conduziam as almas para o inferno e portanto deviam ser dominados com férrea determinação. Imagino a surpresa irônica dos ricos romanos quando ouviram as primeiras prédicas dos novos fanáticos; devem tê-las considerado apenas uma veemente loucura e tentaram impedir o contágio com um bom castigo de famélicos leões no Coliseu. Jamais supuseram a repercussão que teria e continuaram rindo enquanto o cristianismo se propagava entre os pobres como um incêndio incontrolável, que finalmente os arrasou. Haveriam de passar vários séculos de obscurantismo antes de baixarem as cinzas, de se dissolver a fumaça e a Europa recuperar o respeito pelos sentidos e o gosto pelo desperdício.

Durante a Idade Média, a arte, o luxo e a beleza transformaram-se em motivos de suspeita; o deleite passou a ser fonte de culpa e o próprio corpo tornou-se inimigo da alma que abrigava. O sofrimento nesta vida era a forma mais segura de se alcançar eterno regozijo na próxima. Grandes santos do cristianismo tiveram como único mérito o de atormentar seus próprios corpos até o inconcebível, como aqueles anacoretas que desperdiçaram suas vidas instalados no cimo de uma coluna sem mudar de posição, com frequência com os punhos juntos, de modo que suas unhas cresciam atravessando a carne e aparecendo no dorso, alimentando-se de porcarias, sem falar com ninguém nem se lavar, cobertos de pústulas e vermes. Os crentes, pasmados, inclinavam-se ante esse espetáculo que supostamente comprazia a Deus. É claro que houve exceções, elas sempre existem entre os ricos e os sábios: alguns nobres e prelados da Igreja que nunca abdicaram da boa mesa e das belas mulheres; também viajantes que haviam descoberto as maravilhas do Oriente nas Cruzadas e regressaram com o gosto pelas especiarias exóticas, pelos perfumes, pelas ciências e pelas artes esquecidas desde a época do Império Romano, mas esses refinamentos ficaram relegados a alguns sibaritas das classes dominantes. A grande massa humana vivia na miséria, na ignorância e no medo. O hedonismo de gregos e romanos, que consideravam o prazer como o fim supremo da existência, foi substituído pela sombria crença de que o mundo é um lugar de expiação, um vale de lágrimas onde as almas têm de se esforçar e sofrer martírios para ganhar um paraíso hipotético. Os antigos festivais relacionados à vindima, à fertilidade, às estações ou aos deuses passaram a ser simples comilanças nas temporadas de boas colheitas e as orgias tornaram-se atos intempestivos e brutais da soldadesca vitoriosa na hora do saque. Durante mil anos o cristianismo destruiu sistematicamente os deuses anteriores, apagando seus vestígios com métodos bárbaros, enterrando-os nos sombrios rescaldos da memória, transformando-os em demônios e queimando na fogueira, acusados de hereges e bruxas, aqueles que tiveram o azar de recordá-los. Quando a Igreja não conseguiu suprimir totalmente as festividades pagãs, assimilou-as à sua própria liturgia. Assim, por exemplo, os pães fálicos e em forma de genitais femininos, usados nas festividades orgiásticas, adotaram uma forma redonda com uma cruz em cima e passaram a ser chamados de bolos de Corpus Christi. Mas às vezes a deidade destronada não se deixava avassalar: durante o carnaval em Trani, Itália, desfilava pela cidade uma estátua de Príapo, e seu enorme falo de madeira era venerado como *Il Santo Membro.* Quanto mais repressão suporta o ser humano, mais ideias rebeldes emergem de sua imaginação torturada. Houve uma seita cristão-eslava, os Khlysti, que realizavam cerimônias orgiásticas em que homens e mulheres copulavam representando a união divina de Jesus e Maria, em meio a uma embriaguez geral de cânticos, danças e flagelações. Esses rituais ocorriam depois de meses de abstinência, castidade e jejum, durante os quais os casais dormiam na mesma cama sem se tocarem. Alguns rituais Khlysti perduraram até o final do século XVIII; diz-se que Rasputin ouviu falar deles e adotou algumas de suas excentricidades.

As orgias sempre existiram, graças a Deus, inclusive na época da Inquisição ou dos puritanos, quando todo mundo andava vestido de preto e as paredes eram decoradas com cruzes lúgubres, porém foram mais divertidas e brilhantes nas épocas históricas em que o prazer era cultivado como arte. A duquesa Maria Luísa Isabel du Berry, célebre cortesã, que viveu e amou na França no início do século XVIII, transformou seus próprios excessos em moda e suas orgias em acontecimentos sociais. Casou-se aos 15 anos com o duque du Berry, que não resistiu aos ímpetos da mulher e morreu de esgotamento quatro anos mais tarde. Era um período galante, em que floresceram conversas de salão, o refinamento na vestimenta e o luxo na decoração; pela primeira vez depois de muitos séculos de obscurantismo, as mulheres da aristocracia tinham acesso à educação. A duquesa du Berry, bela, rica e de caráter explosivo, colecionava amantes de todo tipo, farras homéricas e se envolvia em escândalos financeiros comentados por nobres e plebeus. Nada a intimidava. Seu pai, que chegou a ser regente da França e de quem se dizia que tivera relações incestuosas com ela, aplaudia tudo o que a jovem viúva inventava para se divertir. Em suas festas, o vinho corria em abundância, e os comensais, despidos como crianças, copulavam com animais quando se cansavam de fazê-lo entre si. Essa mulher de espírito rebelde e pândego, que passaria à história como uma depravada, morreu aos 24 anos.

Mas, enfim, vamos voltar à minha fantasia erótica. Em termos práticos: como seria minha própria orgia? Quem convidaria e onde seria? O que ofereceria em lugar de monstros, feras e gladiadores? Sei que não poderia convidar ninguém conhecido e depois tornar a olhá-lo no rosto, não é em vão que pesam sobre os meus ombros vários séculos de temperança cristã. Tampouco poderia ser realizada na minha casa, pois muitos membros da família e amigos têm a chave da porta. De escravizados e fenômenos, nada; isso seria malvisto na Califórnia. Como diversão seria preciso recorrer a vídeos e jogos atrevidos, como o *strip-poker* dos anos 1960, que obriga as pessoas a tirarem uma peça do vestuário toda vez que perdem. A propósito, Robert Shekter contou-me que a inspiração para algumas das suas ilustrações provém de uma orgia na Suécia, que assistiu há vários anos. Em uma noite impenetrável de inverno, com um frio polar, foi convidado a uma casa de campo a duas horas de Estocolmo, onde encontrou um grupo de pessoas em torno de um bar tomando bebidas alcoólicas, fumando maconha e falando da influência de Nietzsche sobre Ingmar Bergman. Não havia muito para comer, exceto peixes crus defumados, frios e uma cesta com ovos de codorna, porém ele é vegetariano. Pouco tempo depois as pessoas se animaram e começaram a tirar a roupa, a se tocar e a cair umas sobre as outras pelos cantos, tudo isso com a maior cortesia e seriedade, respeitando os turnos. Após cada abraço ficavam dez minutos em uma sauna e depois corriam para fora — como expiação, supomos — e se esfregavam na neve. Robert estava com fome e frio e começou a se aborrecer, por isso saiu para ver se encontrava um bar pelas redondezas. Quando regressou estavam todos vestidos em torno do bar bebendo, fumando maconha e falando da influência de Schopenhauer sobre Ingmar Bergman.

O que serviria de comida em minha própria orgia? Se contasse com recursos ilimitados, poria à disposição dos comensais travessas com mariscos crus e cozidos, carnes, aves e peixes, saladas, doces e frutas, especialmente uvas, que sempre aparecem nos filmes sobre o Império Romano. E cogumelos, naturalmente, que são tão afrodisíacos como as ostras. A célebre envenenadora romana Locusta conhecia a popularidade desses vegetais: por ordem de Agripina matou o imperador Cláudio com cogumelos envenenados e depois usou a mesma receita para acabar com outros. Era relativamente fácil eliminar inimigos com cogumelos na confusão de uma orgia. Nero, homem de escassa paciência, exigiu de Locusta um veneno mais poderoso e rápido para se ver livre da mãe, mas Agripina tinha aprendido a desconfiar da cozinha doméstica. Então Nero a embarcou em uma nau que — curiosa coincidência — afundou na costa de Anzio, mas a mãe era um osso duro de roer e sabia nadar. No fim, seu filho teve de enviar um soldado para matá-la com uma espada, método um pouco mais tradicional. A questão das orgias me distrai, não consigo me concentrar...

Ao planejar a própria orgia deve-se pensar que durará a noite inteira, portanto um bufê não é boa ideia: tudo murcha depois de algumas horas.

Mas sem escravizados tampouco se pode oferecer um desfile ininterrupto de pratos exóticos que venham frescos da cozinha, a não ser que a dona da casa se dedique a cozinhar em vez de desfrutar, e não se trata disso. No meu caso talvez devesse optar por uma orgia de dimensões modestas, como as que o tio Ramón preparava para minha mãe na época longínqua do Líbano. Em uma bacanal digna de tal nome se requer uma receita consistente, afrodisíaca e flexível, que seja suficiente para um número mais ou menos indeterminado de participantes — a essas coisas sempre chega gente de surpresa — e que sobre para repor forças à meia-noite. O único prato que passa pela minha cabeça é o cozido afrodisíaco da tia Burgel, uma alegre matrona alemã que animou muitas páginas do meu terceiro romance, *Eva Luna*. A origem desse prato remonta a uma viagem memorável que fiz, há mais de vinte anos, à ilha de Páscoa.

COZIDO AFRODISÍACO DA TIA BURGEL

Ou *Curanto* simples de panela

O *curanto* provém da Polinésia. Comi-o pela primeira vez na ilha de Páscoa, onde, quando se anuncia o prato, acodem à praia, com seus instrumentos musicais e suas grinaldas de flores, todos os habitantes da ilha, inclusive os poucos leprosos que ainda restam. O evento começa pela manhã, com uma fogueira para esquentar grandes pedras. Os homens mais jovens escavam um buraco de dois metros de comprimento por um de largura, amontoando a um lado a terra extraída; enquanto isso, as mulheres preparam os ingredientes, as crianças lavam folhas de bananeira e todos brincam e falam aos gritos. Sobre amplas mesas de madeira empilham-se os alimentos: um cordeiro inteiro cortado em pedaços e temperado, salsichas e bistecas de porco, pilhas de frangos temperados com limão e ervas, peixes de todos os tipos, lagostas apenas desacordadas, mariscos, batata e milho. Quando calculam que as pedras estão bem quentes, pelo meio da tarde, colocam-nas no fundo do buraco; em seguida põem uma vasilha de barro para os caldos e sucos do cozimento, e em cima vão empilhando os ingredientes do portentoso cozido. Por último cobrem tudo com panos limpos molhados e, por cima, com várias folhas de bananeira, que sobressaem do orifício como uma manta. Jogam com pás a terra que antes escavaram sobre as folhas e depois sentam-se para esperar que esse paciente calor realize pouco a pouco o milagre. Não se trata de uma espera tediosa, porque circula a bebida, *pisco* com suco de abacaxi ou coca-cola morna com rum, tocam instrumentos de corda e percussão, cantam, contam histórias e flertam sem limite de idade, enquanto os raros turistas alemães ou japoneses tiram fotos da fumaça no buraco e, discretamente, dos leprosos. Não sei como fazem os cálculos para que o ponto exato de cocção coincida com o pôr do sol.

A ilha de Páscoa, chamada pelos nativos de *O umbigo do mundo*, fica a seis horas de avião do mais próximo local habitado: o Taiti ou a costa do Chile. Nasceu do vômito telúrico dos mais remotos vulcões submarinos; é uma rocha perdida em meio a um oceano infinito, ausente dos mapas, longe de todas as vias de navegação. Três vulcões determinam sua matéria e sua magia. Há um ponto magnético na ilha onde os relógios e os instrumentos de medição param de funcionar, as bússolas giram enlouquecidas e pode-se avistar o horizonte do planeta em um círculo completo: 360 graus de mar e céu e solidão. Nas noites de lua, os golfinhos são vistos brincando entre as ondas prateadas; nas noites sem lua, escuras como o mais negro dos veludos, é possível contar as estrelas que ainda não nasceram. No pôr do sol, os *moais*, gigantes de pedra vulcânica esculpidos por feiticeiros antigos, ficam avermelhados. A essa hora os jovens retiram a terra com as pás e as moças levantam cuidadosamente as folhas de bananeira. Aparecem os panos brancos sem uma partícula de terra e, ao destampá-los, uma imensa lufada de um cheiro maravilhoso percorre a praia. Ao redor do buraco ocorre um minuto de silêncio, até o vapor levantar e aparecerem as conchas abertas dos moluscos e os crustáceos vermelhos, e então um imenso clamor celebra o *curanto*. As mulheres mais velhas, gordas, solenes, poderosas, tiram as presas e colocam-nas nos pratos. As primeiras são para os leprosos, que esperam a certa distância. E assim vão emergindo por camadas os tesouros daquele buraco, começando pelos produtos do mar, seguidos das carnes e vegetais e, por último, do caldo das vasilhas de barro, que é servido fervendo em copinhos de papelão.

Um gole equivale a meia garrafa de vodca. Quem experimentou esse caldo, essência concentrada de todos os sabores da terra e do mar, nunca mais poderá se conformar com outros afrodisíacos. Ninguém seria capaz de descrever o sabor, só se fala do seu efeito: é uma explosão de dinamite no sangue.

Escrevi *Eva Luna* em um apartamento no coração de Caracas, onde era impossível fazer um verdadeiro *curanto*. Tentando imaginar uma receita que tivesse o poder afrodisíaco do da ilha de Páscoa, resolvi copiar a ideia em uma panela, decisão nada original, pois outros mais experientes já tinham tentado fazer isso com sucesso. Esse prato não é estimulante apenas pela qualidade dos seus ingredientes, mas sobretudo pela atmosfera de bacanal que envolve sua preparação. A euforia começa muito antes de experimentá-lo. Como não pude encontrar uma panela de barro do tamanho necessário, comprei o maior recipiente de alumínio que encontrei, mais alto do que largo, com uma boa tampa, e me lancei à tarefa de experimentar várias vezes, acrescentando e tirando, até conseguir um cozido similar ao que tinha provado na ilha de Páscoa. O cozido na panela requer a mesma laboriosa preparação dos ingredientes que o do buraco na terra, porém cozinha rápido, e por isso deve-se prestar muita atenção ao tempero, pois não se conta com o lento trabalho das pedras quentes. Essa suave alquimia extrai o espírito dos ingredientes e os destila no caldo. A terra, as folhas de bananeira, a fumaça e o tempo de cozimento dão ao prato da ilha de Páscoa um sabor inimitável. Em minha cozinha de Caracas não tinha o mesmo gosto, até que perdi a timidez e, com a ajuda de ervas e especiarias, consegui uma explosão de dinamite semelhante à do *curanto* da praia na ilha de Páscoa. Assim nasceu a receita afrodisíaca da tia Burgel que não me atrevo a oferecer, porque Panchita tem uma muito melhor.

Uma bacanal é algo delicado, portanto escolha bem os convidados. Nem todo mundo tem aptidão para excessos. Descarte os solenes, os tolos, os muito religiosos ou os muito casados, os hipocondríacos e os melancólicos. Entre os restantes, selecione os de constituição robusta e disposição aberta. Para evitar mal-entendidos, comunique-lhes por escrito a hora, o lugar e as condições da festa, acrescentando ao pé da nota o *R.S.V.P.* de praxe; assim saberá quão abundante deverá ser o prato; nada mais vergonhoso que interromper uma orgia para pedir pizza. Se suas finanças estiverem como as minhas, sugiro que aceite contribuições: um quilo de lulas, um salmão, salsichas, camarões, uma galinha e, naturalmente, vinho em abundância. A medida que os amigos chegarem, faça-os entrar na cozinha para ajudarem nos preparativos, pois a festa começa lá. Com o pretexto de evitar manchas enquanto limpam mariscos, descascam cebolas ou cortam frangos, logo no início podem começar a tirar a roupa; música alegre e vinho são de praxe, outros afrodisíacos são opcionais.

CURANTO DE PANELA DA PANCHITA

Tome uma panela grande de barro, de ferro ou de alumínio grosso e forre o fundo com uma camada de folhas de espinafre, cebolas médias levemente douradas e com vários cravos espetados, um ramo de ervas cheirosas, sem esquecer alecrim e louro, e algumas cenouras bem escolhidas, nabos, pimentões e dentes de alho. Depois comece a dourar em uma frigideira grande, com método e entusiasmo, bistecas de porco defumadas, pedaços de galinha tenra e sem pele, e salsichão da melhor qualidade, que depois colocará em camadas ordenadas na panela, começando pelas bistecas e terminando com a ave. Na noite anterior deixe o grão-de-bico de molho; depois de retiradas as cascas, eles devem ser colocados em um saquinho de malha para não se esparramarem no cozido. O grão-de-bico contribui para o sabor e a diversão; se ficarem duros, os bacantes podem brincar de jogá-los como projéteis, e se ficarem moles, são deliciosos e afrodisíacos. Salpique sal, pimenta e umas gotas de *tabasco* ou *chili* picante e acrescente meia jarra de vinho branco seco. Cubra a panela com um pano limpo, coloque por cima vários volumes da *Enciclopédia Britânica* ou um tijolo para o vapor não escapar. Ferva em fogo alto por quinze minutos, enquanto os convidados para a orgia se animam com vinho e ostras frescas. (A vantagem das ostras, além de seu poder estimulante, é que devem ser abertas em grupo. Não convém colocá-las no cozido porque são muito melhores cruas.) Um quarto de hora depois, destampe a panela e coloque batatas médias limpas e com casca, assim como peixe cortado em pedaços com cabeça e cauda — atum, congro, peixe-espada e outros de carne suculenta e firme —, e finalize com os mariscos, começando por aqueles de cocção mais demorada, como caranguejo, camarões e terminando nas amêijoas e nos mexilhões, todos bem lavados, naturalmente, para o caldo não se encher de areia. Use todos os mariscos frescos que encontrar, crustáceos e moluscos em suas conchas, mas evite a lagosta porque se nota muito quando ela está viva e não se pode colocá-la morta na panela. As lulas contribuem para dar substância ao caldo, assim como o suco de um limão grande e raminhos de coentro, mais grãos de pimenta e outra jarra completa de vinho branco. Tampe a panela como antes, incluindo a *Enciclopédia* ou o tijolo, e cozinhe por mais meia hora, desta vez em fogo brando.

Quando destampar a panela sairá uma fragrante coluna de vapor que se elevará até o céu como uma oferenda sagrada, e depois de comer as presas começando pelas mais leves e terminando com as costelas de porco, chega-se ao néctar dos deuses acumulado no fundo da panela, essência e espírito de todos os ingredientes, bem temperado e quente, que se bebe com prudência em jarrinhas de barro, sabendo de antemão que intoxica a alma e libera a luxúria para sempre.

COZIDO PARA ORGIAS

Já expliquei que uma das razões para estimar minha agente, Carmen Balcells, é sua imbatível astúcia para tratar os editores, compensada por sua legendária generosidade com os autores que representa. Tenho a sorte de me encontrar entre os segundos, e por isso não me foi difícil obter sua receita de cozido, cujas propriedades afrodisíacas já foram amplamente provadas. Essa sopa é uma alternativa digna do *curanto*, cozido da ilha de Páscoa. Não se pode sempre servir a mesma coisa em uma orgia. Ele tem um robusto sabor camponês que faz as pálpebras suarem e desperta os mais baixos instintos, assim como o desejo de recitar poesia. Consiste em um caldo muito concentrado de carnes e verduras, dentro do qual jogamos uma bela paisagem. Esse prato, capaz de reconciliar inimigos e devolver a paixão às mais cansadas almas, é o favorito de Carmen Balcells. Ela sempre o serve em suas orgias. É impossível negar que requer bastante trabalho, mas vale a pena. Os privilegiados que provaram seu efeito andam pelo mundo comentando suas virtudes, e assim a fama de Carmen estendeu-se para além do horizonte.

Ingredientes

PARA 10 BACANTES
6 litros de água

1/2 galinha

1 osso de vitela

150 g de fatias de toucinho

200 g de orelha e focinho de porco

1 pata de porco

1 osso de tutano

1 nabo

1 cenoura

1 ramo de aipo

2 alhos-porós

1 frango

1/2 kg de costela de vitela

Preparação

É preciso dispor de uma panela muito grande, onde caibam pelo menos 10 litros de caldo. Colocam-se para ferver nela a água, a galinha, a vitela, o toucinho, a orelha, o focinho, a pata de porco, o tutano e as verduras para o caldo: nabo, cenoura, aipo e alho-poró. Também sal, naturalmente. Deixe ferver durante uma hora.

Esse tempo é mais que suficiente para cozinhar o grão-de-bico e preparar as bolinhas, que não têm mistério. Podem ser feitas apenas com carne de porco ou uma mistura de três partes de porco e uma de vitela muito macia. Misture a carne moída com o pão molhado no leite, alho, salsa picada e um ovo, mexa e forme as bolinhas que depois devem ser

400 g de músculo de vitela
500 g de batatas
1 couve verde
250 g de chouriço preto
200 g de grão-de-bico
Sal

Para as bolinhas

500 g de carne de porco magra
1 ovo
1 dente de alho
2 colheres de miolo de pão molhado em leite
1 raminho de salsa
1 colher de farinha

passadas pela farinha. Coloca-se o grão-de-bico, que ficou de molho na noite anterior e foi descascado, para cozinhar sem pressa, até amaciar. Depois joga-se essa água fora e deixa-se ferver por mais dez minutos em um pouquinho de caldo, para ficar com sabor. Conserve-os quentes. Depois de ferver pelo menos uma hora, coloque no caldo o frango, a vitela, as bolinhas, e continue o cozimento por pelo menos mais uma hora e meia, até as carnes ficarem bem macias e toda a casa recender a paraíso. Coe o caldo e divida-o em duas panelas, uma grande e outra média. Na grande ferva as batatas e a couve, e na outra coloque o caldo bem coado.

Em uma terceira travessa grande refratária (pode ser pirex), com dois dedos do caldo que é conservado quente em fogo muito brando, sem ferver, coloque cuidadosamente os pedaços de galinha (depois de retirar a pele e os ossos), as carnes cortadas em pedaços o mais regulares possível e ordenadas por famílias: porco, vitela, peito, músculo e as bolinhas no meio, separando a zona da carne e a do frango. Pode-se colocar o grão-de-bico do lado, ou em um recipiente separado. Essa travessa será levada à mesa, por isso os ingredientes devem ser arrumados com certa ambição estética, ou eles parecerão os restos de um espantoso acidente.

Por fim, antes de servir, ponha os chouriços pretos no caldo das batatas e da couve (já cozidas), que necessitam apenas de uma fervura. Depois de ferverem alguns minutos são retiradas do caldo e colocadas na travessa das carnes, enquanto a couve e as batatas são servidas em uma travessa separada.

Nem é preciso dizer que não existem regras fixas para um guisado afrodisíaco como esse. Pode fazer a sua imaginação voar acrescentando linguiça, carnes defumadas, diversas verduras e, se quiser dar um toque

exótico da América do Sul, mandioca e milho verde. Carmen não se atém a gastos nem esforços quando se trata de uma orgia. Em seu afã de excelência, costuma separar o cozido em várias sopeiras, e em uma delas coloca, por exemplo, o caldo com milho e o frango picado fino, em outra o caldo com arroz, em outra as verduras etc. Passados os efeitos da orgia e antes que os convidados se despeçam, leve-os para a cozinha para ajudarem a lavar a montanha de louça usada no festim.

SOBRE GOSTOS...

A comida, como o erotismo, entra pelo olho, mas há pessoas capazes de colocarem qualquer coisa na boca. Em Samoa o polvo vivo é um prato delicadíssimo. Colocam-no na frente do rosto, deixam que os tentáculos se enrolem em torno da cabeça em um abraço involuntário, depois mordem e chupam o bico do animal em um longo beijo da morte, ate esvaziá-lo. Coitado… Na primeira vez que vi caracóis comestíveis, pensei que se tratasse de uma brincadeira. Era uma manhã de inverno na Grande Praça de Bruxelas, há mais de trinta anos, um desses dias cinzentos que parecem durar várias semanas. Em uma esquina havia um homem oferecendo aos transeuntes batatas fritas e caracóis em saquinhos de papel. Foi preciso que eu observasse com meus próprios olhos um burguês bigodudo extrair essas minhocas cheias de baba com um palito das suas conchas e colocá-las na boca para compreender a natureza humana. Em Sechuan, no interior da China, tive de escolher meu café da manhã em um aquário onde se agitavam numerosas cobras-do-mar, todas entrelaçadas. O cozinheiro tirou a minha com uma forquilha e cinco minutos depois apresentou-a na sopa. Isso foi menos traumático que a serpente da terra, uma criatura longa de escamas verdes, servida em um prato, rodeada de pimentões picantes e batatas, com a cabeça levantada em posição de ataque. Tinha um gosto muito forte, como de peixe velho. Antes vi o cozinheiro agitando pela cauda um rato vivo sobre uma caixa de madeira onde estavam os répteis; logo que um se desvencilhou, segurou-o por trás e torceu seu pescoço. Não entendo como ele conseguiu fazer com que, depois de cozida, a cobra ficasse com a cabeça erguida e aquela expressão de ferocidade. Experimentei-a por cortesia e comi os pimentões. Em algumas regiões do México as formigas fritas são a guloseima predileta das crianças — adocicadas e picantes — e no Chile a aranha do ouriço é considerada afrodisíaca, desde que comida viva. Ela é colocada na ponta da língua, e quando o inocente bicho caminha para dentro, é esmigalhado lentamente contra o céu da boca. Essas brutalidades, que partiriam o coração de um vegetariano, parecem eróticas para outros. Alguns apreciam um gostinho de cadáver de polvo, caracol, serpente ou aranha nos beijos do parceiro de farra.

O escinco é um lagarto da África do Norte ao qual, desde épocas tão remotas como a dos gregos e romanos, são atribuídas fantásticas propriedades afrodisíacas. O focinho, as patas e sobretudo os órgãos genitais são macerados em vinho e cozidos em um leito de ervas. Os persas misturavam à carne pérolas moídas e âmbar. Também se preparava um afrodisíaco delicioso com o *hippomanes*, um pedacinho de carne extraído da testa de um potrinho recém-nascido, misturado com o sangue da pessoa amada. Se o sangue era menstrual, o efeito podia ser fulminante. Suspeita-se que Cesônia ofereceu uma bebida dessas a Calígula para obter seu amor, causando-lhe aquela loucura frenética e arrogante que o fez cometer tantos crimes, mas essa explicação é típica dos historiadores, que sempre encontram uma maneira de culpar a mulher. De qualquer forma, o limite entre os filtros eróticos e os venenos é tão sutil, que às vezes se dilui e mais de um acaba no caixão. Atualmente, nos Estados Unidos e em muitos outros países, é ilegal receitar ou fornecer amavios, assim como é proibida a chamada magia negra.

Por um lado, a ciência desqualifica a magia como pura superstição, e por outro a lei a condena como perigosa.

Às vezes é melhor não perguntar o que estamos comendo, pois no fim das contas isso não tem a menor importância. A guloseima preferida do meu filho eram as batatas fritas untadas com leite condensado, e um de meus irmãos caçava moscas nos vidros das janelas e, para ganhar uma aposta com um tio meio sádico que semeou nossa infância de histórias perduráveis, as comia vivas. Na refinada gastronomia europeia, os rins ao xerez, os miolos na manteiga, a língua com nozes, as tripas com tomate e até as patas de porco são considerados verdadeiras iguarias pelos paladares mais exigentes, mas tudo isso não pode ser apresentado em uma mesa norte-americana. Antes da chegada dos brancos com suas latas de conserva e suas manias, os esquimós compensavam sua dieta com vísceras cruas de foca e cocô de urso, ricas fontes de proteínas, vitaminas e minerais. O cérebro dos macacos, assim como o de algumas outras espécies animais e dos humanos, contém uma substância do mais alto poder afrodisíaco; daí vem a prática de se comer miolos e provavelmente essa seja a origem do canibalismo. Oscar Kiss Maerth (1914-1990), monge húngaro que desenvolveu uma estranha teoria da evolução a partir da antropofagia, pôde comprová-lo pessoalmente. Não sei como obtinha a matéria-prima para seus experimentos, mas deve ter sido mediante recursos repugnantes, porque no final de seus dias ele virou vegetariano. Certos alquimistas medievais pulverizavam cérebros de pássaros, sobretudo de pombas, e usavam esse pó dissolvido em vinho como remédio contra a impotência. Na China e em outras regiões da Ásia, os miolos de macaco vivo são um prato delicado. Apresentam o macaco em uma cesta estreita embaixo de uma mesa provida de um buraco na superfície onde aparece meia cabeça, já trepanada, do animalzinho. Mas não vou entrar em detalhes porque este não é um livro de pesadelos, mas de erotismo e cozinha. Se você é daqueles que acreditam piamente nas virtudes mágicas de algo horripilante, sugiro que o coma sozinho e sem fazer alarde.

JACARÉS E PIRANHAS

Em pleno Amazonas, no coração da América do Sul, onde a selva costuma ser tão espessa que se nos afastarmos um par de metros da trilha poderemos nos perder em uma vegetação venusiana, o macaco é um prato muito apreciado. Pude vê-lo espetado da boca ao rabo em um pau, assando em uma fogueira até ficar torrado, mas ainda assim conservava sua forma de criança. Conforme a estação, a textura é dura ou macia, mas o sabor é sempre forte e adocicado. A floresta é um imenso labirinto quente, esmagador, misterioso, onde se pode andar em círculos para sempre. Ouvem-se pássaros, gritos de animais, pisadas sigilosas, na verdade nunca há silêncio; o cheiro é de musgo, de umidade, às vezes chegam lufadas de um cheiro pegajoso, como de frutas podres. Aos olhos inexperientes tudo é verde, mas para o nativo é um mundo diverso e riquíssimo: existem cipós que acumulam litros e mais litros de água pura para beber, cogumelos alucinógenos, ervas afrodisíacas, resinas cicatrizantes, leite de uma árvore que cura a tosse, látex para grudar pontas de flechas, enfim: é a maior reserva biogenética do planeta. Os indígenas usam um veneno extraído das plantas, que jogam na água para adormecer os peixes e depois os recolhem quando flutuam até a superfície; em seguida os comem sem perigo, porque o efeito do veneno desaparece pouco tempo depois. Na confluência das águas dos rios Negro e Solimões, o rio se chama Amazonas, é tão largo como o mar na Normandia, um espelho escuro quando está calmo, pavoroso quando começam as tormentas. A água do rio Negro colocada em um copo é de cor ambarina e tem o sabor delicado de um chá forte. Ao amanhecer, quando o sol aparece tingindo de vermelho o horizonte, os golfinhos rosados aparecem para brincar; são das poucas criaturas do rio que não são comidas, porque sua carne é amarga e a pele inútil, mas os indígenas ainda os matam com arpões para arrancar seus olhos e os genitais, que depois transformam em amuletos para a potência viril e a fertilidade. Nesse mesmo rio de águas quentes, onde na tarde anterior tinha visto um par de turistas russos pescar dezenas de piranhas, tomei banho nua. Esses peixes de tão má reputação normalmente não atacam as pessoas e, junto com os jacarés, são úteis para limpar a água, desempenham a mesma função das aves de rapina: comem os cadáveres. As piranhas são saborosas e, para alguns paladares brasileiros, inclusive afrodisíacas, mas aqueles turistas de Moscou não tinham intenção de cozinhá-las, pescavam-nas por esporte e, depois de fotografá-las, jogavam-nas de volta no rio. Algumas delas mordiam o anzol várias vezes, até ficarem com as bocas destroçadas. Assim como os humanos, que tropeçamos várias vezes na mesma pedra, as piranhas não aprendiam nunca. Nessas mesmas águas há mais de trinta tipos de arraias, todas muito perigosas, e lá também vive a legendária anaconda, a maior serpente aquática, animal pré-histórico que costuma chegar a vinte metros de comprimento. Vive no lodo, em estado letárgico, esperando passar um peixe distraído para obter seu almoço. Garantiram-me que não come gente, mas na Malásia vi a fotografia de uma jiboia aberta ao meio com um homem inteiro dentro. Não acredito que a anaconda amazônica tenha mais consideração por nós que sua prima asiática.

Os jacarés, outro prato afrodisíaco da região, são caçados à noite. Saí em uma canoa com um guia adolescente, um jovem indígena que ria abertamente da minha ignorância. Levávamos um lampião potente com bateria; quando o acendíamos, ele ofuscava morcegos e grandes mariposas multicoloridas, e também piranhas, que saltavam apavoradas para dentro do bote. Para devolvê-las à água, tínhamos de pegá-las com cuidado pelo rabo, porque uma mordida das suas terríveis mandíbulas podia nos arrancar um dedo. O índio iluminava o mato e, se via um par de olhinhos vermelhos, jogava-se sem vacilar na água. Ouvia-se um barulho e, meio minuto mais tarde, reaparecia com um jacaré, seguro pelo pescoço com a mão, se fosse pequeno, ou com uma corda no focinho, se fosse maior.

Em uma aldeia composta apenas por uma enorme família de índios Sateré-Mawé, experimentei pela primeira vez o jacaré. Sob um teto comum de palmeira havia redes penduradas onde descansavam alguns indígenas jovens e um velho centenário, perdido na fumaça do seu tabaco. Meia dúzia de meninos corriam nus e, quando me viram, correram para se refugiar junto às mulheres, enquanto cachorros enlameados e ossudos acudiram apressadamente para me cheirar. Um dos indígenas, o único que falava algumas palavras em português, mostrou-me seus humildes pertences — flechas, uma faca, umas latas vazias que serviam de panelas — e me levou a uma pequena clareira na vegetação onde haviam plantado mandioca, essa raiz milagrosa que fornece à população amazônica farinha, tapioca, pão e até um licor para as celebrações. Por curiosidade, aproximei-me do fogo que ardia em um canto sob o teto comum, e vi um jacaré de um metro e meio de comprimento partido em quatro como um frango, com unhas, dentes, olhos e couro, assando tristemente. Duas piranhas e algo parecido com um rato estavam pendurados em uns ganchos, mas depois que vi o pelo do último compreendi que era um porco-espinho. Experimentei tudo, naturalmente: o jacaré tinha gosto de bacalhau seco e recozido, as piranhas de pura fumaça e o porco-espinho de porco fossilizado, mas não devo julgar a cozinha indígena por essa única e limitada experiência.

AFRODISÍACOS BRUTAIS

A vulva de ovelha e os úberes de vaca são excitantes infalíveis, conforme o testemunho de Messalina e de outras mulheres de virtude duvidosa, mas por solidariedade feminina vamos omitir as receitas. Os testículos de certos animais, geralmente os que gozam de fama de apaixonados, têm a mesma reputação em várias culturas. Não há nada tão apreciado na África do Norte quanto os de leão, que supostamente transmitem força, coragem e potência sexual. Na Grécia, acreditava-se a mesma coisa dos testículos de asno, que além de serem comidos eram pendurados nos pescoços dos homens como amuleto para a virilidade. Nem sempre se encontram testículos no mercado e, se porventura os conseguir, com certeza não saberá o que fazer com eles. No campo, quando castram os touros, espetam suas partes íntimas em um pedaço de ferro e fazem churrasco com elas, em geral na presença dos ex-touros, agora bois. Em um livro de cozinha erótica do século XVIII descobri uma receita um pouco mais sofisticada: ferva os testículos em água com sal, deixe-os esfriar, retire sua pele, corte-os em pedacinhos pequenos para que ninguém perceba o que são, misture-os com fígado de vaca frito e picado, cebola e toucinho frito, tempere com bastante alecrim, cravo e canela em pó, sal e pimenta, cubra com um molho espesso de vinho e recheie com isso uma massa de torta. Coloque no forno por meia hora. Fica repugnante.

A Patagônia argentina e chilena, ao sul do continente americano, é uma extensão interminável de terra plana fustigada pelo vento e com uma vegetação raquítica. É uma das maiores reservas de carne do mundo. Os animais pastam soltos neste imenso pampa sem suspeitar que seu único propósito nesta vida é abastecer as indústrias de carne, leite e, no caso das ovelhas, lã. Meu avô ganhava a vida criando ovelhas na Patagônia para mandar lã para a Inglaterra, de onde com frequência regressava transformada em coletes e cobertores. Na época da tosquia requeria-se muita mão de obra, e centenas de homens atravessavam a fronteira para trabalhar. Os cachorros afugentavam as aterrorizadas ovelhas dos potreiros para os currais, depois elas eram vacinadas e passavam às mãos dos tosquiadores. Os mais experientes cortavam a lã num abrir e fechar de olhos, segurando o animal com um braço enquanto manejavam as grandes tesouras com a outra mão. As máquinas elétricas ainda não eram usadas nesses lugares na época do meu avô. Nessa ocasião também se marcava e contava o gado, selecionavam-se os garanhões e se separavam os machos jovens, alguns para o matadouro e outros para, depois de capados, engordar e continuar produzindo lã e carne. Os latifundiários e administradores das fazendas juntavam-se para vigiar o trabalho, exibir seus cavalos puros-sangues com arreios de prata e beber.

Os trabalhadores começavam o dia com um pedaço de pão com torresmo (pele, gordura e intestinos fritos) e chimarrão, um chá verde e amargo, muito popular nessa região. Era o único alimento que ingeriam até o entardecer, quando chegava a hora do descanso. Com o pôr do sol, preparavam fogueiras para assar os animais, tiravam seus violões e se distribuía licor suficiente para aliviar a alma e aquecer os ossos, mas não o suficiente para embriagar alguém, pois tinham de reiniciar o trabalho ao amanhecer com a cabeça fresca. Os testículos dos animais capados, assados em um espeto, eram considerados deliciosos. Narra Luis Sepúlveda, em seu livro *Patagonia Express*, uma cena aterrorizante em que os homens, para exibirem seu machismo, castravam os cordeiros com os dentes, porém nunca vi nada semelhante. A tosquia era um trabalho de homens, as mulheres não tinham espaço nesse bárbaro ritual do pampa.

Isso me faz lembrar de uma passagem de *O açougueiro*, da escritora francesa Alina Reyes: havia um homem que toda semana comprava no açougue testículos de bode para preservar sua extraordinária potência sexual. Sem dizer nada, o açougueiro os entregava bem embrulhados, também convencido do seu efeito estimulante, porém sem se atrever a experimentá-los, porque, como escreve a autora:

> *Aquela parte da anatomia masculina, tão vilipendiada em todo tipo de piadas e comentários, não obstante exige respeito. Nem é preciso dizer que não se pode ir muito longe sem pisar em terreno sagrado.*

É verdade, tratamos essa parte dos homens com solenes considerações. Nos Estados Unidos, o caso de John Wayne Bobbit ficou famoso. Sua esposa, cansada de violências e abusos, uma noite esperou seu marido adormecer e decepou-lhe o pênis de um só golpe com a faca de cortar frango. Surpresa com sua própria virulência, pegou o carro e fugiu pela estrada, mas alguns quilômetros à frente percebeu que tinha um pedaço de carne no colo. Simplesmente jogou-o pela janela. Qualquer um teria feito a mesma coisa. Mais tarde os policiais percorreram minuciosamente o caminho com lanternas até encontrar o apêndice amputado — jamais fariam isso se se tratasse de um órgão feminino — e levaram-no correndo para o hospital, onde os médicos o costuraram novamente no lugar. Os detalhes, com fotos coloridas e imagens ao vivo pela televisão, percorreram o país, cativando durante meses a imaginação de inúmeras mulheres e provocando uma onda de insônia na população masculina. John Wayne Bobbit, como seu homônimo, acabou no cinema, transformado em estrela. Especializou-se em filmes pornográficos e agora qualquer curioso pode ver na tela grande e em cores aquele patético pepino repleto de cicatrizes. Dizem que algumas mulheres brigam para testar pessoalmente se essa obra de Frankenstein funciona.

E a propósito, lembra-se do filme japonês *O império dos sentidos*? E a história de uma mulher e de um homem cuja paixão sexual leva-os ao extremo de se trancarem para fazer amor sem trégua, excluindo todo o restante de suas vidas. Buscando sensações cada vez mais intensas, descobrem um jogo em que ela o estrangula com um cachecol de seda para prolongar a ereção. Cada vez aperta mais, cada vez o prazer é mais longo e brutal, até que finalmente o mata. Desesperada ao compreender que o perdeu, corta seus genitais... O filme se baseia na história de Takahashi Oden, que ficou cinco dias vagando com os genitais do amante assassinado nas mãos, até ser presa pela polícia. Em um julgamento espetacular, que comoveu o país, foi condenada a apenas cinco anos de prisão. Quando foi solta voltou ao seu antigo ofício de prostituta com grande sucesso. Apesar de cobrar dez vezes mais que suas colegas, os homens viajavam de províncias remotas e faziam fila por horas para brincar com seu cachecol de seda...

SOBRE EROTISMO

Na década de 1940, Anaïs Nin e Henry Miller sobreviveram por um tempo escrevendo contos eróticos para um homem que lhes pagava por página. Esse cliente, que se fazia chamar de *Colecionador*, sempre permaneceu anônimo, enchendo de indignada curiosidade os dois grandes autores que emprestaram seu talento e sua pena para satisfazer seus caprichos. Esse colecionador de pornografia não apreciava seu estilo e diversas vezes exigiu que "deixassem a poesia de lado" e se concentrassem no sexo, porque o resto não lhe interessava. Anaïs Nin escreveu-lhe uma carta em que define magistralmente a essência do erotismo:

> *Querido Colecionador: Nós o odiamos. O sexo perde todo o seu poder e sua magia quando é explícito, rotineiro, exagerado; quando é uma obsessão mecânica, transforma-se em tédio. O senhor nos ensinou melhor do que ninguém o erro de não misturar sexo com emoções, apetites, desejos, luxúria, fantasias,*

caprichos, vínculos pessoais, relações profundas que mudam sua cor, sabor, ritmo, intensidade.

Não sabe o que está perdendo com sua observação microscópica da atividade sexual, excluindo os aspectos que são seu combustível: intelectuais, imaginativos, românticos, emocionais. Isso é o que dá ao sexo sua surpreendente textura, suas transformações sutis, seus elementos afrodisíacos. O senhor reduz seu mundo de sensações, o faz murchar, mata-o de fome, dessangra-o.

Se nutrisse sua vida sexual com toda a excitação e aventura que o amor injeta na sensualidade, seria o homem mais potente do mundo. A fonte da potência sexual é a curiosidade, a paixão. O senhor está vendo sua chaminha extinguir-se asfixiada. A monotonia é fatal para o sexo. Sem sentimentos, inventividade, disposição, não há surpresas na cama. O sexo deve ser misturado com lágrimas, riso, palavras, promessas, cenas, ciúmes, invejas, todos os componentes do medo, viagens ao exterior, novos rostos, romances, histórias, sonhos, fantasias, música, dança, ópio, vinho.

Sabe quanto está perdendo por ter esse periscópio na ponta do seu sexo, quando poderia gozar um harém de maravilhas diferentes e novas? Não existem dois cabelos iguais, mas o senhor não nos permite perder palavras na descrição do cabelo; tampouco dois cheiros, mas se nos expandimos nisso, o senhor berra: Deixem a poesia de lado! Não existem duas peles com a mesma textura e jamais a luz, a temperatura ou as sombras são as mesmas, nunca os mesmos gestos, pois um amante, quando está excitado pelo amor verdadeiro, pode percorrer a gama de séculos da ciência amorosa. Que variedade, que mudanças de idade, que variações na maturidade e na inocência, na perversão e na arte...!

Temos nos sentado durante horas nos perguntando como é o senhor. Se tem negado aos seus sentidos seda, luz, cor, cheiro, caráter, temperamento, agora deve estar completamente murcho. Há tantos sentidos menores fluindo como afluentes ao rio do sexo, nutrindo-o. Só a pulsação unânime do sexo e do coração juntos pode criar êxtase.

PÁSSAROS E PASSARINHOS

Quase todas as aves de caça são consideradas afrodisíacas, com exceção de frangos, galinhas e perus domésticos, criaturas melancólicas que nada sabem de amor. Esses pássaros passam suas curtas existências imóveis dentro de jaulas atrozes, sem outra perspectiva visual que a do rabo de um semelhante, alimentados com farinha de peixe, saturados de hormônios e enganados por uma luz artificial que os obriga a crescer rápido e a pôr ovos como obcecados. Logo que atingem o peso ideal, são mortos. Nada sabem da aventura de caçar uma minhoca na terra ou de perseguir outra ave do sexo oposto. São tão infelizes que não podem dar felicidade a ninguém. No entanto, se você conseguir frangos e perus silvestres, desses que andam ciscando alegres e despreocupados sob o sol, também pode incorporá-los à sua cozinha erótica.

Algumas aves que citamos aqui também provêm de granjas, porém suas carnes morenas e de sabor intenso têm um ar exótico e selvagem capaz de estimular a imaginação humana, sobretudo quando são preparadas com abundantes especiarias, ervas e licores. Os pássaros silvestres têm a reputação de serem mais afrodisíacos que seus parentes domésticos. As pombas também o são, mas que cristão iria comer esses animaizinhos que simbolizam o Espírito Santo, a menos que estivesse morrendo de fome, como um amigo meu, exilado no Canadá, que à noite ia ao parque caçar pombas adormecidas para cozinhá-las em um fogãozinho clandestino no hotel onde morava. Esse mesmo quarto era aquecido por um radiador acionado por moedas, introduzidas em uma ranhura. Meu amigo descobriu uma forma mais econômica de fazê-lo funcionar: comprava chocolates em forma de moedas, esvaziava cuidadosamente o conteúdo, deixando o papel metálico intacto; comia o chocolate, enchia o invólucro de água e colocava-o na janela, onde o frio polar o congelava em poucos minutos, retirava o papel — que tornava a usar como molde — e colocava a moeda de gelo na calefação. Todos os meses o inspetor tentava em vão consertar o aparelho... Pobres pombas, são uns passarinhos sem imaginação nem malícia. Uma delas saiu voando da Arca de Noé, depois de quarenta dias de dilúvio universal, e regressou com um ramo de oliveira no bico para indicar que já podiam desembarcar, porque havia terra seca. A infeliz nem suspeitava que terminaria seus dias cozida em azeite de oliva. As pombas nem sempre representaram terra fértil para os judeus ou paz para os cristãos, antes eram associadas a Afrodite, Astarte e Juno, deusas da sexualidade. Na mitologia da Índia representavam cópula e vida. Com Panchita tínhamos decidido não incluir receitas de pombas neste livro, para não ferir suscetibilidades de pessoas religiosas nem de amantes da fauna metropolitana, mas não pudemos resistir à tentação.

À primeira vista, esses pássaros são todos iguais, mas existem pombas torcazes disfarçadas de perdizes, pombas-rolas que incomodam ao amanhecer, pombas turísticas de praças e catedrais, pombas guerrilheiras que defecam nos balcões e, naturalmente, pombos-correios. É possível atrair todos com migalhas de pão e pegá-los quando se descuidam para colocá-los no forno com esta antiga receita:

POMBOS-CORREIOS DO AMOR

Pegue dois pombos-correios e torça seu pescoço sem compaixão. Antes que fiquem rígidos e você sinta problemas de consciência, coloque-os em água fervente por três minutos, retire-os e, ainda quentes, arranque suas penas. Passe-as pela chama do gás para queimar as peninhas que tenham ficado grudadas. Corte as patas, a cabeça e tire as vísceras com um corte na barriga. Tempere-os com manteiga, limão, sal e pimenta abundante e deixe que repousem o justo sono dos mortos por 24 horas. Espete um cravo em um dente de alho e este dentro de uma cebola nova, que por sua vez deverá ser enrolada em uma tira de toucinho. (Repita a operação, porque vai precisar de dois recheios.) Introduza as cebolas assim preparadas dentro das aves e feche a abertura com um palito. Verta em cima uma taça de bom conhaque (quente) e flambe. Quando a chama apagar, asse os pombos por meia hora no forno quente, borrifando-os com licor e manteiga derretida à vontade. Sirva com batatas-doces e cenouras gratinadas e, naturalmente, acompanhados de um bom vinho branco.

Sugiro que compre suas aves mortas e depenadas. Há muitos anos havia um galinheiro no fundo do pátio da casa do meu avô, ideia excêntrica que não recomendo. Depois que a antiga cozinheira, encarregada de alimentar e matar as aves, desapareceu, estas morreram de velhas, porque ninguém quis assumir a cruel responsabilidade de cozinhar seres com os quais se tinha relação pessoal. Quando o galinheiro deixou de ser cuidado e o cheiro atraiu a polícia, um amigo próximo da família ofereceu-se para massacrá-las. Era um homenzarrão moreno com pescoço de gladiador e grandes mãos de operário, que vivera durante anos com uma estranha seita religiosa e dizia-se que tinha sofrido lavagem cerebral e no coração, sendo privado para sempre de emoções humanas. O homem entrou no galinheiro com passo de toureiro e olhou ironicamente para as sonolentas galinhas, dispostas no invariável semicírculo em que transcorriam suas monótonas existências. Não sei o que viu em seus olhares. Saiu recuando, desta vez com passo de patinador no gelo, e pediu papel de jornal e cola. Passou a hora seguinte fabricando cones de papel para cobrir as cabeças das galinhas, que assim não teriam de presenciar o assassinato sistemático das suas colegas enquanto aguardavam sua vez. Quando todas as aves estavam devidamente encapuzadas, pegou uma primeira ao acaso e colocou-a debaixo do braço. Alguém lhe explicara o procedimento: dar meia-volta no pescoço e puxar a cabeça com um movimento brusco. Foi o que ele fez, depois de muitas vacilações e dois cigarros, mas sua própria força o traiu e, diante do próprio horror, arrancou a pele da cabeça da vítima. Com um grito visceral soltou a infeliz, que corria batendo as asas nos últimos estertores de agonia. Para não vê-la sofrer mais, segurou-a pelas patas e jogou-a contra o chão, enquanto o resto das galinhas voavam cegas com seus cones de papel. Nosso magarefe saiu do galinheiro com uma polpa ensanguentada nas mãos, deu dois passos de bêbado e caiu inerte. Não voltou a comer aves por dez anos. As outras galinhas, livres do seu horrível destino, morreram plácidas em seu devido tempo, algumas tão idosas que não tinham mais penas e vagavam nuas cambaleando pelo pátio. Essa experiência me demonstrou que é preciso ter um caráter especial para criar seu próprio alimento.

Na casa de meu avô compravam-se perus e um cabrito em setembro e engordavam-nos para serem degolados no Natal, tarefa que a cozinheira executava sem qualquer problema de consciência. Até hoje, essa mulher aparece nos meus pesadelos com seus facões ensanguentados. Por muitos anos não pude nem provar a ceia de Natal; esses perus recheados e o cabrito assado tinham deliciado durante meses nossa infância, faziam parte da família, devorá-los equivalia a servir o Barrabás, cachorro da casa, rodeado de vegetais e batatas em uma grande bandeja. (De fato, em muitas partes da Ásia criam-se cachorros para comer; garantiram-me que os filhotes são uma delícia. Não teriam por que não ser.)

Panchita tem menos escrúpulos que eu com relação aos animais domésticos e é especialista na preparação de todo tipo de aves. Em mais de uma ocasião vi sobre sua mesa um peru intacto, dourado e aromático, repousando entre maçãs carameladas em uma travessa de prata; no momento crucial, ela retira os quatro palitos estrategicamente colocados e, então, ante o assombro dos comensais, cai toda a pele e aparece a carne cortada em fatias perfeitas. Sua receita para o galo é infalível. Esse animal, duro como borracha, pode ferver durante horas sem se render, por isso minha mãe prepara seu famoso *coq au vin* com a galinha mais macia do mercado. Codornas e perdizes também passam de vez em quando pela sua mesa, pássaros de aspecto insignificante, cuja substância nunca consegui experimentar: me dou por vencida quando me canso de cuspir seus ossinhos lastimosos. Não recomendo pato nem ganso, eles flutuam em sua própria gordura e é muito complicado cozinhá-los em casa, mas Panchita insistiu em incluir uma das suas receitas porque essas aves são afrodisíacas. Nesse caso, também deveríamos ter uma de condor... Em compensação, omitimos o faisão de mútuo acordo, porque com penas é impressionante, mas sem elas parece um frango patético; por isso nos banquetes do Renascimento ele era apresentado com penachos de plumas tapando o rabo e a cabeça. Na vida moderna não há tempo para tais refinamentos. Se passarmos a tarde colocando no pássaro as penas que foram arrancadas para cozinhá-lo, não teremos ânimo depois para usufruir do seu efeito afrodisíaco.

SUSSURROS

O homem está mais próximo do macaco do que a mulher, sem qualquer dúvida. São mais peludos, têm os braços mais compridos e neles o impulso sexual começa pela visão, herança de nossos ancestrais, os símios, aos quais a fêmea atrai durante o período de cio com uma mudança notável em suas partes íntimas, que inflamam e adquirem a mórbida aparência de uma romã madura. Por alguma razão, isso é como um semáforo para os machos, caso andem distraídos. Entre os humanos, o estímulo visual é igualmente irresistível, o que explica o êxito das revistas com mulheres seminuas. Tentou-se explorar o mesmo negócio editorial dirigido ao público feminino, mas as imagens de homens bem-dotados mostrando seus encantos em páginas coloridas resultaram em fiasco; elas são compradas por homossexuais e não por mulheres. Temos o senso do ridículo mais desenvolvido e nossa sensualidade está mais ligada à imaginação e aos nervos auditivos. E provável que a única maneira de ouvirmos é sussurrarem em nossos ouvidos. O ponto G está nos ouvidos, quem o procura mais embaixo está perdendo seu tempo e o nosso. Os amantes profissionais, e não me refiro apenas aos lendários, como Casanova, Valentino e Julio Iglesias, mas também a uma grande quantidade de homens que colecionam conquistas amorosas para provar sua virilidade pelo número, já que por qualidade é questão de sorte, sabem que o melhor afrodisíaco para a mulher são as palavras. Os latinos elevaram a lisonja amorosa à categoria de arte, graças à riqueza incomparável dos nossos idiomas e ao repertório inesgotável de canções, poemas, elogios e frases feitas que os povos germânicos ou anglo-saxões nunca se atreveriam a usar. Daí provém a fama do amante latino, capaz de infundir tal calor com sua lábia, que toda resistência feminina se transforma em cera derretida. No entanto, sabe-se que costumam perder-se no entusiasmo da sua própria retórica e que, na hora da verdade, raramente sabem usar aquelas línguas de ouro para carícias mais atrevidas. Cyrano de Bergerac, aquele famoso homem feio grudado em um nariz, fez uma mulher se apaixonar pela magia dos seus versos para que outro a desfrutasse. O amigo colocava-se sob a luz da janela, enquanto na sombra Cyrano recitava as sedutoras palavras destinadas a conquistar o coração feminino. Entretanto, o amor prepara armadilhas irônicas e o poeta apaixonou-se por ela tanto quanto ela pelo amigo afortunado, a quem o talento de Cyrano vestia com plumagem emprestada. Ledo engano o do nosso herói. Se tivesse murmurado seus versos apaixonados ao ouvido da moça, ela teria apreciado o nariz descomunal como um símbolo erótico. O ritual amoroso parece-se com as surpresas dos aniversários infantis: tudo se reduz a aumentar as expectativas. A finalidade é simples: o orgasmo, no primeiro caso, e um monte de quinquilharias de plástico ou balas, no outro, mas, para chegar a esse ponto, quantos circunlóquios são necessários!

> *Dá-me mil beijos, depois cem, depois outros mil, depois mais cem, depois mil, depois cem; por fim, quando tivermos somado muitos milhares, vamos confundir a conta para não sabê-la e para que nenhum invejoso possa nos jogar mau-olhado quando souber que nos demos tantos beijos.*
>
> — Roma clássica, *Carta de amor de Catulo a Lésbia*

Ah, o vício em palavras... Depois de escaparem da boca não podemos mais recolhê-las. E cuidado também com a palavra escrita, causa de incontáveis tragédias que poderíam ter sido evitadas com um mínimo de prudência. Conheço o caso de uma esposa infiel, que em uma viagem escreveu duas cartas de amor, uma para o marido e outra para o amante. Na pressa de última hora, confundiu os envelopes e as cartas chegaram trocadas. Em sua ausência foram tomadas as providências necessárias e quando regressou tinha perdido sua família e o marido, único amor verdadeiro da sua vida, pois o outro não passava de um divertimento das quintas-feiras ao meio-dia. O escândalo foi tamanho, que sem qualquer intenção ela acabou se casando com o amante para dar fim aos comentários. Passou os últimos trinta anos de sua vida lamentando-o.

Na hora brutal do encontro amoroso, as mesmas palavras que nos parecem grosseiras se utilizadas em outro momento têm o efeito de carícias atrevidas. O truque está em murmurá-las. A linguagem descreve, sugere, excita: as palavras têm o efeito de um feitiço. Na literatura erótica, cuja finalidade é atiçar o sangue e alvoroçar os desejos, cabem eufemismos, mas não timidez. Nossa sociedade de consumo oferece palavras excitantes através de serviços de sexo pelo telefone. Uma vizinha minha, que pesa 110 quilos e tem dois netos, ganha a vida em um serviço desses. Seu trabalho consiste em decifrar as fantasias dos clientes e, do outro lado da linha, satisfazê-los com a intrepidez das suas frases. Especializou-se em se fazer passar por uma estudante de 12 anos, virgem atrevida e curiosa, com quem o cliente pode discutir seus caprichos mais inconfessáveis.

Também na comida a linguagem é afrodisíaca; comentar os pratos, seus sabores e perfumes é um exercício sensual para o qual dispomos de um vocabulário vasto, cheio de graça, metáforas, referências, humor, jogos de palavras e sutilezas. Por que o usamos tão pouco? As melhores páginas de Henry Miller não são eróticas, como se tem falado, mas sobre comida. Sugeri a minha vizinha uma variante em seu ofício: um serviço de guia telefônico que os gulosos impenitentes e as pessoas que fazem dieta, bulímicas ou anoréxicas, poderiam usar. As pessoas ligam e, em vez de escutarem os gemidos indecentes de uma garota de 12 anos chamada Serena ou Desirée, recebem a descrição detalhada de um bom assado de cordeiro. Os franceses, obcecados com a boa vida, não falam de dinheiro ou de política à mesa, embora talvez o façam na cama; preferem opinar sobre comidas ou vinhos ou simplesmente desfrutar de seu jantar em silêncio. Na França, come-se e se faz amor com parcimônia, saboreando ambos com religiosa gratidão. Em troca, nos Estados Unidos foram cunhadas as palavras *snack* e *quickie,* praticamente intraduzíveis, a primeira para definir essa tendência a devorar qualquer coisa de pé, com a mão e fora de hora, e a segunda para o amor apressado. Esse povo ainda padece de certa pressa adolescente, mas não se pode generalizar. Contaram-me que os melhores amantes do mundo são os judeus americanos divorciados de Nova York. Para algo tem de ser útil a obsessão pela mãe...

Não é o mesmo descascar um camarão e engoli-lo sem qualquer cerimônia, do que retirar sua casca com prazer sibarita comentando sua cor, sua forma, seu delicado aroma e até o estalo da casca quando o mordemos.

> *O beijo deve ser sonoro. Seu som, leve e prolongado, eleva-se entre a língua e a borda úmida do céu da boca; produzido pelo movimento da língua na boca e o deslocamento da saliva provocado pela sucção.*
>
> *Um beijo dado na superfície dos lábios e acompanhado de um som como o que fazemos para chamar um gato, não dá nenhum prazer. Esse beijo é bom para as crianças, ou para as mãos. O beijo descrito antes, e que pertence à cópula, provoca uma voluptuosidade deliciosa. Cabe a ti aprender a diferença.*
>
> — De *O jardim perfumado*, traduzido para o inglês por Sir Richard Burton, em 1886

A descrição aplica-se quase textualmente ao prazer de tomar uma sopa afrodisíaca, digamos de mariscos, saturada de aromas e sabores do mar. Em um jantar solene ninguém serviria esse tipo de prato, porque não se pode atacá-lo com elegância e sem ruído, como exigem os bons modos europeus — o que não acontece em outras partes do mundo, onde um bom arroto no momento adequado é considerado uma expressão agradecida de satisfação —, mas é perfeita para os amantes na intimidade. Essa sopa consagrada merece os mesmos sons entusiastas dos beijos do xeque Nefzawi em *O jardim perfumado*.

A música também contribui para fazer da comida uma experiência sensual, por isso é abominável o espetáculo daqueles que se sentam à mesa ao som ruidoso de uma partida de futebol ou das más notícias na televisão. Nos banquetes de outrora não faltavam os quartetos de corda em um palco, animando o jantar com suas melodias. Existe realmente a música erótica? Essa é uma questão muito subjetiva, em discussão há séculos, mas existem certos instrumentos e ritmos sugestivos que convidam ao amor. O repertório é vasto, desde certas composições espanholas, com seu inconfundível toque árabe e cigano, seus crescendos e grandes finais que imitam a progressão do encontro sensual entre dois amantes e a explosão final do orgasmo, até a música oriental, com sua profusão de gemidos e murmúrios; o jazz, que é carícia e lamento; os ritmos caribenhos, as canções românticas e, para os entendidos, inclusas algumas árias de ópera. Certa vez, ouvindo Plácido Domingo no Metropolitan Opera House, uma matrona respeitável, sentada ao meu lado, emitia arrulhos de pomba e se retorcia de tal maneira que outro amante do *bel canto* fez com que se calasse. A senhora recuperou a compostura por alguns segundos, mas quando o famoso tenor lançou um prolongado dó de peito, ela ficou rígida em sua poltrona, seus olhos reviraram, começou a morder as mãos e a lançar uns gritinhos breves de perdição, diante do mal-estar de todos os presentes, inclusive de alguns membros da orquestra. O único que permaneceu impassível foi Plácido Domingo, que prosseguiu com seu interminável dó de peito até a dama em questão se satisfazer plenamente. O gosto pela música é muito pessoal e nem todos associam as mesmas peças musicais às mesmas imagens ou lembranças. Tenho me perguntado com frequência que prazeres extraordinários renasciam na memória daquela senhora na ópera... um intrépido professor de canto, talvez? Frank Harris (1856-1931), em *Minha vida e meus amores*, detalha com a minuciosa precisão de um tabelião todos os encontros eróticos de sua vida, mais de dois mil, conforme afirma, embora nesse campo o exagero dos interessados costume adquirir proporções alucinantes. Entre suas experiências, conta uma que ocorreu no início da sua adolescência, quando aproveitou um descuido do professor de órgão para explorar com mão atrevida por baixo da saia da sua colega de estudos e descobrir, maravilhado, que acima da borda da meia havia uma região quente e suave:

> *Minha curiosidade era mais forte, inclusive, que o desejo e apalpei seu sexo em todas as partes e tive a ideia de que era como um figo.*

Nada muito original; frutas e flores são as metáforas mais usadas na literatura erótica de todos os tempos para descrever essas zonas encantadas.

No caso da comida, os sons também podem ser afrodisíacos. Tenho péssimo ouvido, sou incapaz de cantarolar *Parabéns para você*, mas posso evocar sem vacilações o crepitar do óleo quando a cebola está fritando; o ritmo sincopado da faca cortando verduras; as borbulhas do caldo fervente onde, em um instante, cairão os infelizes mariscos; as nozes ao serem partidas e a paciente canção do pilão moendo sementes; as notas líquidas do vinho ao ser vertido nas taças; o choque dos talheres de prata, do cristal e da porcelana à mesa; o murmúrio melodioso da conversa após as refeições, os suspiros satisfeitos e o quase imperceptível crepitar das velas que iluminam a sala de jantar. Esses sons têm para mim um efeito quase tão poderoso como a voz de Plácido Domingo para aquela boa senhora da ópera.

UMA NOITE NO EGITO

Minha amiga Tabra, que inspirou o personagem de Tamar em meu romance *O plano infinito*, na vida real é uma viajante incansável e corajosa. Às vezes se perde durante semanas e, quando começo a recear que foi engolida pela selva amazônica ou caiu de um desfiladeiro no Himalaia, recebo pelo correio uma manuseada fotografia de uma aldeia em Iran Jaia. Vestida de cigana, coberta de colares e pulseiras, Tabra aparece rodeada de mulheres nuas e homens pintados, com lanças em riste, cuja única vestimenta é uma cabaça cobrindo seus pênis. Ao regressar, traz grandes volumes repletos de tesouros: tecidos dos Andes, máscaras da África, flechas de Bornéu, crânios humanos lavrados do Tibete. E, sobretudo, traz inspiração para o seu trabalho. Os desenhos das suas joias são uma verdadeira celebração da força, beleza e valor das mulheres nos mais remotos cantos da Terra: mulheres do deserto de Rajastã na Índia, da floresta de Nova Guiné, das aldeias indígenas da América do Sul, todas unidas pela aspiração comum de serem belas e se enfeitarem.

Esta é uma carta que ela me enviou em 1990, em uma das suas viagens:

Estou em alguma parte do baixo Egito, precisaria de um mapa para saber exatamente onde... Cheguei aqui vinda do Cairo, porque alguém me disse que era interessante, mas me esqueci por quê; não sei o que esperava encontrar neste lugar, talvez uma pequena aventura. Você já sabe que não viajo de maneira científica, prefiro me guiar pela intuição. Esqueço datas, nomes e lugares, só me resta uma vaga impressão geral, formas e cores que depois aparecem em meus desenhos. No aeroporto, um homem jovem se aproximou de mim e se ofereceu para guiar-me. Moreno, bonito, com um sorriso luminoso e enormes olhos negros, o tipo de homem que me atrai à primeira vista. No Egito, uma mulher não pode andar sozinha sem um guia, porque não a deixam em paz; aceitei porque esse jovem me inspirou confiança. Expliquei-lhe meu ofício e lhe pedi que me levasse a ver artesanato, pedras preciosas, contas para minhas joias. Mahmoud decidiu me levar até o único hotel do povoado para deixar minhas maletas e depois levar-me a uma pequena aldeia núbia no limite do deserto. Fizemos isso e logo me encontrei em um carro caindo aos pedaços rodeada por quatro parentes do meu guia, que passaram a fazer parte da expedição. Tenho certeza de que você não teria aprovado isso, Isabel... Passou pela minha cabeça que não era uma doa ideia, mas já era tarde demais para recuar e esses homens eram tão gentis e pareciam tão contentes de praticar seu inglês comigo, que deixei meus temores de lado.

Foi uma viagem extenuante. Duas horas mais tarde vislumbramos uma pequena aldeia branca que resplandecia, em contraste com a areia infinita. Mahmoud anunciou que tínhamos chegado à casa do seu avô e dirigiu o carro até um local cercado de muralhas que se estendiam por mais de um quilômetro, conforme me explicou. No interior dos muros de barro seco pintado de azul e branco havia diversas casas; era evidente que lá vivia uma família numerosa. Uma pequena multidão foi nos receber e me observou com curiosidade: primos, tios, irmãs, sobrinhos, muitas crianças... Que confusão!

— Bem-vinda à nossa casa. A senhora é a primeira pessoa estrangeira que pisa nesta propriedade — disse Mahmoud.

Pensei que, com um pouco de sorte, essa podia ser a aventura que eu desejava. As mulheres, vestidas de preto e um pouco tímidas no início, trouxeram-me tâmaras e outras frutas em grandes bandejas e me convidaram para ir às suas casas. Uma jovem levou-me até um baú para me mostrar seu enxoval de noiva, todo bordado com um desenho de folhas e flores entrelaçadas, que levara anos para fazer. Outra quis que eu visse sua máquina de costura e uma terceira, a grande geladeira branca instalada no centro da sala, seu mais apreciado objeto. Lá fora o sol brilhava impiedoso, mas entre as paredes de barro o ambiente era fresco; uma música doce e melancólica vinha de alguma parte e eu podia ouvir os cânticos muçulmanos de uma mesquita próxima. As mulheres não se cansavam de examinar minhas pulseiras e de acariciar meus braços, maravilhadas com minha pele branca e com a cor dos meus cabelos; foi inútil tentar lhes explicar que ele é tingido: elas não falauam inglês, nem eu árabe. Eu também examinava suas tatuagens e seus adornos de prata, enquanto, a uma certa distância, os homens olhavam-me com insistência, cochichando e rindo sem dissimulação. Todos os olhos se fixaram em mim quando abri a bolsa, peguei um espelho e pintei os lábios. Instalaram-me em uma sala com sólidos móveis encostados à parede e fotoprafias de casamentos e de antepassados pintadas à mão; as mulheres serviram chá e limonada para os homens e para mim, mas não se sentaram conosco. Meu guia disse que tinha amigos poderosos no Egito: poderia conseguir qualquer coisa que eu precisasse, minha felicidade era a única coisa que importava, desejava que me sentisse contente em seu país e tivesse muitas aventuras; não era isso o que eu buscava? Riu e os outros homens também riram. Senti que seus olhos me queimavam; o calor e o cansaço da viagem faziam-se sentir, precisava de um banho; quis voltar ao povoado e a meu hotel, mas não queria ofender meus anfitriões. Levantei-me com a intenção de me despedir. Notei que os homens trocavam sinais, mas não soube interpretá-los, e percebi que as mulheres tinham se retirado uma por uma, discretamente, deixando-me sozinha. Dirigi-me até a porta, já entardecia e estava começando a refrescar; calculei que em menos de meia hora seria de noite e que o caminho de volta até o povoado era longo. Saí com passos decididos, afastando os homens que se colocavam à minha frente. Então, Mahmoud e os demais seguiram-me até o carro e, depois de discutirem um pouco, dois sentaram na frente e eu fiquei atrás, apertada entre outros dois. Sentia seus hálitos na minha face, suas pernas contra as minhas, suas mãos tocando meus ombros, os cotovelos, a blusa. Cruzei os braços sobre o peito.

— Está na hora de voltar para o meu hotel — insisti.

— Sim, claro que sim — replicou Mahmoud, sempre sorrindo —, mas antes queremos lhe mostrar as dunas.

A noite caiu subitamente. O perfil do deserto iluminado pela lua era extraordinário. O caminho era escuro e íamos com as luzes apagadas; o motorista só as acendia quando suspeitava que outro veículo vinha na direção contrária, ofuscando-o. Também não seguia a sua faixa, íamos ziguezagueando de um lado para o outro, mas os poucos carros que passaram por nós faziam o mesmo. Tive a impressão de que viajamos por muito tempo, dando voltas em círculos, passando várias vezes pelo mesmo grupo de palmeiras e pelas mesmas dunas, mas já não tinha certeza de nada, é fácil perder o rumo no deserto.

Estou muito cansada, Mahmoud, quero regressar ao meu hotel — disse com toda a firmeza possível.

— Mas ainda não comeu nada! Que pensará da nossa hospitalidade? Antes temos de lhe oferecer um jantar na minha casa, de acordo com o costume.

— Não, muito obrigada.

— Eu insisto. Minha mãe passou a tarde preparando comida para a senhora.

Então compreendi que estávamos de novo diante do mesmo muro de barro pintado de azul e branco, atravessando o mesmo portão, agora iluminado por dois lampiões de óleo. O resto estava completamente escuro, a energia tinha acabado na aldeia, conforme explicaram. Ao longe tilintava a luz trêmula de outros lampiões ou de pequenas fogueiras. Paramos diante de uma das casas, descemos e, por fim, pude espichar as pernas, estava molhada de transpiração apesar do ar fresco da noite. Os quatro homens começaram a falar ao mesmo tempo, discutindo e gesticulando como se estivessem zangados, mas não entendi uma palavra sequer do que diziam. Por último, três deles desapareceram e Mahmoud me tomou o braço, desculpando-se pela falta de luz, e me guiou pela casa envolta em sombras. Passamos de um quarto ao outro, percorremos corredores que me pareceram intermináveis, as portas se fecharam às minhas costas, ouvia passos e murmúrios, porém não vi ninguém. Às vezes tropeçava nos dintéis e nos móveis, mas meu anfitrião me segurava com firmeza, embora também com certa graça. Chegamos a um quarto fracamente iluminado por duas velas pequenas quase consumidas, onde havia uma mesa e duas cadeiras, uma junto à outra. No ar flutuava um aroma sutil de incenso mesclado com o da comida e das especiarias.

— Onde está o resto da família? — perguntei.

— Já comeram, estamos sozinhos — replicou Mahmoud puxando a cadeira para mim. Sentei-me, oprimida pela angústia.

Sobre a mesa havia várias travessas cujo conteúdo não podia distinguir à fraca luz das velas. Mahmoud pegou um prato e me serviu.

— O que é?

— Carne.

— Que tipo de carne?

— Fervida.

— Que tipo de carne fervida?

Tocou o estômago e as costelas com um gesto vago. Preciso ver o que como, especialmente quando se trata de carne; gosto de examinar tudo cuidadosamente antes de levar à boca, mas estava muito escuro. Mahmoud serviu porções de outras travessas e dizia do que se tratava enquanto as colocava no meu prato: peixe do Nilo, queijo de cabra, azeitonas pretas, figos maduros, ovos, berinjelas fritas, pasta de grão-de-bico, iogurte. Lavei as mãos em um recipiente de água com limão e Mahmoud secou-as com um pano; seus gestos eram lentos como carícias. Retirei-as muito bruscamente, talvez o tenha ofendido. Experimentei e gostei, a carne era de cordeiro, bem temperada, tão macia que desmanchava antes de mastigar. O homem, sentado tão perto que seu rosto quase tocava o meu, observava-me comer e comentava minha grande beleza. Garantiu-me de novo que ele era meu amigo em seu país, que devia considerá-lo meu namorado egípcio. Eu não dizia nada, mas o suor escorria pelas minhas costas e meus joelhos tremiam. A comida, porém, estava deliciosa, e o chá — morno e muito doce, com um vago sabor de hortelã ou jasmim — era refrescante. Mahmoud pegou uma azeitona e colocou-a na minha boca, era um pouco amarga, mas saborosa. Depois pôs queijo e pasta de grão-de-bico em um pedaço de pão árabe, comeu um pouco e depois o passou para mim, sorrindo encantado quando o recebi. O cheiro do pão fresco, ainda morno, misturado com a fragrância das comidas, das velas e do incenso era tão intenso que fechei os olhos. Sentia-me angustiada, com todos os sentidos exaltados. Em voz baixa, quase sussurrando, ele recitava uma ladainha comparando-me com a lua e as estrelas do deserto; minha pele, disse, era como marfim, nunca tinha visto uma pele assim tão suave e branca.

— Tenho de voltar para a cidade...

— Você tem namorado na América? Talvez um marido?

— Sim, tenho um namorado muito ciumento.

— E como não sê-lo? Eu não deixaria nenhum homem pousar seus olhos na senhora, viveria para amá-la e comprazê-la. Por que esse namorado a deixa viajar sozinha?

— Já é muito tarde, Mahmoud, por favor, leve-me de volta para o hotel.

— Experimente estes legumes, são da horta da minha mãe, cozidos por ela mesma... Era um refogado de berinjela e distingui o aroma de noz-moscada e canela, uma mistura erótica. Servi-me de outra colherada e um pouco mais de cordeiro, pela primeira vez avaliando

o tamanho da minha imprudência. Ninguém sabia do meu paradeiro, ninguém tinha me visto sair com esses homens rumo ao deserto, eu podia desaparecer sem deixar rastro. Mahmoud serviu-me mais chá. O som do líquido ao cair no copo era nítido como notas de um instrumento de corda no imenso silêncio da casa escura. Uma das velas acabou de se consumir em uma poça de cera derretida.

— Foi um bom dia? Um dia memorável? Foi bom para você? — quis saber meu anfitrião, sempre ao meu ouvido.

— Sim, obrigada, mas agora tenho de ir.

Tentei me levantar, mas ele me reteve, quase abraçando-me. Mais uma vez me envolveu com sua voz melodiosa descrevendo minha beleza, comparando-me com as huris do paraíso de Alá e com estrelas do cinema, e garantindo-me que nunca se cansaria de me olhar, que poderia passar a vida inteira extasiado diante de uma mulher como eu. Suponho que estava caçoando de mim, mas quis acreditar nele, suas palavras eram balsâmicas, ninguém nunca me tinha dito coisas assim. E continuava falando e falando, sempre no mesmo tom. Por acaso eu não desejava que ele também ficasse feliz? Que aquele também fosse um dia memorável para ele? Sua mão pousou no meu pescoço e um longo calafrio me fez estremecer. Mahmoud insistiu em que o jantar não tinha terminado, ainda faltavam os doces. Com grande delicadeza deslizou um pastelzinho de pistache e mel em minha boca, sem parar de acariciar meu pescoço, brincando com meus colares e brincos; murmurando elogios em seu inglês forçado. Experimente esta delícia turca, suplicou. Era suave, doce, com perfume de rosas. Não gostaria de fumar? Um pouco de haxixe, talvez? A chama da última vela vacilou alguns instantes e depois se apagou totalmente. Pela janela vi a lua iluminando a noite egípcia. Peguei outro doce e o mordi, voluptuosamente...

PECADOS DA CARNE

Neste mundo há muitos vegetarianos que, apesar de sua cor lívida e do ânimo atribulado, sobrevivem e se reproduzem perfeitamente bem. Em contrapartida, há aqueles que acreditam piamente que só um pedaço de carne, se possível pingando sangue, é o único alimento seguro. Os povos cuja dieta contém pouca carne são os que têm a mais alta explosão demográfica e os que cultivaram com mais esmero a arte do erotismo; por isso tenho sérias dúvidas sobre o verdadeiro poder afrodisíaco da carne de mamífero. Mas tenho de mencioná-la, porque muitos textos sérios provam que minhas dúvidas são injustificadas. De qualquer forma, esses pratos são mais pesados e, com o estômago cheio e em pleno trabalho de digestão, poucos podem fazer alarde de proezas amatórias. Se os incluir em seu cardápio, sirva porções pequenas.

Animais de caça (cervo, javali, lebres etc.) *Em Nairóbi existe um famoso restaurante onde servem todo tipo de animais de caça, inclusive alguns em extinção. Os favoritos do cardápio são os filés de búfalo, elefante e avestruz. A menos que conte com um caçador na família,* *desses que amanhecem com a espingarda ao ombro, evite essa parte, não é para você. Se o tiver, tente fazê-lo parar de caçar, é um esporte cruel; mas, se não conseguir evitá-lo e um animalzinho perfurado de chumbo aterrissar sobre a mesa da sua cozinha, comece por pendurá-lo alguns dias com as patas para cima em um lugar fresco e seco, porque a carne fica mais saborosa e macia quando está prestes a apodrecer, e retire-o antes que os pássaros da vizinhança comecem a bicá-lo ou apareçam os primeiros vermes (*faisandé, *dizem os franceses com mais delicadeza). Também ouvi dizer que é preciso usar luvas de borracha para esfolá-los, porque os cadáveres de animais selvagens costumam transmitir infecções; além disso, deve-se cozinhá-los bastante, para evitar a triquinose. Pergunto-me se, com tais inconvenientes, vale a pena degustar um desses animais, a menos que ele venha congelado... Consiga animais de caça no mercado, limpos e prontos para o forno. Já viu alguém esfolando uma lebre? É um espetáculo deprimente.*

BOVINO *A parte mais delicada e fácil de digerir é o filé. Os italianos afirmam que a carne crua é erótica e costumam servi-la cortada em fatias muito finas, quase transparentes, com um nome pitoresco:* carpaccio. *A ideia da carne crua é muito antiga, só que antes suas propriedades eróticas não eram conhecidas. As hordas tártaras que invadiram a Europa na época do Império Romano já a preparavam: colocavam os pedaços entre o cavalo e os arreios e galopavam o dia inteiro, até reduzir a carne a uma polpa preta toda amassada e salgada de suor. Isso deu origem ao que hoje chamamos de* tártaro *(carne crua moída, sabiamente temperada, e com uma gema crua por cima), que se presta para compor formas travessas nos pratos, assim como para outros jogos sensuais.*

CABRA *O bode representa a energia sexual masculina, porém sua carne é dura e tem cheiro forte. Esse animal tem o curioso hábito de espojar-se na própria urina para atrair a fêmea, típica ideia masculina! Por isso, nós humanos preferimos comer as crias, em pleno estado de encanto e inocência, mas não vou prosseguir nesse tema porque Robert Shekter está olhando por cima do meu ombro. (Robert ama tanto esses animais, que tem uma chácara nos montes alpinos onde acolhe cabras velhas ou doentes. Quando ele morrer, pretendo fazer um grande churrasco e convidar todos os meus editores.)*

COELHO *É o irmão tolo da lebre, um animal peludo e tímido, que quando está vivo provoca simpatia imediata, mas cozido tem o aspecto equívoco do gato da família. Tem cheiro forte, por isso deve ser lavado por dentro e por fora com água e vinagre; depois enxágua-se, seca-se e perfuma-se com limão antes de cozinhá-lo.*

PORCO E CORDEIRO *Esqueça-os, não são afrodisíacos.*

TESTÍCULOS *Desde há muito tempo, os testículos de alguns animais têm fama de estimulantes. As mulheres não os comem. Os homens sim, mas ficam arrepiados quando relacionam o conteúdo do prato com sua própria anatomia. Freud tem um nome para esse complexo, mas não me lembro qual é. Na Ásia os preferidos são os de macaco, na América os de touro, em outras partes os de cordeiro e bode. Nos Estados Unidos são chamados de ostras de montanha* (Rocky Mountain oysters). *Bem cortados e cozidos não se parecem com o que são, mas de qualquer forma não conte para ninguém até que seus convidados os tenham engolido.*

FÍGADO E RIM *O rim de gado bovino ou de cordeiro é um prato habitual nos cardápios de qualquer restaurante francês ou espanhol, e salva do desastre a cozinha inglesa, com a famosa* steak and kidney pie, *uma das poucas receitas originais da Grã-Bretanha que podem ser comidas por prazer e não só por absoluta necessidade. Antigamente, acreditava-se que o centro da energia e da vida era o fígado, não o coração, como supomos agora, por isso se atribuía poder ao fígado de certos animais como estimulante sexual. Nem todos gostam. Vendem extrato em pílulas nas lojas de medicina natural, para quem deseja o benefício sem passar pela provação de mastigá-lo. Em um romance de* Philip Roth, O complexo de Portnoy, *o jovem protagonista masturba-se com o fígado cru que sua mãe reservou para o jantar; mas não é preciso chegar a esses extremos, existem outras maneiras de temperá-lo.*

INCLASSIFICÁVEIS

TARTARUGA *É um animal do mar, mas acho difícil incluí-lo entre os mariscos ou peixes. Tenho uma tartaruga de terra em casa. É uma criatura sem graça nenhuma, com uma atitude demasiado zen para o meu gosto, pela qual não sinto nenhuma simpatia especial, mas que também não merece terminar na sopa. E mesmo que esse plano aberrante passasse pela minha mente, seria difícil levá-lo a cabo, porque a tartaruga vive escondida em lugares inimagináveis e só aparece de vez em quando, como um lento fantasma. A mera ideia de aproveitar uma distração sua para decapitá-la com o facão e extrair o corpo da sua carapaça me faz passar mal. Felizmente, são vendidas em cubinhos e enlatadas. A carne esverdeada é feia — parece meio podre —, mas é tida como mais saborosa e refinada que a esbranquiçada. Em Taiwan há restaurantes onde se encontram tartarugas em aquários e serpentes em caixas. O cliente escolhe, o cozinheiro as decapita em sua presença e verte o sangue em um licor forte com açúcar. Enquanto o cliente bebe esse coquetel, o cozinheiro prepara sopa de tartaruga ou assa a cobra, pratos tão afrodisíacos que frequentemente o próprio restaurante possui quartos — com mulheres incluídas no cardápio — para se queimar as calorias.*

Vênus, a deusa do amor, foi representada cavalgando uma tartaruga; a cabeça erguida do animal simbolizava um falo. Afrodite Porne, padroeira das prostitutas da Grécia antiga, era acompanhada de um ganso, cujo longo pescoço era uma alegoria, bastante otimista, do membro masculino. E Leda abraçada ao seu lascivo cisne... De qualquer forma, parece que estamos nos estendendo demais sobre mitologia. No Oriente a carne desse animal é muito apreciada por suas virtudes estimulantes, e na antiguidade era prato obrigatório na corte chinesa: supunha-se que, assim como a sopa de ninhos de andorinha, podia despertar os apetites decadentes do imperador. A propósito, esses ninhos são obtidos em cavernas onde um certo tipo de andorinhas põe seus ovos, especialmente na Malásia. As aves os constroem com algas marinhas aglutinadas com uma secreção parecida com saliva. Para colhê-los frescos, os nativos escalam as pedras escorregadias no escuro, com a ajuda de bambus. Além de correrem o risco de quebrar a nuca em uma queda, também podem tropeçar em animais venenosos e andorinhas enfurecidas, mas o negócio é lucrativo porque existem muitos varões inseguros da sua virilidade no mundo. Os ninhos são limpos, comprimidos e empacotados antes de serem enviados para os mercados asiáticos, onde os clientes pagam verdadeiras fortunas por alguns gramas desse duvidoso afrodisíaco.

CARACOL *Não sei por que são tão apreciados: vivos têm um aspecto repugnante e cozidos têm gosto de alho e terra. Ganharam a fama de eróticos porque são parecidos com o clitóris, que surge e desaparece entre as pregas femininas, mas considero essa metáfora ofensiva. Não tenho nada parecido com um caracol no meu corpo e acho que a maior parte das minhas amigas também não.*

RÃ *Dela só se comem as patas, que têm gosto de frango insosso, por isso a enchem de tempero. Quando estava na escola, assim como tantas outras desafortunadas crianças, tive de esquartejar esses batráquios na aula de ciências para comprovar não sei qual teoria sobre as correntes elétricas. Parece que, depois de morto, o bicho continua pulando, mas não pudemos verificar isso. Passei a noite sentada na cama olhando para o escuro e pensando na horrível experiência que me aguardava no dia seguinte. Cheguei cedo à escola, entrei sigilosamente no laboratório, roubei as rãs e soltei-as no jardim. Se você tiver coração delicado, compre as patas de rã sem pele e prontas para usar (pelo menos quatro por pessoa, ou seja, dois animaizinhos assassinados para cada comensal), porque se for decapitá-las, cortar suas patas, desossá-las e arrancar a pele, o mais provável é que fique com enjoo e com a consciência pesada por uma semana. Nesse caso, o valor afrodisíaco do prato será nulo.*

O GIGOLÔ

Os homens manteúdos pertencem a uma tradição tão antiga como a das concubinas e heteras, porém menos comentada. Essa prática, muito mais comum do que supomos neste lado do mundo, chegou a fazer parte da cultura na Ásia, onde durante séculos as damas de boa linhagem utilizaram jovens, disfarçados sob o título de criados, para satisfazer seus caprichos íntimos. Mas a partir da invenção do automóvel, o cargo mais comum para o gigolô passou a ser o de motorista. Nas últimas décadas, esses manteúdos, assim como as gueixas, vêm sendo exterminados pela voragem do capitalismo e substituídos pelos chamados profissionais independentes. Sem ir tão longe, no século XIX o amante oficial, tolerado pelo marido desde que fosse discreto, era chamado de *cicisbeo* na Itália. E por que não? Os casamentos da época não eram arroubos românticos, mas arranjos econômicos e sociais. O amor não fazia parte do acordo.

Casamo-nos para odiar. Por isso é preciso que um verdadeiro amante nunca fale de casamento, porque ser amante é querer ser amado e querer ser marido é querer ser odiado, escreveu em pleno século XVII Madeleine de Scudéry. Se os maridos tinham amantes — *maîtresse* na França — e muitos tinham uma coleção de filhos ilegítimos, era justo que as esposas pudessem buscar amor em outros braços.

Hoje em dia, qualquer mulher capaz de pagar por esse tipo de serviço pode contratar por algumas horas um amante experiente que lhe garanta prazer, higiene e absoluta discrição. Esses jovens, geralmente bissexuais, são treinados em ofícios eróticos que a maior parte dos maridos nem consegue imaginar. Suas vidas giram em torno do instrumento da sua arte: o corpo, que devem conservar sadio e atraente. Livres das obrigações do trabalho, do dinheiro pacientemente ganho e portanto escasso, assim como da vaidade do poder ou dos tormentos de uma consciência culpada, destinam sua energia e seu tempo à sagrada ocupação dos prazeres sensuais. E digo sagrada porque remonta à filosofia taoísta, na qual a relação sexual entre as pessoas simboliza a união entre os deuses no ato de criação do universo, embora duvide que os gigolôs que circulam pelo Japão ou por qualquer outro lugar do mundo tentando as senhoras tenham ouvido falar do Tao nem de coisa parecida.

Meu bom amigo Miki Shima, ilustre médico japonês ao qual recorro quando tenho de curar doenças ou averiguar alguma coisa exótica, afirma que esses modernos prostitutos de seu país costumam memorizar boa parte dos *shungas*, antigos manuais eróticos, chamados livros de travesseiro, porque eram guardados nas caixas de madeira laqueada que as damas elegantes usavam para apoiar a nuca sem desarrumar o penteado à noite. As ilustrações dos *shungas* parecem brutais àqueles que não estão familiarizados com elas: casais totalmente vestidos, com penteados caprichados, expressão de placidez quase idiota nos rostos e providos de enormes genitais ameaçadores, copulando nas mais interessantes posições. Depois de acostumar o olho, os *shungas* podem ser muito didáticos. Apesar de a maioria das mulheres se contentar com duas ou três variantes clássicas, os gigolôs asiáticos de luxo podem oferecer o repertório completo pelo preço adequado: *cavalo galopante*, *flauta de jade*, *patos do mandarim*, *andorinhas aparelhadas* e outras acrobacias com nomes mais compridos que não consegui anotar durante a conversa. O doutor Shima lembrou-me a importância da dieta para se manter em forma, o que é necessidade imperiosa nessa profissão, e contou-me a história de um mestre em acupuntura do qual ele mesmo aprendeu as técnicas mais delicadas. O homem viveu mais de cem anos com a dentadura completa e os cabelos pretos, transando todos os dias com alguma moça frutífera, graças ao ginseng, que tomava aos punhados e a uma sopa fabulosa cuja receita Miki Shima conseguiu para estas páginas:

SOPA AFRODISÍACA DO MESTRE EM ACUPUNTURA

Para duas pessoas, deve-se colocar em uma bela vasilha de barro, com a devida cerimônia: quatro pedaços de ginseng vermelho da Coreia, um quarto de frango cortado em pedaços, duas cebolinhas picadas, quatro fatias de gengibre fresco, duas colheres de *miso* vermelho ou branco. (Em qualquer cidade mais ou menos cosmopolita pode-se conseguir os ingredientes em mercados orientais.) Cozinhe em fogo brando até o frango amolecer, enquanto lê um texto erótico, e ao final acrescente meia xícara de saquê e seis lagostins crus, que deverão ferver apenas cinco minutos para conservarem sua potência.

Não é só no Japão que as damas podem se conceder o luxo de um amante profissional por hora. As executivas em viagens de negócios na Europa e nos Estados Unidos também recorrem a eles, mas ninguém fala sobre isso em voz alta. Os dados são transmitidos aos sussurros.

Conheci um desses gigolôs em um hotel do aeroporto de Frankfurt, onde aguardava uma daquelas conexões de avião para a Índia que saem em horas furtivas. Suponho que a história seria muito mais saborosa se se tratasse de um jovem chinês, com lustroso rabo-de-cavalo preto e olhinhos puxados, perito nas práticas eróticas do Tao, porém não tive tanta sorte. Em meu caso foi um cara bem-apessoado, loiro, de idade indefinida, com jeans, uma mochila nas costas e uma raquete de tênis. Seus olhos claros e seu ar um pouco tímido inspiraram-me confiança instantânea, parecia um jovem universitário. Perguntou-me em inglês de onde vinha e, ao ouvir a palavra Califórnia, sorriu encantado; logo me informou que tinha nascido em Los Angeles e trabalhava como modelo para pagar seus estudos. Procuramos uma mesa e nos instalamos para compartilhar um café e passar o tempo conversando. Em menos de dez minutos sugeriu que eu pedisse um quarto para descansar, pois a saída do avião ainda demoraria várias horas, e me ofereceu uma massagem com aromaterapia e "algo mais". Devo tê-lo observado com a cândida expressão de uma avó inocente, porque tornou a me ofuscar com outro dos seus sorrisos, desta vez sem qualquer rastro de timidez, e me garantiu que sua tarifa de trezentos dólares era a de mercado nesses casos. Mostrou-me sem alarde um papel que não consegui ler, porque não estava com os óculos à mão, mas acho que era o resultado de um exame de sangue. Não estou habituada a carícias mercenárias e além disso me pareceu um pecado gastar essa quantia de dinheiro com fins egoístas, havendo tantíssima gente carente de caridade neste mundo, por isso declinei seu oferecimento da forma mais gentil possível e, em troca, me dispus a lhe oferecer um jantar. Aproveitei a ocasião para interrogá- lo, primeiro com prudência, por temor a ofendê-lo, mas depois, quando o orgulho que ele sentia pelo seu ofício se tornou evidente, com mais atrevimento. Enquanto eu tentava fazer a minha sopa durar e ele devorava uma lagosta, contou-me que nem sempre seus fregueses eram mulheres. "Nos aeroportos os *gays* aproveitam, porque ninguém os conhece. Você nem imagina quantos gerentes de corporações e pais de família solicitam meus serviços", contou com orgulho. Preferia as senhoras, apesar de exigirem mais dedicação e tempo, disse ele, porque davam boas gorjetas. Confessou-me rindo que muitas vezes elas não entendem as regras básicas desse tipo de transação, esquecem que estão pagando e se esmeram para causar boa impressão; algumas chegam ao extremo de fingir prazer para não defraudá-lo, engano que ele tinha de desmascarar imediatamente, porque sua reputação estava em jogo e não podia permitir que uma cliente o envolvesse com ternuras de mãe e no fim fosse embora insatisfeita. Logo começou a se aborrecer comigo e a passar os olhos pelo restaurante, procurando alguém com melhor disposição e orçamento que eu; então deslizei com dissimulação uma nota de vinte dólares sobre a mesa. Apanhou-a com tanta elegância, que me ruborizei por não lhe ter dado mais. Quis saber o que fazia quando topava com uma pessoa desagradável, uma daquelas que não evocam tentação, mas arrependimento, e respondeu que, quando posava como modelo ante as câmeras do fotógrafo, fazia seu trabalho sem analisar suas próprias emoções. Isso não era diferente, esclareceu, ele oferecia um serviço e a outra pessoa o comprava: uma simples e limpa operação comercial. E se um dia você não funcionar... quer dizer, se não puder fazê-lo?, perguntei perturbada. Olhou-me de esguelha, com uma surpresa sincera. Para ele era como dançar: uma destreza, não um impulso. Como naquele momento eu já estava com a ideia deste livro na mente, quis saber se usava estimulantes para se manter em forma, e ele confessou que ainda não, porém seus colegas mais velhos viviam engolindo pílulas e conhecia um que injetava um remédio no membro, graças ao qual podia executar proezas de apaixonado, ainda que às vezes o incômodo fosse tão forte que podia esquecer até o próprio nome. Explicou-me que seu método para se manter em forma era simples: corria e levantava pesos porque, sem flexibilidade e músculos, não havia futuro nessa profissão, fumava maconha mas nada de tabaco porque muitos clientes americanos detestavam o cheiro, não bebia álcool durante o trabalho, evitava a tensão e pensava pouco, para não se cansar. Ou seja, era o companheiro perfeito para umas horas no aeroporto. E quanto à comida?, perguntei. Por acaso conhecia o poder afrodisíaco dos ninhos de andorinha? Ele ignorava do que eu estava falando. Mencionei minha infalível sopa de cogumelos silvestres, que administrada com a devida frequência é um afrodisíaco celestial, mas aquele jovem não tinha vocação para a cozinha e pude ver que o diálogo começava a aborrecê-lo. Antes que se levantasse, perguntei sobre a raquete de tênis. “Inspira confiança e, se o negócio estiver ruim, trago meus tacos de golfe, que são irresistíveis”, replicou. Fiz as contas e percebi que, entre a lagosta e as gorjetas, teria sido melhor pagar seus honorários. Pelo menos teria algo escabroso para contar...

PÃO, GRAÇA DE DEUS

Não recomendo fazer pão, pode se transformar em uma paixão perigosa. Há alguns anos comprei uma máquina surpreendente, na qual se introduzia farinha, fermento e água, ajustava- se um relógio e no dia seguinte éramos despertados na hora exata pela fragrância do pão recém-saído do forno. Como aquela transmutação ocorria para mim ainda é mistério. Logo causou notórias consequências na cintura dos adultos e a rejeição total das crianças por alimentos com proteínas ou vegetais, elas só queriam roscas, bolos, tranças e outras delícias. Por isso decidimos tirar a máquina de circulação. Ficou abandonada na garagem por vários meses, até que Harleigh, meu enteado, o das tatuagens mortuárias, teve a ideia de trocar algumas das suas peças, apertar um par de parafusos e usá-la para transformar maconha em biscoitos de chocolate, que vendia com grande lucro na escola. Essa foi minha única tentativa de fazer pão. Assim como a poesia, o pão é uma vocação um pouco melancólica, cujo requisito primordial é tempo livre para a alma. O poeta e o padeiro são irmãos na tarefa essencial de alimentar o mundo.

Se você insiste em escrever versos e fazer seu próprio pão, pule este capítulo. As pessoas que precisam experimentar tudo, ainda que seja apenas uma vez, sempre caem na tentação de fazer pão. Nesses casos sugiro compensar a qualidade medíocre, natural em um principiante, dando um aspecto divertido aos pães. Com essa finalidade dei à minha mãe um molde com a forma de *Il Santo Membro*, que é como costumam chamar o órgão masculino na Itália, não sei se por arrogância ou ironia. Entretanto, depois de assado, o pão ficou inchado demais e minha mãe não se atreveu a servi-lo, porque receava humilhar os cavalheiros octogenários que frequentam sua casa para tomar chá. Na cozinha erótica, o pão é um acompanhamento indispensável — o trigo é considerado afrodisíaco e é um símbolo de fertilidade —, mas sua preparação consome horas que poderiam ser melhor aproveitadas na cama. Aconselho comprá-lo sem culpa em uma boa padaria e renunciar drasticamente à arte paciente de fazê-lo em casa, porque é impossível abranger tudo nesta vida.

Em um conto de Guy de Maupassant, a jovem criada de uma casa burguesa vai com a cesta embaixo do braço comprar o pão de cada manhã. Por uma janelinha espia o jovem padeiro amassando pão e leva consigo a imagem das suas costas largas, dos seus braços poderosos, a pele brilhante de suor e aquelas mãos sensuais sovando e sovando a massa com determinação de amante, assim como ela gostaria de ser tocada. E como é um conto de amor, sua fantasia realiza-se sobejamente. A visão de um desses grandes pães camponeses me traz a recordação inevitável do padeiro de Maupassant e suas mãos na massa e na carne firme da moça... Existem mãos e mãos, algumas pesadas e torpes, outras pequenas e fortes, leves e temerosas, grandes e gentis, mas para fazer pão e fazer amor, o que importa é a intenção que guia a mão.

No Chile, o pão mais popular chama-se *marraqueta* e tem forma de vulva; na França, a *baguette*, ainda que de aspecto fálico, tem um temperamento modesto, confiável e que nunca falha. Consegue-se em qualquer cidade civilizada, embora em nenhum outro lugar seja tão crocante por fora e esponjosa por dentro quanto em Paris. Se o cardápio indicar outra variedade, não preste atenção, com uma *baguette* sua reputação sempre ficará a salvo, exceto quando for preciso um pão maleável para pratos exóticos, desses que se comem com a mão. Seu único inconveniente é que, como não contém gordura, ela fica velha em questão de horas, e por isso as donas de casa respeitáveis compram-na duas vezes por dia na França. Mas tal dedicação não deve ser exigida de ninguém; você pode ressuscitar sua *baguette* salpicando-a com água e aquecendo-a em forno convencional por alguns minutos. Se estiver fossilizada, molhe-a no leite e pode dá-la ao cachorro. Não deve nem passar pela sua cabeça colocá-la no microondas, pois sua alma se parte e sua essência violada transforma-se em borracha.

Nesta noite,
como muitas sem amante,
vou fazer pão
afundando o nó de meus dedos
na massa suave.

— Haiku de Patricia Donegan

Recordo a cozinha de um convento em Bruxelas, onde presenciei, reverente, a misteriosa cópula do fermento, da farinha e da água. Uma freira sem hábito, com as costas de um carregador de móveis e as mãos delicadas de uma bailarina, preparava o pão em moldes redondos e retangulares, cobria-o com um pano branco mil vezes lavado, e deixava-o repousar junto à janela, sobre uma mesa de madeira medieval. Enquanto ela trabalhava, no outro extremo da cozinha produzia-se o simples milagre cotidiano da farinha e da poesia, o conteúdo dos moldes adquiria vida, e um processo lento e sensual desenvolvia-se sob esses guardanapos brancos que, como lençóis discretos, cobriam a nudez das fogaças. A massa crua inchava-se em suspiros secretos, movia-se suavemente, palpitava como corpo de mulher na entrega do amor. O cheiro ácido da massa em fermentação mesclava-se ao odor intenso e vigoroso dos pães que saíam do forno. E eu, sentada em um banquinho de penitente, em um canto escuro dessa vasta cozinha de pedra, imersa no calor e na fragrância daquele misterioso processo, chorava sem saber por quê...

CRIATURAS DO MAR

Em seu livro *De poenitentia decretorum*, o bispo Burchard de Worms fala de uma curiosa prática erótica que, naturalmente, levava as pecadoras direto para os caldeirões do inferno: a mulher introduzia um peixe vivo (pequeno, suponho) em suas partes privadas e, depois que ele morria, o cozinhava e o oferecia ao homem dos seus desejos.

Quase todas as criaturas aquáticas, menos a baleia, as focas e os golfinhos, esplêndidos mamíferos oceânicos que não merecem terminar em uma frigideira, são afrodisíacos: enguia, atum, corvina, linguado, salmão, sardinha, arenque, truta… e a lista é interminável. Os produtos do mar são ricos em vitaminas, minerais e proteínas, têm pouca gordura, sabor delicioso e um cheiro que evoca os mais íntimos aromas do corpo humano. O *fugu* talvez seja o peixe mais controverso. Tivemos sérias dúvidas com Panchita, pois não sabíamos se devíamos incluí-lo ou não nestas páginas, pois essa delícia não pode ser preparada em casa. Além disso, nem mesmo poderá comprá-lo, exceto no Japão. Contém um veneno poderoso para o qual não existe antídoto, mesmo em quantidade mínima paralisa imediatamente o coração mais bravo e esvazia os pulmões do menor sopro, causando a morte. Os cozinheiros especializados nesse peixe sabem limpá-lo deixando apenas o veneno suficiente para induzir alguns dos sintomas e produzir excitação erótica sem causar a morte. Mesmo assim, naquele país morrem cerca de quinhentas pessoas por ano por ingestão de *fugu*. Nunca quis experimentá-lo; já tive angústias suficientes em minha vida, não preciso de mais. Outro afrodisíaco japonês é o *sashimi* vivo, cuja descrição devo indicar por rigor científico, apesar dos pesadelos que me assaltam ante a recordação desse prato. (Se você for um amante fanático por animais, não continue lendo este parágrafo.) Trazem à mesa um saudável exemplar prateado recém-tirado do aquário e ainda vivo, que nem suspeita de seu carma e ainda não sente a próxima agonia do condenado. Então o cozinheiro, que geralmente usa um pano branco amarrado na testa e tem uma expressão sinistra, saúda os comensais com uma breve reverência, tira do cinto várias facas afiadas como navalhas, as faz dançar com quatro passes de artes marciais cortando o ar com assobios de víbora e depois procede a fatiar o peixe em lâminas finas, sem lhe causar a morte. Cada pedacinho é retirado habilmente com palitos e saboreia-se com molho de soja. Com cada corte o coitado do peixe se retorce como se recebesse um choque elétrico.

Como contraste para tal crueldade, podemos citar o belo conto"O peixe frio", de Lady Onogoro, escrito no Japão no início do século XI. Hanako, uma jovem bela, ainda que um pouco tola, tinha um amante escrupuloso e muito higiênico, que gostava de fazer amor com luvas. Antes de tocá-la, o homem controlava pessoalmente seu banho e exigia que ela se esfregasse com pedra-pomes dos pés à cabeça, depilasse até o último pelo e ensaboasse todas as dobras e orifícios que havia em seu corpo esbelto, tudo isso sem uma palavra de afeto ou de apreço pelos seus encantos. Pois bem, no jardim de Hanako havia um laguinho, onde vivia uma carpa enorme e venerável. Apesar dos seus 40 anos de existência, o velho peixe não tinha nenhuma das manias do meticuloso namorado de Hanako; pelo contrário, era forte como um atleta e cheio de consideração, como devem ser os bons amantes. Não é de se estranhar, portanto, que ela preferisse sua companhia. A jovem costumava sentar-se à beira da água, chamá-lo pelo nome e ele subia até a superfície para brincar com ela. Uma noite, depois de receber as higiênicas carícias do homem com luvas, saiu para o jardim e se jogou à beira do lago para chorar. Atraído pelos soluços, o gigante saiu do fundo e, aproximando-se da mão lânguida que mal tocava a água, chupou um por um os dedos da moça com seus fortes lábios. Hanako sentiu sua pele se eriçar e uma sensualidade desconhecida começou a percorrê-la inteira, penetrando nela até a própria essência de seu ser. Deixou cair um pé na água e o peixe também beijou cada dedo com a mesma dedicação, e depois a outra mão e o outro pé; em seguida ela colocou as pernas no laguinho e a carpa esfregou as escamas de prata do seu ventre contra a pele da moça. Hanako compreendeu o convite e deixou-se cair no barro do lago, aberta e branca como uma flor de lótus, enquanto o atrevido peixe rondava em torno dela acariciando-a e beijando-a e obrigando-a a abrir as pernas e a entregar-se às suas carícias. O peixe assoprava jatos de água em suas partes mais sensíveis e assim, pouco a pouco, foi ganhando terreno e conduzindo-a pelas rotas do prazer mais sublime, um prazer que Hanako nunca tivera nos braços de homem algum e menos, naturalmente, do amante enluvado. Mais tarde ambos repousaram flutuando contentes no barro do laguinho sob a luz das estrelas. (Só uma mulher poderia imaginar um conto dessa natureza...)

É possível que a síntese de todas as delícias que podem ser preparadas com peixe seja aquela sopa prodigiosa, a *bouillabaisse*, que, segundo certa versão, foi imaginada por Vênus para induzir Vulcano a novas e mais ardentes proezas amorosas, e segundo outra, mais cristã, foi levada pelos anjos para as três Marias dos Evangelhos. O melhor lugar do mundo para comê-la são alguns restaurantes populares do porto de Marselha. Felizes são os sibaritas que têm essa oportunidade na vida. Pessoalmente, nunca a tive; na única vez em que andei por Marselha estava com uma mochila nas costas e sem um tostão no bolso. Ainda bem que na época ignorava a existência daquele prodígio culinário e me sentia afortunada com uma salsicha e um pão. Da *bouillabaisse* falo por referências, por histórias de piratas e marinheiros transmitidas de boca em boca, que deram a volta por sete mares até chegar aos meus ouvidos. Sem conhecer a autêntica, tenho de me conformar com as imitações, desnecessariamente teatrais, que costumam aparecer nos cardápios dos restaurantes da costa. É lógico que existem tantas versões de sopas de peixe como portos às margens de cada continente; uma das primeiras receitas registradas pela história data do século II, em pleno Império Romano. No capítulo das sopas oferecemos uma delas, mas Panchita, mulher mais determinada que eu, decidiu incluir também uma verdadeira *bouillabaisse*. Foi à Europa com o pretexto de obter o segredo do mais exímio cozinheiro que pudesse encontrar. Viajou do Chile para Paris e Londres, onde se dedicou a compras extravagantes por duas semanas e depois, em uma rápida passagem por Marselha, empreendeu as pesquisas para obter a cobiçada receita. Como foi que conseguiu é algo que ela não revelará enquanto seu marido estiver vivo. Basta dizer que a prepara com diversos peixes, e depois de misteriosos procedimentos de calor e amor, obtém uma sopa digna dos deuses do Olimpo, uma verdadeira bomba afrodisíaca. Tudo isso com a vantagem de que, se os ingredientes estiverem prontos, ela é preparada em quinze minutos. Essa receita é abundante demais para um casal, recomenda-se para uma orgia de seis comensais, porque só deve ser servida quando atingir o grau exato de fervura. No caso de um grupo maior de bacantes, eles não terão tempo de se organizar, de se acalmar e de sentar-se para comer.

BOUILLABAISSE

Essa sopa é preparada no litoral, porque é preciso contar com seis tipos de peixes, todos recém-pescados, que devem ser lavados e cortados em pedaços grandes sem o menor respeito, deixando de lado caudas, cabeças e outras partes que possam parecer pouco apetecíveis ao olhar pudico. Em uma panela de ferro, preta e feia, frite três dentes de alho picado em duas terças partes de xícara de um bom óleo vegetal. Acrescente em seguida três tomates grandes, sem casca e picados, uma pitadinha de açafrão e uma colherinha de açúcar, por pura superstição, porque nem se percebe o sabor. Também sal e pimenta, naturalmente. Depois jogue oito xícaras de água e uma de vinho branco seco, de boa qualidade (não pense que, pelo fato de ficar diluído no caldo, pode usar uma bebida de quinta categoria). Ferva tudo isso em fogo alto. Depois acrescente mais dois terços de xícara de óleo e os pedaços de peixe, começando com os de carne mais firme, que devem ferver uns dez minutos, e depois os mais macios, que requerem apenas cinco minutos de cozimento. Sirva essa rústica sopa afrodisíaca em grandes pratos de cerâmica. Em Marselha o caldo é servido separadamente com *croutons*, mas assim fica muito complicado: coloque tudo junto e acompanhe com um bom pão camponês ou com a inefável *baguette*.

ODE AO CALDINHO DE CONGRO

A *bouillabaisse* chilena chama-se *caldillo de congrio* e, com menos pretensões e exigências, é igualmente afrodisíaca e deliciosa. Como disse minha mãe, não valia a pena ir até Marselha. Para esse caldinho você não vai precisar de cinco tipos de peixes, só de um bom pedaço de congro, essa enorme enguia dos mares frios, e da mão experiente de uma humilde cozinheira ou dos versos sensuais de um amante da boa vida. Esta é a receita do poeta chileno Pablo Neruda:

No mar
tormentoso
do Chile
vive o rosado congro,
gigante enguia
de nevada carne.
E nas panelas
chilenas,
na costa,
nasceu o caldinho
encorpado e suculento,
proveitoso.
Levem para a cozinha
o congro esfolado,
sua manchada pele cede
como uma luva
e ele fica descoberto
então
o cacho do mar
o congro macio
reluz
já desnudo,
preparado
para nosso apetite.

Agora
recolha
alhos,
acaricie primeiro
esse marfim precioso,
cheire
sua fragrância irada,
então
deixe o alho picado
cair com a cebola
e o tomate

até que a cebola
fique da cor de ouro.
Enquanto isso
cozinham-se ao vapor
os régios camarões marinhos
e quando tenham chegado
ao seu ponto,
quando o sabor coalhou
em um molho
formado pelo sumo
do oceano
e pela água clara
eliminada pela luz da cebola,
então
que entre o congro
e se submerja na glória,
que na panela
se unte,
se contraia e se impregne.

Agora só é preciso
deixar no manjar
cair o creme
como uma rosa espessa,
e ao fogo
lentamente
entregar o tesouro
até que no caldinho se aqueçam
as essências do Chile,
e à mesa
cheguem recém-casados
os sabores
do mar e da terra
para que nesse prato
você conheça o céu.

MAIS CRIATURAS DA ÁGUA

Andrea, uma amiga da Califórnia, sereia roliça, bela e sempre de bom humor, diz que esfolar lulas é uma experiência sensual. Deve ser, para quem gosta de manusear cadáveres escorregadios. Andrea é capaz de transformar qualquer atividade em aventura erótica.

Fez um curso para nadar com golfinhos — experiência inocente que entrou na moda nesta Nova Era, porque se supõe que as vibrações espirituais desses animais curam diversos males. Em uma das piruetas aquáticas, a sereia esteve prestes a ser violentada. Sentiu uma investida de touro no traseiro, um beijo enorme no pescoço, que a lançou ao fundo da piscina, e em seguida uma espécie de mangueira de bombeiro transformando em frangalhos o seu maiô. Dois guardas tiraram-na meio afogada da água, e enquanto o travesso galã dava duas voltas olímpicas equilibrando-se na cauda, ela esperneava nua em uma rede ante o assombro dos outros participantes da aula. Isso acontece quando se toma banho com desconhecidos. Minha amiga não se recuperou dessa epifania: a lembrança da portentosa masculinidade do golfinho, que reduz ao ridículo a de qualquer outro mamífero, não a deixa dormir.

Considera-se que os moluscos e crustáceos do mar têm o mais alto valor afrodisíaco, sobretudo as ostras. A palavra afrodisíaco vem de Afrodite, a deusa grega do amor, nascida do mar, depois de Cronos ter castrado seu pai e lançado seus genitais na água, forma um pouco complicada de fertilização, mas que nesse caso deu certo e a bela Afrodite foi procriada na espuma das ondas. Na célebre pintura de Boticelli, *O nascimento de Vênus*, a deusa emerge do mar sem outra roupa além do seu longo cabelo, de pé sobre uma concha de vieira. Os mariscos são deliciosos e não requerem preparações longas nem complicadas, muitos são servidos crus com pimenta, limão e um pouco de coentro. Além disso, raramente têm olhos expressivos e voz audível, parecem carecer de alma e não dá tanta pena comê-los. No caso de caranguejos e lagostas, que vão parar vivos na panela de água fervendo onde morrem em meio a atrozes sofrimentos, o cozinheiro merece castigo.

Os mariscos, sobretudo os crustáceos, têm sido condenados por excesso de colesterol, mas não se preocupe, essa é outra obsessão norte-americana, o resto do mundo nunca ouviu falar disso; mencione o fato a um italiano ou a um francês e verá a expressão que fazem. O maior inconveniente dos mariscos é que costumam produzir reações alérgicas, e quando não são bem frescos, envenenam, mas, no fim das contas, de alguma coisa temos de morrer. Às vezes é difícil retirá-los das conchas, como as ostras, ou têm um aspecto um pouco repugnante, como os polvos. Comi os mais estranhos produtos de água salgada em uma viagem de barco, pelos mares do sul do Chile: *choro-zapato, gambas de cola redonda*, *jaiva mora* e *jaiva peluda*, *lapas*, *culengue*, *piure* e muitos outros. Navegávamos entre ilhotas abandonadas e costas mitológicas, onde nunca para de chover e se desenvolve uma extraordinária vegetação de selva fria. O barco avançava alguns dias por mar aberto e outros pelos canais de um vasto arquipélago, em direção a uma das mais belas geleiras azuis do mundo, na baía de San Rafael. De vez em quando divisávamos nas costas abruptas algumas aldeias abatidas pela solidão. O barco atracava em um cais miserável, tocando as sirenes como saudação, e os habitantes do lugarejo acudiam para festejar o único contato com uma realidade remota que, tinham ouvido dizer, estendia-se além do horizonte. Os primeiros a se aproximar do barco eram as autoridades, com suas roupas de domingo: o prefeito, a enfermeira, se existia alguma, o pastor evangélico ou o sacristão católico, que protegiam as almas, e a orgulhosa professora, com seus escolares elegantíssimos mas com os sapatos nas mãos, para não sujá-los. Os turistas desciam por uma rua enlameada, sendo logo rodeados por cachorros magros e crianças, no início tímidas e depois risonhas, pobres, dignas, com rostos inesquecíveis, cabelos espetados, mãozinhas ansiosas e ásperas como doces insetos, olhos negros enormes e sábios, faces partidas pela inclemência dos ventos. Enquanto isso, os homens subiam para o convés levando à cabeça grandes cestas com mariscos e peixes recém- tirados das ondas. Em outras ocasiões, o barco interrompia sua navegação em meio às águas cor de aço e logo víamos emergir da bruma a silhueta fantasmagórica de um bote a remos, que se aproximava com seu carregamento para abastecer a cozinha. Com um sistema de cordas e cestas, subiam os mariscos e desciam o dinheiro e garrafas de pisco ou de vinho, que os pescadores recebiam cerimoniosos, com aquela imutável cortesia dos mais pobres no Chile. Nesse dia, os turistas se amontoavam no último convés, bem agasalhados com os toscos ponchos e coletes de lã bruta comprados pelo caminho; devorávamos os mariscos crus diretamente das suas conchas: ouriços-do-mar, *machas*, ostras. O capitão, um sulista quadrado e astuto, com nome de pirata grego, oferecia bebidas alcoólicas e nos revelava os mistérios desses estranhos alimentos nunca vistos, como o *picoroco*, que em nada se distingue de uma pedra suja. Os conhecedores identificam-no por um bico que aparece de vez em quando, e que eles puxam para tirar a cabeça do marisco e extrair a carne, branca e espessa como um pedaço de intestino. Comíamos esse marisco cru, banhado em limão, entre dois goles de vinho branco. É preciso ter coragem. A seguir vamos ver uma lista dos mariscos mais afrodisíacos.

ABALONE *É chamado de* loco *no Chile, talvez porque o espanquem sem misericórdia para amaciá-lo, como antes faziam com os pacientes mentais. Mora em uma concha grossa, grudado às pedras, geralmente em águas frias. Não* é *agradável pescá-lo, pois* é *preciso submergir-se na água gelada com uma alavanca de ferro para soltar o abalone da rocha. Seu cozimento requer alguma ciência, e quem não a conhece costuma terminar com um pedaço de borracha duríssimo entre os dentes, mas quando bem preparado é delicioso. É muito usado nas cozinhas chinesa e japonesa.*

AMÊIJOA E MEXILHÃO *São os parentes humildes das ostras e, como elas, podem ser comidos crus com limão, mas ficam mais gostosos em sopas, cozidos e também levemente assados no forno com suas conchas, com queijo parmesão ralado, pimenta e umas gotas de vinho branco. Sua forma faz lembrar os órgãos femininos. Na Itália são chamados de* cozza, *que também é o nome atribuído a uma mulher muito feia.*

VIEIRA *A carne roliça e branca normalmente é vendida limpa e pronta para cozinhar. Se encontrar as conchas, convém guardar algumas para seus jantares amorosos, porque servem para ser recheadas como as* coquilles St. Jacques, *tão famosas na França.*

LULA E POLVO *Esses animais parecem extraterrestres, mas são uma delícia para quem sabe comê-los. Na Espanha prepara-se um prato de arroz negro com a tinta da lula, tão erótico, que não ficaria bem servi-lo para freiras e viúvas.*

CAMARÃO, LAGOSTIM, CARANGUEJO, LAGOSTA E OUTROS CRUSTÁCEOS *São saborosos, decorativos e muito afrodisíacos. Também são fáceis de preparar — simplesmente fervidos ou assados —, mas às vezes é preciso ter um coração de pedra para matá-los. Por exemplo, deve-se amarrar as patas da lagosta e mergulhá-la de cabeça em água fervendo, fazendo ouvidos moucos aos seus tênues gemidos, até a carapaça ficar vermelha. Levando em conta que algumas são do tamanho de um rato, essa não é uma tarefa recomendável para covardes nem donzelas. Antes de oferecer crustáceos a um novo amante, verifique se ele sofre de alergia. Há muitos anos servi lagostins a um homem que estava tentando seduzir, mas o jantar não levou ao amor, mas ao horror. Cinco minutos depois de levar a primeira porção à boca, ele adquiriu o aspecto de um monstruoso enforcado, sua língua inchou e ficou pendurada sobre o peito, enquanto se asfixiava inevitavelmente e um suor gelado corria pelas suas têmporas.*

OURIÇOS-DO-MAR *A primeira pessoa que abriu um ouriço-do-mar e o levou à boca devia estar muito faminta. É comido na Ásia e na América do Sul, onde è considerado mais afrodisíaco que a ostra, mas o resto do mundo olha-o com nojo. E uma bola escura cheia de espinhos; dentro dele, há línguas — que não são línguas, mas órgãos genitais — carnudas, da cor dos pêssegos. Exalam um intenso cheiro de mar profundo e algo mais... algo indefinível, mas francamente erótico. O sabor é puro iodo e sal para os não iniciados; é algo único para os entendidos. Para mim, o ouriço-do-mar está relacionado a uma experiência proibida. Tinha 8 anos e, estando sozinha na praia, um pescador me ofereceu um ouriço. Mais tarde levou-me para o bosque... mas essa é outra história.*

OSTRAS *A bela e frívola Paulina Bonaparte foi enviada por seu irmão Napoleão para um exílio dissimulado em São Domingos, a fim de aplacar os comentários sobre seu comportamento escandaloso em Paris. Nessa ilha, o calor, a distância e o tédio exacerbaram seus sentidos e, buscando alívio para a luxúria e o despeito, aprendeu a apreciar os homens negros. Essa mulher de saúde ruim, histérica e mimada, que tomava banho de leite, dormia grande parte do dia e passava o resto do tempo ocupada com sua vestimenta e beleza, costumava escapar à noite para transar com escravizados em cubículos imundos e comer de suas bocas, entre beijos e mordidelas, a tosca comida dos pobres, enquanto na sala de jantar do seu palácio o general Leclerc, marido chifrudo e complacente, degustava a refinada cozinha e os melhores vinhos da França. Paulina regressou à Europa com quatro escravas africanas para seu serviço e um negro belo e forte, que todas as manhãs a transportava nua no colo até a banheira e servia-lhe o café da manhã: ostras frescas e champanhe. As ostras são as rainhas da cozinha afrodisíaca, protagonistas de todos os jantares eróticos registrados na literatura ou no cinema. A melhor maneira de comê-las é cruas, depois de colocar limão para verificar se estão vivas, porque velhas são muito tóxicas. As desventuradas se retorcem com o ácido... A carne deve parecer firme e inchada, de cor cremosa, flutuando em um líquido transparente e sem cheiro ruim. Se for comprá-las nas conchas, tenho de avisar que abri-las requer força e destreza. Compre-as abertas ou coma-as em restaurantes, onde outros tiveram o trabalho de prepará-las. São tão apreciadas que o duque de Lauzun, antes de ser conduzido ao patíbulo, pediu ostras com vinho branco, que compartilhou com o carrasco: "Servi-vos também, porque para exercer tal ofício é preciso coragem", disse-lhe.*

O HARÉM

Embora pareça inimaginável, houve uma época anterior à televisão. Nasci nesses tempos. Fui criada brincando de casinha com bonecas de pano e lendo tudo o que caía em minhas mãos, especialmente folhetins em capítulos que meu avô abominava, mas de alguma maneira entravam de contrabando na casa. Assim li romances clássicos e inúmeras histórias românticas, a maioria situadas em épocas passadas e lugares exóticos. A única que me marcou foi a tragédia de um nobre inglês, cuja namorada foi roubada por piratas turcos do Mediterrâneo. O autor deve ter-se inspirado em Aimée de Rivery, uma moça francesa, prima de Josefina Bonaparte, raptada por piratas levantinos em alto-mar e vendida como escrava no harém do sultão Abdul Hamid I, no final do século XVIII. Depois de muitas aventuras, o herói do meu folhetim descobriu que sua amada tinha sido comprada para fazer parte do serralho do sultão e decidiu resgatá-la com a cumplicidade de um comerciante judeu, que tinha acesso ao pátio do palácio para oferecer seus riquíssimos tecidos, ainda que sempre estreitamente vigiado e separado das mulheres por biombos e cortinas. O nobre inglês fez a barba e se vestiu de odalisca — um capítulo completo era dedicado à descrição de pantufas recobertas de pérolas, cinto de ouro, calças de seda, colete de brocado, véus e joias — e, requebrando como uma sensual donzela e cobrindo pudicamente o rosto com um véu, conseguiu enganar o grande eunuco negro, autoridade máxima do harém. Depois de entrar no gineceu — outro longo capítulo sobre os luxuosos quartos, as mulheres, os banheiros e os jardins —, encontrou a namorada a tempo de impedir que ela fosse conduzida ao leito do depravado sultão, e ambos escaparam pulando muralhas e enganando os soldados da guarda, proeza que teria sido impossível na vida real, mas que me iniciou no vício sem cura do exagero e da aventura.

Que homem não teve a fantasia de possuir um harém? E que mulher com um pouco de inteligência não o considera seu pior pesadelo? Digo isso da perspectiva da minha idade madura, porque aos 18 anos, quando trabalhava copiando estatísticas florestais, costumava sonhar que era a quarta esposa de um árabe milionário que apreciava meu traseiro e que me permitia passar a vida comendo chocolates e lendo romances. O feminismo me salvou das armadilhas da imaginação. Grandes pintores, como Ingres e Delacroix, idealizaram em suas telas a beleza exótica e secreta dessas mulheres reclusas, como aves de luxo em gaiolas de ouro, cujo único destino era satisfazer os caprichos de um amo e lhe dar filhos varões. Em meados do século passado, quando se abriram rotas fáceis para o Norte da África e da Ásia, muitos viajantes regressaram para a Europa com histórias fabulosas que originaram uma verdadeira obsessão orientalista na literatura, nas artes e na moda. Tanto a ideia do harém atraiu a imaginação varonil, que mais de um cavalheiro de posses tentou comprar escravas circassianas e levá-las para Londres ou Paris para iniciar sua própria forma de poligamia.

O gineceu ou harém (do árabe, "proibido" ou "protegido") onde as mulheres viviam isoladas física e espiritualmente, guardadas por eunucos, existiu ao longo da historia em muitos lugares, especialmente na China, na Índia e nos países árabes, mas o melhor exemplo foi o Grande Serralho do sultão da Turquia, que chegou a ter mais de duas mil pessoas entre suas muralhas. Quando as portas seladas daquele suntuoso palácio foram finalmente abertas em 1909, devido a mudanças políticas naquele país, o mundo ficou sabendo que lá tinham vivido milhares e milhares de mulheres durante mais de quatrocentos anos. Não há registro delas. Ninguém ficou sabendo de suas origens nem recordou suas mortes, é como se jamais tivessem existido.

Alev Lytle Croutier, em seu apaixonante livro *Harem, The World Behind the Veil,* explica que o harém é o resultado de várias tradições culturais e religiosas. Segundo judeus e cristãos, Deus criou o homem à sua própria imagem espiritual; mas a mulher é carne e tentação, um animal dominado pela sensualidade que só pode se elevar através de um marido. No sistema patriarcal, os homens têm a liberdade sexual que negam às mulheres. O islamismo impôs a mais estrita separação entre ambos os sexos, transformou a mulher em prisioneira com o argumento de que não se pode confiar nela: é sedutora e promíscua por natureza. Desse modo, ela é culpada pela luxúria que caracteriza o homem. O harém não foi criado para proteger as mulheres, como foi dito, mas para preservar a moral dos homens. Um muçulmano pode ter quatro esposas legítimas e um número ilimitado de concubinas, conforme o tamanho da sua fortuna. A fabulosa riqueza e o poder do sultão da Turquia refletiam-se no Grande Serralho. No harém reinava a mãe do sultão, e depois vinham as esposas, as favoritas e, finalmente, as odaliscas ou criadas. As de alta categoria tinham seus próprios criados, eunucos e quartos decorados com os objetos mais refinados, as demais viviam em quartos simples, mas sempre na maior abundância. Talvez o luxo não compensasse o cativeiro, porém fazia com que fosse mais fácil suportá-lo. Algumas mulheres nasciam no palácio, mas em geral provinham do mercado de escravizados, muitas delas raptadas ou vendidas na infância pelos próprios pais.

> *O mercado de escravizados era um dos lugares que mais frequentava... Entra-se neste edifício, situado no bairro mais escuro, sujo e confuso do Cairo, por uma espécie de ruela... No centro desse pátio os escravizados são expostos para a venda, em geral em número de trinta a quarenta, quase todos jovens, algumas crianças. A cena é*

por natureza repugnante; no entanto, não vi, como esperava, o abatimento e a dor que imaginei ao observar os amos tirarem completamente a roupa de uma mulher — um pesado manto tecido — e expô-la à visão dos espectadores.

— William James Muller (1838)

Depois de ser comprada, a mulher desaparecia aos olhos do mundo, esquecia sua família e passava a fazer parte do intrincado sistema de hierarquias, favoritismos e conspirações do harém. Não tornava a sair, exceto em raras ocasiões e sempre coberta dos pés à cabeça, inclusive com luvas. Sua vida transcorria no ócio e na ignorância, entretida com brincadeiras infantis, títeres, adivinhações, histórias e passeios pelos jardins, longe de olhares indiscretos. Se fosse muito bela, astuta e tivesse sorte, aprendia a arte de agradar a mãe do sultão, o grande eunuco e seu amo, gerava um filho varão e subia de categoria. Depois passava o resto da sua curta existência defendendo-se das tentativas de assassinato e tentando proteger o filho para que ele chegasse à idade adulta. Qualquer erro levava a uma execução sem julgamento: o grande eunuco vigiava pessoalmente o processo de colocá-la em um saco e lançá-la ao fundo do mar. Uma prática similar — ilegal, porém admitida pela sociedade — ainda existe em alguns países, onde um pai ou um marido pode matar a mulher para puni-la no caso de ter desonrado a família. A maioria das mulheres no serralho, porém, nunca passavam de odaliscas, a vida inteira. Especulou-se muito sobre essas beldades ocultas atrás de véus — as mais belas donzelas do mercado de escravizados eram destinadas ao sultão —, mas pouco foi dito sobre a curta duração de sua beleza. Passavam grande parte do dia sentadas de pernas cruzadas, comendo doces e fumando ópio ou tabaco; antes dos 20 anos estavam gordas, com as pernas tortas e dentadura arruinada, detalhes que não figuram nas fantasias eróticas sobre o harém; mas não se trata aqui de vilipendiar essas infelizes, mas de falar de afrodisíacos.

Além do célebre banho turco (*haman*), no qual a sensualidade feminina podia vir à tona, e das intrigas, que ocupavam boa parte das vidas dessas mulheres, a comida era a atividade mais importante no harém. Assim iniciou-se a tradição culinária que distingue a Turquia. Conta Alev Lytle Croutier que, para alimentar essa multidão de mulheres, crianças e eunucos, havia vinte cozinhas e 150 cozinheiros encarregados da produção de uma rede ininterrupta de pratos de carne e vegetais, que circulavam em bandejas de prata e bronze, café turco, doces e bolos de todo tipo. Não se bebia álcool, que é proibido pelo Islã, mas continuamente eram servidos líquidos refrescantes: limonada, infusões, água com açúcar perfumado e "cevosa", uma bebida agridoce feita de cevada. A berinjela era considerada o melhor afrodisíaco — o sultão comia diariamente uma porção — e ainda hoje, na Turquia, as boas esposas se vangloriam de dominar pelo menos cinquenta receitas desse vegetal. Favoritos de todos eram os sorvetes, preparados com aromas de especiarias, flores, frutas e gelo trazido no lombo de mulas dos cumes das montanhas, a setenta quilômetros de distância. A toda hora passavam de mão em mão os pratinhos de doces delicados feitos com uma pasta de açúcar, sêmola, mel, água de rosas e nozes, que ainda hoje são conhecidos no mundo inteiro com o nome de Delícias Turcas. Como não havia muito para fazer, cada refeição estendia-se durante horas, mediante uma etiqueta cerimoniosa que as odaliscas aprendiam na infância. Comia-se com os dedos, com elegância e delicadeza, e depois os criados traziam água perfumada e toalhas bordadas para lavar as mãos. Finalmente, as mulheres descansavam reclinadas em divãs e almofadas fumando narguilés e cigarros, dos quais gostavam muito. Os pratos do sultão eram provados por um eunuco para evitar que o imperador fosse envenenado, sendo que o mesmo tratamento era exigido pelas mais prudentes favoritas do harém.

Na Índia e na China também houve gineceus de grande luxo onde as mulheres viviam prisioneiras, em meio ao luxo mais exorbitante. Os imperadores da antiga China e os nobres que podiam mantê-las dispunham de numerosas esposas, consortes e concubinas. Um imperador da dinastia Tang teve duas mil mulheres em seu harém e procriou cerca de quinhentos filhos. Um trabalho de Hércules... Toda noite, depois do jantar, recebia o cardápio do harém e escolhia uma ou várias companheiras sem aceitar recusas — nada de distrair-se com seus rouxinóis ou jogando mahjong —, porque a prosperidade da nação era medida pelo número de filhos que ele concebia: o dever patriótico era inelutável. Para garantir seu entusiasmo e boa disposição, contava com uma equipe de médicos, acupunturistas e peritos em afrodisíacos encarregados de estimulá-lo com todos os métodos existentes nessa tradição milenar. A comida era um componente essencial, não só os ingredientes, mas as combinações que aumentavam a potência viril. Mais de um cozinheiro foi decapitado sumariamente porque sua sopa de ninhos de andorinha não surtiu o efeito desejado no imperador. Terminado o jantar, ingeridas as ervas dos médicos, inseridas as agulhas do acupunturista de plantão e folheados os "livros de travesseiro", primorosos manuais em miniatura com ilustrações eróticas explícitas, se apresentava ao imperador a afortunada — supomos — esposa ou concubina da noite. O que vinha a seguir não era um encontro privado, mas um assunto de máxima importância e segurança para o Império, presenciado por várias testemunhas. Um escrivão registrava os encontros amorosos, porque assim podiam calcular com exatidão os dias de gestação de cada criança. Se as datas não coincidissem com os nove meses habituais nesses casos, a cabeça da mãe acusada de adultério ia se reunir com a do cozinheiro no patíbulo. Da mesma maneira, anotava-se tudo o que o imperador comia por sua ordem e quantidade. Com tantas mulheres à sua disposição, só podia atender cada uma delas uma vez por ano, na melhor das hipóteses. As concubinas permaneciam à margem dessa preocupação, mas como eram mulheres jovens e ociosas não precisavam de alimentos afrodisíacos. Em que outra coisa podiam pensar? Consolavam-se umas às outras com recursos febris e com a prodigiosa inventividade dos eunucos, capazes dos máximos desaforos e de lhes proporcionar mais prazer que o imperador, com todas as suas ervas milagrosas e sopas de tartaruga, podia lhes oferecer. A castração não abolia o desejo e, embora não pudessem ter filhos, aos eunucos eram atribuídos extraordinários dons como amantes. Acreditava-se que, depois de uma mulher provar um eunuco, nenhum homem completo a poderia satisfazer. Essa tradição não chegou até os lares ocidentais: os eunucos são muito escassos deste lado do mundo. Entretanto, a sabedoria chinesa dos afrodisíacos e da comida erótica não se perdeu.

OVOS

Em todas as culturas são atribuídos poderes eróticos e reconstituintes aos ovos; supõe-se que eles estimulem os mais velhos, curem a indiferença e regenerem o ventre seco das mulheres inférteis. Em *O jardim perfumado*, um negro chamado Mimún — quão orgulhoso estava de sua façanha! — praticou o jogo do amor por sessenta dias sem se fartar, porque só se alimentava de gemas de ovo e pão. Não é preciso ser gênio para perceber a relação entre os ovos e a fertilidade, por isso eles sempre foram os favoritos da cozinha erótica, desde o caviar, minúsculas ovas de peixe cujo valor no mercado as torna ainda mais afrodisíacas, até o enorme ovo de avestruz, capaz de alimentar uma família inteira.

No Chile existe a tradição de comer ovos "à ostra", isto é, crus, como estimulante da virilidade e para recompor o corpo e recuperar a memória após uma bebedeira. Depois de dar à luz cada um dos meus filhos, minha sogra preparava para mim uma batida diária de cerveja com ovos crus e mel, tônico caseiro de grande prestígio para a lactância. Eu a bebia obediente, sem me preocupar com as calorias nem com o fato irrefutável de que estava ficando amarela e que meus joelhos quase não me sustentavam. Para devolver o vigor aos homens decaídos, em algumas aldeias europeias os intoxicam com gemas cruas batidas com conhaque, exatamente na mesma proporção que usamos no Chile para lavar o cabelo. Os ovos se prestam para todo tipo de brincadeiras travessas: podem rolar pela cama se estiverem duros; mexidos, são servidos sem garfo na palma da mão; como suspiro, cobrem os seios para o amante guloso poder lambê-los...

A forma mais nobre de preparar os ovos para um encontro erótico também é a mais clássica e simples: uma omelete, ou seja, uma maneira elegante e francesa de servir ovos mexidos com inúmeras variantes, de ervas do jardim e especiarias a verduras e carnes moídas. Para uma boa omelete se necessita uma frigideira de ferro grosso, onde os ovos possam cozinhar todos ao mesmo tempo e se soltar sem dor. Assim como um cabeleireiro cuida das suas tesouras, um cozinheiro cuida da sua frigideira e não permite que ela seja usada para qualquer outro fim. Ela nunca é lavada, só limpa com um pano e, à medida que sua nobre vida vai transcorrendo, vai se tornando escura e sábia.

No mesmo *Jardim perfumado* em que Mimún comportava-se como os coelhos, o piedoso xeque Nefzawi, que nunca tinha ouvido falar de colesterol, dedica vários parágrafos ao poder afrodisíaco dos ovos:

> *Quem se alimentar por vários dias de ovos cozidos com mirra, canela e pimenta verá aumentado o vigor de sua ereção e sua capacidade para o coito. Seu membro ficará tão túrgido que parecerá que nunca poderá voltar ao seu estado de repouso. (Que Alá em sua grandeza o preserve até o dia da ressurreição!) Quem deseja funcionar a noite completa e, devido ao súbito desejo, não pôde fazer os preparativos antes mencionados, poderá recorrer ao seguinte: fritará um bom número de ovos em banha fresca e manteiga, e quando estiverem bem cozidos, deverá misturá-los com mel. Se comer o máximo que puder com um pedaço de pão, poderá acariciar e consolar durante toda a noite. (Com a ajuda de Alá. Que Ele verta suas bênçãos sobre seu Profeta e nos conceda salvação e misericórdia.)*

Os ovos de codorna — pequenos, com manchas escuras e sem colesterol — são vendidos como afrodisíacos. Seu tamanho faz com que eles sejam ideais para *hors d'oeuvre* e decoração. Pessoalmente prefiro caviar, claro, e imagino mil maneiras pornográficas de servi-lo, mas como é tão caro, só como em ocasiões especiais, quando tenho de recorrer a excessos de astúcia e sensualidade para conseguir o objetivo amoroso do momento. Também costumo prová-lo quando sou convidada para viagens em primeira classe. Não é fácil brincar com caviar em um voo comercial: a aeromoça está sempre vigiando. Como alternativa mais modesta, também gosto de um ovo cru, servido no umbigo do meu amado, com cebolinha picada, pimenta, sal, limão e uma gota de tabasco, mas nem sempre posso usar este último ingrediente: meu homem é alérgico ao picante. O caviar é um dos afrodisíacos mais caros do mundo, quase tanto como os famosos ninhos de andorinha comidos na China. Ele é extraído da fêmea (logicamente) do esturjão, não do centurião, como acreditava em minha juventude. Esse peixe de mares frios, um dos animais mais antigos do planeta, costuma atingir até quatro metros de comprimento. O preço do caviar varia conforme a qualidade e esta é medida pela escassez, de acordo com a lei natural segundo a qual, quanto mais difícil for obter alguma coisa, mais a desejamos. Os grãos maiores, chamados de *beluga*, são os mais caros e provêm das fêmeas de maior tamanho. A melhor espécie de beluga praticamente não é conhecida fora da Rússia, sendo consumida em sua totalidade pelos hierarcas políticos e pelo balé Bolshoi. *Ossetra* são os ovos médios e *sevruga*, os menores. Nas fábricas russas é utilizado um "provador", cujo fígado adquire, com o correr do tempo, a invulnerabilidade do encouraçado *Potemkin*. Esse perito experimenta o caviar para classificá-lo e determinar quanto sal é preciso acrescentar; assim como os provadores de vinho, experimenta seu gosto e depois o cospe. No entanto, deve haver alguns viciados que devoram quantidades fabulosas desse intenso manjar com grandes goles de chá quente.

SOBERANO ESTÍMULO PARA A LUXÚRIA

Uma das mais notáveis monarcas de todos os tempos foi Catarina da Rússia (1729-1796). Essa princesa alemã — casada muito jovem com o grão-duque Pedro, herdeiro do trono da Rússia, homem feio, guloso, covarde, violento e bastante imbecil — encontrou a forma de enviuvar jovem com a ajuda de cinco galhardos oficiais do exército, os irmãos Orloff. Transformada em imperatriz da Rússia, reinou por meio século com punho de ferro. Falava quatro línguas, apoiava os artistas e intelectuais da Europa, tendo trocado copiosa correspondência com vários deles, porém não tolerava em seu próprio reino nenhuma das ideias modernas que aplaudia fora dele. Teve muitos amantes oficiais — entre eles o famoso Potemkin, gênio político e verdadeira eminência parda por trás do trono — e incontáveis parceiros de uma noite, cujos nomes a história não registrou. A lenda a acusa de ter sido tão insaciável no leito, a ponto de se deitar com seu cavalo, tendo desenhado um arreio do qual penduravam o animal, mas acho que isso não passa de fofoca mal-intencionada. Tinha prodigiosa vitalidade e boa saúde; até o último dia dos seus 67 anos de vida levantava-se às cinco da madrugada para trabalhar e muito tarde da noite ainda lhe sobrava energia para fazer amor com o favorito de plantão. Seu café da manhã consistia de chá com vodca e uma omelete de caviar.

Uma omelete recém-preparada pode ser uma melodia para o espírito só comparável ao som da flauta do faquir, ante o qual a serpente sobe da cesta, vertical e poderosa. Nas ruas da Índia observei, a uma distância prudente, vários desses encantadores de serpentes, e fiquei pensando que, se têm esse poder com uma cobra, o que não poderiam levantar com sua musiquinha? Talvez por isso turistas de idade avançada oferecem gorjetas especiais para eles tocarem suas flautas. (Não sei por que isso me faz lembrar o farol de San Francisco. Cada vez que anunciam neblina, vários visitantes masculinos se aproximam do farol, porque quando ligam a lúgubre sirene para avisar os barcos do perigo, a vibração desperta seus instintos amorosos.) Mas voltemos à perfeita omelete afrodisíaca:

OMELETE DA IMPERATRIZ

Para duas pessoas apaixonadas são necessários cinco ovos recém-postos por uma galinha virgem, meia xícara de caviar beluga, se possível trazido do mar Báltico, quatro fatias finas mas suculentas de salmão defumado da Noruega, manteiga fresca do campo, cebolinha picada, sal, pimenta, duas colherinhas de creme de leite azedo (*sour cream*) e, naturalmente, pão torrado. Com delicadeza quebram-se os ovos em um recipiente de porcelana fina — por elegância e não por qualquer outra razão — e batem-se levemente com sal e pimenta. Esquenta-se a manteiga na frigideira sagrada de todo bom cozinheiro e logo que ela começar a ficar da corzinha de uma pele caribenha, colocam-se os ovos. Quando a omelete está meio cozida por baixo, deve-se desprendê-la com infinita suavidade, sussurrando para convencê-la, porque se for violentada perde sua encantadora disposição; coloca-se dentro a cebolinha e o salmão e se dobra pela metade, como quem fecha um livro. Para soltá-la completamente, os especialistas mexem a frigideira com um vaivém sincopado de bom dançarino e depois, com um golpe brusco do pulso, lançam-na pelos ares e a recolhem virada, assim fica dourada dos dois lados, mas cada vez que tentei fazer isso ela caiu na minha cabeça. Essas piruetas são puro exibicionismo; ao se fazer uma omelete, assim como ao fazer amor, conta mais o carinho que a técnica. Sirva-a nos pratos mais bonitos que conseguir, previamente aquecidos no forno. Coloque o caviar por cima e ao lado o pão crocante recém-torrado e o creme de leite azedo. Depois de uma noite de amor, esse é o café da manhã indicado para continuar amando sem trégua pelo resto do dia.

FRUTOS PROIBIDOS

Na literatura erótica, o sexo oral às vezes recebe o nome de frutos proibidos, mas aqui não se trata de analisar as incongruências da linguagem e do pudor. Basta recomendar como maravilhosos afrodisíacos tanto os frutos proibidos como outros permitidos, que vamos enumerar a seguir com a única intenção de chegar a um alto grau de preciosismo.

AMÊNDOA *Na mitologia, a amêndoa surge da vulva da deusa Cibele, mas não acredito que isso seja motivo de alarme. Amêndoa, leite, mel... não evoca* As mil e uma noites *e o* Cantar dos cantares*? Associa-se à paixão e fertilidade, é o componente mais sensual da confeitaria árabe. Na Itália era usada como remédio e excitante amoroso, e talvez provenha daí o costume de oferecer amêndoas antes das refeições para acompanhar o coquetel. Supõe-se que seu aroma, penetrante, persistente, às vezes levemente amargo, excite as mulheres e por isso ela seja usada com deleite em cremes, sabonetes e loções para massagem.*

ABACATE *Em algumas partes é considerado legume, mas na verdade é uma fruta que os astecas chamavam de "ahuacatl", que quer dizer testículo. No entanto, é uma fruta "feminina", de textura suave e sabor delicado, que evoca mais sensualidade nas mulheres que nos homens. Foi levada para a Europa pelos conquistadores espanhóis, que se encarregaram de propagar sua fama de estimulante; isso fez com que os sacerdotes católicos o proibissem às suas paroquianas no confessionário. Contém tantas calorias, que prefiro usá-lo para enfeitar os pratos, para máscaras de beleza ou para algumas brincadeiras travessas.*

BANANA *Associa-se à energia erótica no Tantra e é o símbolo fálico por excelência, embora não conheça nenhum homem que gostaria de ter um assim, amarelo e com manchas. Acho que de afrodisíaco tem apenas a forma, mas isto é melhor que nada...*

COCO *Na Índia acredita-se que aumenta a qualidade e a quantidade do sêmen, e cura doenças das vias urinárias. A uma bebida feita com leite de coco, mel e especiarias, são atribuídas propriedades estimulantes, mas podem ser as especiarias, mais do que o coco, as responsáveis por tal efeito.*

TÂMARA *Contém muitas vitaminas e calorias; um punhado delas equivale a uma refeição completa, dá energia e aumenta a potência viril e a sedução nas mulheres, razões de sobra para ser um dos pilares da dieta na África e no Oriente Médio, onde nunca falta nos alforjes das caravanas de camelos pelo deserto. Com o suco fermentado da coroa da tamareira prepara-se um licor afrodisíaco chamado vinho de palmeira.*

PÊSSEGO E DAMASCO *Talvez as mais sensuais entre todas as frutas, pelo seu perfume delicioso, sua textura suave e suculenta e sua cor encarnada, são representação eloquente das partes íntimas da mulher. O pêssego é originário da China, onde é cultivado há mais de dois mil anos. Shakespeare conhecia sua mágica reputação, e em* Sonho de uma noite de verão *as fadas usam-no como afrodisíaco.*

AMEIXA *Como o pêssego, na arte chinesa representa um símbolo das partes íntimas da mulher.*

Apesar de tê-la esquecido
continuo comendo
uma ameixa após a outra…
— HAIKU DE JAMES TIPTON

MORANGO E FRAMBOESA *Delicados mamilos frutíferos que, no código do erotismo, convidam ao amor. São o complemento ideal do champanhe nos rituais da sedução, como dizia a bela e frívola Paulina Bonaparte.*

ROMÃ *Chegou à Europa junto com a invasão dos árabes. Em alguns textos eróticos orientais são atribuídas a ela virtudes afrodisíacas e é associada a cerimônias de fertilidade; daí provém a tradição de usar os grãos em festas de casamento, assim como se usa arroz no Ocidente. Na Grécia era a fruta cerimonial nos rituais dionisíacos, junto com a uva e o figo.*

FIGO *Na antiga Grécia, essa fruta era um dos alimentos sagrados associados à fertilidade e ao amor físico. Na China era presenteada aos namorados e na Europa é considerada afrodisíaca por sua forma e cor; em algumas partes chama-se de figo a vulva; em outras, os homossexuais.*

MANGA *Como tantas outras frutas tropicais, tem odor e sabor intensos. A polpa de cor alaranjada, rica em vitaminas, é a base de muitos pratos na Ásia e na Polinésia, onde é considerada um alimento masculino, por sua forma de testículo, associação um pouco exagerada, levando-se em conta o tamanho das mangas.*

Maçã *É o símbolo da tentação.*

> *E o Senhor Deus ordenou ao homem dizendo: De toda árvore do horto poderás comer; mas da árvore da ciência do bem e do mal não comerás, porque no dia em que dela comeres, certamente morrerás.*
>
> — *Gênese* 2:16-17

Mas a serpente convenceu a mulher e esta ao seu companheiro e ambos comeram e aí começaram os problemas do casal humano. No entanto, a Bíblia não diz que o fruto era uma maçã. Supõe-se que os padres da Igreja — celibatários e misóginos — tenham escolhido a maçã como o fruto proibido porque, quando cortada pela metade, aparecem as sementes dispostas em forma de vulva, parte da anatomia que a malvada Eva usou para tentar o bom Adão. Mais adiante na história, Sulamita canta para Salomão:

> *Sustentai-me com passas, confortai-me com maçãs, porque estou doente de amor.*
>
> — *Cantares* 2:5

De qualquer forma, a fama da maçã nas lides do amor é universal. Era usada em muitas poções mágicas, filtros e encantamentos. Os licores de maçã, como o calvados e a sidra, são estimulantes e acredita-se que rejuvenesçam.

Marmelo *Junto com a maçã e a romã, é a fruta simbólica de Afrodite, a deusa do êxtase sexual e da juventude.*

Pera *Favorita da arte erótica por sua forma do corpo feminino, contém diversas vitaminas. A salada de peras em fatias finas, agrião fresco e nozes descascadas é uma forma interessante de começar um jantar amoroso, entre outras coisas, porque pode ser comida com os dedos e tem um cheiro delicioso.*

UVA *Em nenhuma orgia que se preze podem faltar as uvas, a fruta associada ao prazer, à fertilidade, a Dioniso, Príapo, Baco e a todos os deuses alegres que existem em todas as tradições, porque da uva se faz o vinho e sem vinho qualquer tentativa de orgia torna-se um tédio coletivo.*

PISTACHE *É um pequeno fruto muito popular em toda a Ásia, mencionado na Bíblia e em escritos persas e árabes. Nos haréns, as mulheres consumiam com determinação tortas de pistache para manter suas formas redondas e suas covinhas, que na época eram apetecíveis e hoje infelizmente são pura gordura e celulite.*

Sei o que está pensando, abnegado leitor ou leitora: por que essa lista interminável? Será que esta mulher não pode resumir tudo em apenas um *et cetera*! Não, não posso. Pode pular a enumeração, se preferir, mas o rigor científico obriga-me a ser exaustiva. Se um dia este livro for publicado, pretendo adquirir a fama de primeira autoridade mundial em afrodisíacos. Virão me consultar de todos os cantos da Terra e, se ficar viúva, não vão me faltar pretendentes.

OUTROS DELICIOSOS AFRODISÍACOS

Café (Coffea arabica, Coffea liberica, Coffea robusta *e outras variedades) Deveria estar entre as ervas e especiarias, mas considero que, assim como o chocolate, merece capítulo à parte. Excita pela cafeína, um alcaloide de efeito poderoso, por isso os mórmons — que tampouco bebem álcool — não o experimentam. Em troca, em muitos países muçulmanos, sobretudo entre os árabes, onde o Alcorão proíbe o álcool e outros estimulantes, o café é de praxe. Aqueles que padecem desse vício, como eu, antes da primeira dose matutina não somos capazes de enfrentar a vida. O valor afrodisíaco do café é duvidoso. Nos Estados Unidos o fanatismo chegou ao extremo de proliferarem carrinhos vendendo* espresso *em cada esquina, mas a libido desse povo não é particularmente notável. Tão sofisticado é o negócio do café, que se desenvolveu um idioma especial, semelhante à antiga linguagem das flores. Meu preferido é o* Cap-grande-decaf-soy-non-fat-wet-cin-choc, *nome recitado num único impulso e que significa: capuccino descafeinado, metade espuma e metade leite de soja desnatado, com canela e chocolate. Para os italianos, inventores do* capuccino, *obviamente isso é uma heresia.*

Chá *Vários séculos antes de Cristo era conhecido na Índia e na China, primeiro como remédio e depois como bebida refrescante, porém só chegou à Europa no início do século XVII, levado por comerciantes holandeses. No século XVIII era bebida corrente na Inglaterra, onde Thomas Twining começou a vendê-lo por peso. A Twining de Londres e o costume de beber essa infusão às cinco da tarde persistem até hoje nesse* *país. Em 1773, os colonos dos Estados Unidos jogaram carregamentos de chá ao mar, em protesto contra os impostos e a falta de garantias políticas, iniciando assim a guerra de independência dos Estados Unidos contra a Inglaterra. Desde então os americanos bebem pouco chá (e o preferem gelado). É cultivado principalmente em climas quentes e úmidos na Ásia e existem inúmeras variedades, cujo valor afrodisíaco depende da fé do consumidor. O chá com especiarias, leite e muito açúcar, chamado chai, é popular na índia, enquanto na Rússia bebe-se (em copos, nunca em xícaras) com limão, açúcar e umas gotas de brandy. A refinada cerimônia do chá no Japão,* chanoyu, *é considerada uma arte gestual e uma forma de meditação de acordo com os princípios do Zen: harmonia, respeito, pureza e tranquilidade. Esses quatro princípios, aparentemente opostos à sensualidade, podem chegar a ser a essência dela, mas para isso deve-se percorrer duas vezes o caminho completo dos sentidos.*

CHOCOLATE *(*Theobroma, *que quer dizer "fruto dos deuses"). Quem disse que o chocolate não é um dos nutrientes fundamentais da dieta humana? A meu ver, ele é mais necessário que o feijão e o brócolis, para mencionar apenas alguns. Era a bebida sagrada dos astecas, estava relacionado à deusa da fertilidade Xochiquetzal e só era consumido pela nobreza. O cruel conquistador do México, Hernán Cortés, experimentou-o na corte do imperador Montezuma e pouco depois o introduziu na Espanha, onde tanta era a sua fama de afrodisíaco que as mulheres o bebiam escondido. Vicia e excita tanto quanto o café — contém o alcaloide teobromina —, mas além disso lhe é atribuido um simbolismo nos rituais do cortejo romântico. Que mulher não viu suas defesas desmoronarem diante de uma caixa de chocolates? O sabor, tão popular na Europa e na América, não é apreciado do mesmo modo na Ásia ou* *na África. Em uma viagem ao interior da Índia não pude encontrar chocolate e padeci tanto com essa privação, que agora entendo o drama dos viciados em drogas.*

MEL *O mel, néctar de Afrodite, dourado tesouro da terra, resultado da alma das flores e do trabalho das abelhas, tem servido para adoçar a vida muito antes da descoberta do açúcar. Seu sabor e aroma dependem das flores visitadas pelas aladas obreiras. Sua reputação como afrodisíaco é enorme: os noivos partem em "lua de mel", e em muitas culturas faz parte da cerimônia e do banquete de casamento. O alto teor de vitaminas B, C e minerais do pólen estimula a produção de hormônios sexuais. Reaviva instantaneamente os amantes esgotados, porque o corpo o absorve em um tempo mínimo. Avicena, o célebre médico árabe, cujas receitas foram usadas durante séculos na Idade Média, recomendava mel com gengibre para a impotência. Usa-se na preparação de doces sensuais, mesclado com nozes, coco, leite de camelo ou de cabra, ovos, especiarias etc. Supõe-se que a saliva das belas huris do Paraíso de Alá, assim como as secreções femininas durante certos dias do ciclo menstrual, têm sabor de mel. Átila, que acreditava piamente em seu poder estimulante, bebeu tanto hidromel no dia do seu casamento que morreu de parada cardíaca, para regozijo dos seus inimigos e possivelmente também da noiva. O rei Salomão canta à sua amada:*

Como favo de mel destilam teus lábios, ó esposa minha;
mel e leite há sob tua língua;
e o odor dos teus vestidos é como o cheiro do Líbano.

— *Cantares* 4:11

Não sei se já teve esta ideia, mas aqui tem uma dica: o mel morno sobre o corpo presta-se a muitos jogos eróticos. Cleópatra preparava uma mistura de mel e amêndoas pulverizadas para embelezar sua pele. Júlio César e Marco Antônio engordaram ao seu lado, não só por terem abandonado a rude vida dos quartéis pelos lânguidos prazeres da corte egípcia, mas também porque se viciaram em lamber a sobremesa na taça íntima dessa rainha sedutora.

NOUVELLE CUISINE

A última moda culinária é a *nouvelle cuisine*, que de nova tem bem pouco, porque são os mesmos ingredientes de sempre, mas em combinações mais étnicas, como me foi definida por um *chef* em Nova York. Suponho que se referia à influência asiática e latino-americana, até pouco tempo atrás ignorada na maior parte da Europa e dos Estados Unidos. Também é mais leve, tem menos gordura e calorias, e as porções são menores, embora custem mais porque exigem decoração. Nos pratos muito enfeitados alguém deve ter metido os dedos, diz a minha mãe. Se servíssemos *nouvelle cuisine* em casa, causaria a deplorável impressão de que a comida não foi suficiente. Desconfio desses restaurantes modernos onde o garçom — um atleta com brincos de pirata nas orelhas e tatuagens nas mãos — apresenta-se pelo seu nome de batismo e me trata como se eu quisesse lhe vender uma Bíblia. Com certeza nesses lugares servirão *nouvelle cuisine*. Se não tiver a opção de escapar, enfrento um cardápio exaustivo, onde cada prato é descrito na rebuscada linguagem de um aspirante a crítico literário. Em geral escolho o mais barato, com a esperança de que também seja o mais simples, mas invariavelmente me servem a criação de um psicopata. Meu humilde peixe vem fantasiado de chapéu e, ao afastar as franjas de cenoura, as penas de aipo, as pétalas de flores e o véu de cebola, resta muito pouca truta. Dá pena desmanchar essa obra de arte, e quando por fim me decido a fincar o garfo nela, tudo desmorona e um rabanete em forma de abelha aterrissa em meu colo. Fico com a sensação de não ter comido suficiente e de ter pago demais. Não é como os *mesones* bascos ou as *taquerías* mexicanas, que por um preço discreto satisfazem por quatro ou cinco dias. A *nouvelle cuisine* pode ser interessante, mas no que se refere à comida — e também aos homens — prefiro sabores mais robustos e aspectos mais simples, como um peixe honesto que não se envergonha de sua nudez. Desde que esteja morto. Horrorizam-me os alimentos que se movem, por isso evito a gelatina e as ostras, mas essa é uma mania que tenho de combater: muitos animais do receituário afrodisíaco chegam à mesa apenas desvanecidos. Uma vez, em um restaurante escandinavo, serviram-me uma espécie de cobra do mar — enguia, acho que assim se chamava a infortunada — que sofreu um breve ataque de epilepsia quando tentei enfiar-lhe uma faca. Deixei escapar um grito, e o garçom, que estava servindo o vinho naquele momento, deixou cair a garrafa. O ideal é que a comida esteja bem morta, mas que tenha superado o *rigor mortis*. E nada com olhos, por favor, ainda que estejam fechados. Não há nada tão pavoroso como o olhar suplicante de um animal inteiro em cima de uma bandeja. Já que tiveram o trabalho de assassiná-lo, por que não o decapitam também?

Minhas objeções contra os tomates transformados em rosas, as batatas com aparência de rouxinol e outros eufemismos da *nouvelle cuisine* não significam que tenha inclinação por pratos com aspecto de canjica de preso, como os do colégio inglês onde adquiri o estômago estoico que me caracteriza, ou que prefira as decorações brutais da cozinha popular. Esses leitõezinhos assados na Espanha com uma maçã no focinho e um raminho de salsa no rabo merecem um réquiem. Já é um grande pecado matar os animais, não há necessidade de humilhá-los também.

QUEIJOS

O queijo é leite com bactérias, o resto é ilusão. Vi fabricar queijo pela primeira vez em uma fazenda no interior da Venezuela, quente como o Saara, em um galpão insalubre, onde seis vacas aguardavam distraídas a vez de serem ordenhadas, ruminando pasto e espantando moscas com o rabo. Parte do leite, destinado ao corretamente chamado "queijo de mão", era misturada com coalho; o calor multiplicava as bactérias e quando o líquido coalhava era filtrado em um grande coador. O soro ia diretamente para os chiqueiros, que ficavam logo ali; isso explicava o cheiro, que não era apenas de bosta de vaca. O resto era colocado em gamelas redondas em que seu Maurizio, um zambo gigantesco com o torso nu, suando e cantando, submergia o braço até a axila e mexia sem parar. Seu Maurizio, grande artífice do queijo, tinha um rádio de pilha sintonizado em uma estação em que *joropos, salsas* e rancheiras indicavam-lhe o tempo para transformar o coalho em queijo; a medida era tão exata que o resultado sempre era idêntico. Pude visitar depois fábricas de queijo computadorizadas, onde a higiene é a mesma de uma sala de operações e os estábulos recendem a bosque de pinheiros; injetaram tantos hormônios nas vacas que elas mugem com voz de soprano e uma delas pode produzir leite suficiente para encher a famosa banheira de Cleópatra; entretanto, os queijos não me pareceram tão perfeitos nem tão saborosos como os do seu Maurizio. Ele os moldava em fôrmas redondas, deixava-os descansar à sombra e poucas horas depois estavam prontos para venda e consumo. Depois de retirar as moscas que aderiam à superfície, nós os comíamos com *cachapas*, *tortillas* quentes de milho verde recém-saídas do forno. Essa é uma das mais gratas recordações que conservo daquele árduo período de imigrante em terra alheia. E esse "queijo de mão" deve ter sido afrodisíaco, porque quando evoco seu sabor delicado e o suor deslizando pelos robustos braços de rei africano de seu Maurizio sinto impulsos adúlteros.

Existem queijos para todos os gostos; seu sabor e consistência são quase infinitos, por isso seria impossível enumerar todos eles. Cada região tem seus favoritos. Na Suíça come-se os melhores gruyère e emmental, na Itália o parmesão e o gorgonzola, na Holanda, o gouda. Em um ato premeditado de gula durante a infância, meu irmão Pancho descascou um queijo gouda de bom tamanho como se fosse uma maçã e o devorou pacientemente até a última migalha; pensamos que morreria de indigestão fatal, mas há cinquenta anos tem uma vida plenamente saudável. Tenho poucas lembranças tão coloridas e sensuais como a do mercado dos queijos e das flores na época das tulipas, em Amsterdã... Na Inglaterra são muito populares o cheddar e o stilton, com veios cinza e verdes, que se comem às colheradas começando pelo meio, junto com um copo de sherry. Na França, onde cada província produz uma importante variedade de queijos deliciosos, nenhuma refeição que se preze pode acabar sem uma bandeja com vários tipos, servidos antes da sobremesa e acompanhados do melhor vinho tinto encorpado e aromático da casa. Alguns, como o gruyère, levam de três a quatro meses para ficarem prontos, e sua qualidade depende da distribuição regular dos buracos. O conhecedor escolhe o brie do dia apalpando-o como se fosse uma fruta, e o camembert pelo cheiro, que indica sua maturação. Esse queijo foi inventado no século XVIII por uma camponesa francesa, cuja estátua preside a pequena aldeia de Camembert. Meu avô, que adorava esse queijo, mas que não o podia comer por ordem médica, comprava-o escondido e o trancava no seu guarda-roupa. Às vezes o cheiro era tão nauseabundo que nem era possível entrar em seu quarto.

Acredita-se que os queijos secos e de sabor forte, como o parmesão, sejam mais estimulantes, mas alguns mais suaves, como o de cabra e a mozarela têm reputação similar. A propósito do queijo parmesão e da mozarela, ingredientes essenciais para uma boa pizza, este é o momento de recomendá-los para todas as mulheres que desejarem um traseiro sensual como os das donzelas de Rubens ou Botero. No início da década de 1970, fiz uma breve incursão no teatro chileno com algumas comédias musicais. Uma delas, *Los siete espejos,* contava com um corpo de baile composto por várias mulheres bonitas, jovens e gordas que, à guisa de coro grego, contavam a história entre danças e risos. Aquela era a época de Twiggy, a modelo inglesa com aspecto de sobrevivente de campo de concentração, que aparecia nas capas das revistas de moda com suas perninhas de dar dó, seus enormes sapatos ortopédicos e seu rosto de morta de fome. Por uma dessas aberrações históricas, ela se transformou no ideal feminino da década, e todas as mulheres aspiravam a ser minhocas andróginas como a famosa Twiggy. As gordas de *Los siete espejos* tornaram-se um desafio à estética, um canto à abundância. Fiquei sabendo que numerosos espectadores assistiram várias vezes à peça só para aplaudir as obesas coristas. Essas mulheres, que tinham alcançado seu olímpico volume graças aos bons dentes e à vida sedentária, eram obrigadas a esquecer o jantar e a pular como libélulas no palco por duas horas. Por isso começaram a perder peso de forma alarmante. O diretor da companhia salvou a obra do desastre colocando um anúncio no *foyer:* "Solicita-se não trazer flores para as gordas. Tragam pizza."

Se considerarmos que seu único ingrediente é o leite, o queijo não tem nada de afrodisíaco, mas quando é acompanhado de pão, vinho e de uma conversa interessante, é como se fosse.

SI NON È VERO...

As trufas, uma rara delícia, não passam de cogumelos insignificantes, farejados e desenterrados por porcos e cachorros. Segundo sábios antigos, seu abuso produz melancolia, mas elas são tão escassas e valiosas, e servem-se em quantidades tão ínfimas, que ninguém poderia se intoxicar; em compensação, basta um sopro de seu intenso perfume para vencer o tédio de qualquer relacionamento e levantar os membros completamente desmaiados. Não podem ser cultivadas, crescem de acordo com misteriosas leis vegetais que determinam seu tamanho, cor e fragrância. Há cada vez menos terrenos silvestres adequados para a existência de trufas, de modo que seu preço atingiu os mesmos níveis do caviar e do ouro. A propósito de ouro, você sabia que em cidades como Hong Kong é possível tomar um pequeno café expresso com pó de ouro? Na praça São Marcos, em Veneza, esse café pode custar o mesmo preço, sem o ouro. Madame du Berry, o marquês de Sade e Luís XIV consumiam trufas com fé irrefutável em suas virtudes íntimas, e Rasputin as receitava ao czar para espessar o sangue e fortalecer a linhagem. Uma receita da época dos Bórgia diz o seguinte:

Pegue uma trufa limpa, sem terra nem excrementos, esfregue-a com óleo perfumado, envolva-a com uma tira fina de gordura de porco e esquente-a até que, após derreter a gordura, a trufa possa expelir sua essência.

Napoleão as comia antes de enfrentar Josefina nas batalhas amorosas do quarto imperial, nas quais — não podemos deixar de contar — sempre era derrotado... Os cientistas — não consigo entender como conseguem inventar esses experimentos — descobriram que o cheiro do cogumelo ativa uma glândula no porco que produz os mesmos feromônios presentes nos seres humanos presos nas redes do amor. É um cheirinho de suor com alho, que faz lembrar o metrô de Nova York.

Há alguns anos convidei para jantar, com intenções de sedução, naturalmente, um certo galã, cuja fama de bom cozinheiro me obrigava a caprichar no cardápio. Decidi que uma omelete de trufas salpicada com uma pitadinha de caviar vermelho (o cinzento estava fora das minhas possibilidades) constituía um óbvio convite erótico, como se lhe desse rosas vermelhas de presente e o *Kama Sutra*. Procurei trufas em toda parte, e quando finalmente as encontrei, meu modesto orçamento de imigrante em terra alheia não foi suficiente para comprá-las. O balconista da *delicatessen*, um italiano tão imigrante quanto eu, aconselhou-me a esquecê-las.

— Por que não leva este outro tipo de cogumelo? — perguntou, enquanto eu olhava desamparada aqueles fragmentos negruscos como cocô de coelho, que me pareciam brilhar como diamantes.

— Não é a mesma coisa, as trufas são afrodisíacas.

— São o quê?

— Sensuais — respondi, para não entrar em detalhes.

Devo ter enrubescido, porque o homem saiu de trás do balcão e aproximou-se de mim com um sorriso estranho. Deve ter imaginado que eu era uma ninfomaníaca disposta a esfregar as zonas erógenas com suas trufas.

— Românticas — murmurei, cada vez mais vermelha.

— Ah! Para um homem? Seu namorado, seu marido?

— Bem, sim...

— O sorriso perdeu imediatamente seu sarcasmo e se tornou cúmplice; voltou para trás do balcão e pegou um frasco pequeno, parecido com os de perfume

— *Olio d'oliva aromatizato al tartufo bianco* — anunciou, com o tom de quem tira um ás da manga. — Azeite de oliva com aroma de trufas — esclareceu.

Em seguida colocou diversas azeitonas pretas em um saquinho de plástico, indicando que devia lavá-las bem para tirar seu sabor, picá-las em pedacinhos e colocá-las de molho no azeite com trufas.

— Tão romântico quanto as trufas e muito mais barato! — garantiu.

Foi o que fiz. A omelete ficou maravilhosa, e quando o belo galã detectou o cheirinho inconfundível e perguntou surpreendido se aqueles pedaços escuros eram trufas e onde demônios as tinha conseguido, fiz um gesto vago que ele interpretou como de sedução. Devorou a omelete olhando-me de esguelha com uma expressão turva, que naquele momento me pareceu irresistível, mas que agora, com a distância da idade, considero bastante cômica. Fiquei contente por ter-lhe dado azeitonas. Sua reputação de conquistador era tão exagerada como a das trufas.

E como estamos falando de azeite de oliva com trufas, chegou o momento de lhes oferecer minha receita para emergências. Desde os 19 anos estive casada todos os dias de minha vida, exceto três meses de farra entre um divórcio e o segundo marido. Isso significa que tive aproximadamente 16.425 ocasiões de fazer algum homem perder o juízo. A criação desta sopa não foi casual, mas fruto da necessidade. É um afrodisíaco praticamente infalível, que sempre preparo depois de uma briga mais grave, como uma bandeira de trégua que me permite fazer as pazes sem me humilhar demais. Só pelo cheiro, meu parceiro já entende a mensagem.

SOPA DA RECONCILIAÇÃO

Ingredientes

2 xícaras de caldo (carne, frango ou verdura)

1 xícara de champignons frescos

1/2 xícara de cogumelos portobello picados (ou 1/4 de secos)

1/2 xícara de cogumelos porcini picados (ou 1/4 de secos)

1 dente de alho

3 colheres de azeite de oliva

1 colher de azeite de oliva com trufas

1/4 xícara de vinho do Porto

2 colheres de creme de leite azedo (*sour cream*)

Sal e pimenta-do-reino

Preparação

Se não encontro cogumelos frescos e tenho de usar secos, deixo-os de molho em meia xícara de um bom vinho tinto até esponjarem alegremente, enquanto bebo o resto do vinho com toda a calma. Depois pico o alho pelo mero prazer de cheirar meus dedos, porque também poderia usá-lo inteiro, e frito-o junto com os cogumelos e champignons em azeite de oliva, mexendo com fervor durante alguns minutos; nunca os contei, mas vamos supor que sejam cinco. Acrescento o caldo, o vinho do Porto e o azeite de oliva com trufas, mas não todo: guardo algumas gotas para colocá-las atrás das orelhas, não podemos esquecer que é afrodisíaco. Tempero com sal e pimenta, e cozinho em fogo brando com a panela tampada até os cogumelos amolecerem e a casa ficar com cheiro de paraíso.

Depois trituro tudo no liquidificador; essa é a parte menos poética, mas inevitável. A textura deve ficar um pouco espessa, como se fosse lodo, com um perfume que dá água na boca e estimula outras secreções do corpo e da alma. Coloco meu melhor vestido, pinto as unhas de vermelho e sirvo a sopa enfeitada com creme de leite azedo em pratos quentes.

O ESPÍRITO DO VINHO

Néctar dos deuses, consolo dos mortais, o vinho é uma bebida maravilhosa que tem o poder de afastar as preocupações e de nos dar — mesmo que seja por um instante — a visão do Paraíso. Não se pode negar o poder afrodisíaco do vinho: em quantidade moderada dilata os vasos sanguíneos, levando mais sangue aos órgãos genitais e prolongando a ereção, desinibe, relaxa e alegra, três requisitos fundamentais para um bom desempenho, não só na cama, como também ao piano. Na minha distante juventude acreditava que os vinhos brancos eram servidos de dia e os tintos, à noite. Mais tarde alguém quis me resgatar da ignorância oferecendo-me sua versão: os vinhos brancos são para as mulheres e os tintos para os homens, heresia capaz de provocar uma síncope mortal em um enólogo. Estamos falando de uma arte antiga e alambicada, à qual foram dedicados numerosos volumes ao longo dos séculos; seria uma blasfêmia tentar resumi-la em algumas frases. Demorei várias décadas para aprender alguns princípios mínimos; admito logo de cara minha ignorância. Nos restaurantes caros costumo cheirar a rolha, mastigar o primeiro gole com ar de profunda concentração e depois devolver a garrafa com o pretexto de certa acidez, pois isso sempre impressiona o garçom e infunde respeito. A verdade é que não tenho resistência a bebidas alcoólicas, e no segundo cálice arranco as roupas e saio para a rua dando pulos. A parte teórica deste capítulo não foi difícil, porque solicitei o conselho de peritos e consultei meia dúzia de livros, mas a parte prática me custou mais de um resfriado. Meus vizinhos acham que pertenço a uma seita eufórica e nudista.

Sempre quis ter uma adega de vinhos. Não estou falando de seis garrafinhas no fundo de um armário, como o que tenho, mas de um porão frio, escuro e bordado de teias de aranhas, com uma porta de madeira com três fechaduras cujas chaves ficam penduradas na minha cintura, e onde fossem guardadas durante anos muitas garrafas de vinhos deliciosos. Imagino a cerimônia de descer com uma vela até o ventre da terra para buscar o complemento perfeito para realçar o jantar com o amante... bem, também pode ser com o marido. Essa tradição existiu na minha família. Não me refiro aos amantes, mas à bodega. Havia uma na casa de meus avós e outra na de minha mãe. Uma vez por ano, viajava-se especialmente até os famosos vinhedos de Macul e Concha y Toro para adquirir o vinho em garrafões de quinze litros; depois ele era vertido em garrafas que minha mãe selava com parafina e marcava com um código misterioso, antes de guardá-las no porão. Lá elas repousavam na escuridão e em silêncio; raramente abria-se alguma que tivesse menos de cinco anos. Esse foi o vinho diário da minha infância, mas para as grandes ocasiões recorríamos à produção selecionada dos melhores vinhedos chilenos. Em uma das tantas missões diplomáticas de seu marido, minha mãe morou na Turquia. Naquela época, Ancara não era a cidade cosmopolita que é hoje em dia, e era difícil conseguir alguns produtos, como o vinho de boa qualidade, mas minha mãe sempre teve misteriosos contatos. Um diplomata francês lhe revelou o segredo mais bem guardado de sua embaixada, algo que horrorizaria um *sommelier*, mas que tirou minha mãe de apuros em muitas oportunidades: verte-se uma parte do conteúdo de uma garrafa de vinho tinto medíocre, e se substitui por vinho do porto, sacode-se um pouco, deixa-se repousar e serve-se em uma garrafa de cristal. Procede-se da mesma maneira com o vinho branco, usando um xerez bem seco. Aquele bom amigo acrescentou que sempre se servem primeiro os vinhos bons, e os ruins ao final, quando ninguém mais nota a diferença, como indica o Evangelho segundo São João. O primeiro milagre de Jesus ocorreu em Canaã, na Galileia, durante uma boda da qual ele participava com sua mãe e discípulos. Durante a festa Maria se aproxima e diz que o vinho terminou; então Jesus manda encher seis barris com água e, quando os criados começam a servir o líquido nos copos, descobrem que é vinho. Ao experimentá-lo, o mestre de cerimônia diz:

> *Todo homem serve primeiro o bom vinho e, quando todos já beberam muito, passa-se ao inferior; mas tu reservaste o bom vinho até o final.*

Isso é justamente o que os entendidos recomendam. De qualquer forma, não se trata de trapacear, mas só de dar algumas indicações com a consciência limpa. Mas voltemos agora ao âmago da questão, ou seja, ao vinho.

Uma recente pesquisa demonstra que o vinho bebido com mesura e regularidade reduz o desgaste do coração, permitindo-nos assim morrer de câncer. O folclore afirma que "dissolve a gordura da comida e lava as veias"; essa verdade foi confirmada pela medicina moderna: eleva os níveis de HDL e limpa as artérias. Na França, onde se bebe dez vezes mais vinho que nos Estados Unidos e come-se quatro vezes mais gordura animal e carnes vermelhas, a taxa de colesterol é notavelmente menor e a incidência de ataques cardíacos é uma das mais baixas do mundo, depois do Japão. Além de viver melhor, os franceses têm o prazer de viver mais. Essa "descoberta" — chamada de paradoxo francês — produziu uma nova geração de consumidores de vinho tinto nos Estados Unidos, mas até o momento não se veem resultados. Talvez o que prolongue a saúde não seja apenas o vinho, mas a forma de bebê-lo; os franceses comem sentados, com calma e desfrutam de cada bocado. É uma verdadeira lição ver um casal de burgueses em um bistrô do interior: comem ritualmente, em silêncio, concentrados nos pratos e cálices, ausentes do resto do universo. Seu cardápio é variado, as porções, pequenas, e não comem fora de hora. No paradoxo francês há uma palavra-chave: moderação.

Existem muitos volumes dedicados a todos os tipos de vinhos, caso você deseje aprofundar-se no tema, mas aqui cabe apenas uma pincelada de informação geral. Todos os vinhos são sensuais, inclusive o chamado de *litreado* no Chile, uma beberagem de ínfima categoria e que, como único consolo para os pobres, tem equivalente na maior parte do mundo. A variedade de vinhos é infinita, determinada pelas regiões em que é produzido, pelos tipos de uva e pelo processo de fermentação, assim como pelo ano e até pela hora da colheita. A madeira do barril, a temperatura, o humor e o amor dos fabricantes, os espíritos que rondam à noite pelas cavernas onde o vinho dorme, tudo isso afeta o produto final.

Os vinhos realçam o sabor da comida. A escolha do mais adequado para cada prato é uma ciência e uma arte; foram criados programas de computação para resolver a dúvida em menos de um segundo. As papilas gustativas confundem-se com facilidade. Não convém servir coquetéis antes da comida, exceto vermute, champanhe, vinho do Porto ou xerez, porque eles impedem que se saboreie o que vem a seguir; o vinho deve ser precedido e seguido de outros produtos da uva. Antigamente, só os vinhos europeus — sobretudo os franceses — eram aceitáveis, mas hoje pode-se servir sem constrangimento uma garrafa de vinho da Califórnia, Chile, África do Sul, Austrália e outras regiões. As rígidas regras sobre o vinho que deve ser servido com cada prato também ficaram mais elásticas, e não é mais obrigatório acompanhar sempre o cordeiro de um bordeaux francês; às vezes também serve um rioja espanhol ou um merlot da Califórnia, mas nas mesas elegantes ainda se colocam vários cálices porque se oferece mais de um vinho, cada um deles cuidadosamente escolhido conforme o prato que acompanha. O ideal é servir sempre o branco primeiro e depois duas ou três variedades de tinto, caso seus convidados mereçam isso. É bom que os vinhos sejam do mesmo tipo ou provenham da mesma região, Bordeaux com Bordeaux, por exemplo. Nesses casos, recomenda-se servir primeiro o mais jovem, seguido do mais velho ou do de maior qualidade. Apesar do conselho daquele diplomata da Turquia, um bom anfitrião francês sempre reserva o melhor vinho tinto para o final da ceia, para servi-lo com os queijos, antes da sobremesa. Mas cuidado ao aplicar essas regras em um jantar amoroso, porque de tanto beber, o amante fogoso poderá adormecer na mesa.

Sabemos que você não é especialista, pois do contrário não estaria lendo estas páginas; por isso nos atrevemos a dizer que a maioria dos vinhos pode ser classificada em cinco categorias: brancos leves, brancos encorpados, rosados (*rosés*), tintos leves e tintos encorpados. Os frutos do mar são servidos com vinho branco — as ostras, sempre com chablis — porque, devido a uma reação química que não vale a pena detalhar, mesclados com vinho tinto ficam com sabor amargo. O vinho branco também realça as aves e os legumes que, por serem delicados, geralmente não resistem ao impacto do vinho tinto, embora haja exceções; tudo depende do molho. Um bom exemplo é o *coq au vin*, preparado e acompanhado com vinho tinto burgundy. As outras carnes vermelhas combinam com vinho tinto, só resta escolher o mais adequado: quanto mais consistente for o prato, mais encorpado o vinho, levando-se sempre em conta o molho e a forma de preparação. O mistério consiste em encontrar o equilíbrio entre a bebida e a comida: suave com suave, leve com leve, forte com forte, doce com doce. Eis aqui alguns exemplos:

VINHO BRANCO LEVE *Peixes e mariscos.*

VINHO BRANCO ENCORPADO *Aves delicadas, vitela, peixes fortes como atum ou salmão, miolos ou outros miúdos de textura e sabor suaves.*

VINHO TINTO LEVE *Carnes de ovelha, vaca, porco, massas italianas, miúdos como rim, fígado ou tripas, aves fortes e legumes.*

VINHO TINTO ENCORPADO *Animais de caça como veado, javali, lebre e inclusive algumas aves como pato silvestre, algumas carnes vermelhas mais pesadas e pratos consistentes.*

VINHO TINTO ENCORPADO DA MELHOR QUALIDADE *Queijos.*

ARRUÍNAM O GOSTO DA MAIORIA DOS VINHOS *Pratos picantes como o curry.*

VINHO *ROSÉ* BEM FRIO *Almoços simples, piqueniques, jantares leves em tardes de verão.*

Convém servir comidas típicas de outras regiões com bebidas da mesma origem: saquê, chá, cerveja etc. Se tiver alguma dúvida, pergunte na vinhataria onde for comprar o vinho. Hoje existem boutiques de vinho, em que um especialista pode ajudá-lo a selecionar as melhores garrafas para seu cardápio.

LICORES

Todos os povos, mesmo os que o proíbem por motivos religiosos, conhecem as propriedades medicinais do álcool. Antes de se descobrir a anestesia e os antissépticos, as bebidas alcoólicas eram usadas para desinfetar ferimentos ou desacordar os pacientes antes de uma cirurgia dolorosa. Seu pior defeito é que pode se transformar em vício e destruir quem o beber; sua maior virtude é que, em quantidade moderada, produz ilusão de felicidade e levanta o ânimo para qualquer festejo. De vez em quando buscamos o alívio temporário do álcool para escapar um pouco da ansiedade da existência. Não somos os únicos, alguns animais também se embriagam com frutas fermentadas. Pássaros azuis batem contra os vidros da minha casa no verão, tontos por causa dos pequenos frutos vermelhos de um arbusto que cresce nas redondezas. A primeira bebida alcoólica da história foi o hidromel, vinho doce feito de mel, usado na Europa até o século XVIII. Os árabes, com sua refinada cultura, desenvolveram a técnica da destilação e chamaram de *alkuhul* o espírito do vinho. O povo consumia cerveja, tosca e forte; o vinho, com maior teor alcoólico e delicado sabor, era um luxo das classes privilegiadas.

Na Antiguidade, Dioniso e Baco ocupavam lugares predominantes no culto; eram os deuses grego e romano do vinho, do êxtase e do erotismo, que tiveram seu equivalente em quase todas as mitologias panteístas. Em sua honra eram celebradas festas orgiásticas, em que a população saía às ruas para se embriagar e copular sem quaisquer limitações. No Antigo Testamento, as cidades de Sodoma e Gomorra foram destruídas como castigo por seus costumes um pouco libertinos: orgias, incesto, adultério e outros divertimentos ofensivos a Deus. Essa era uma das muitas partes da Bíblia que eu não estava autorizada a ler no colégio. Pela descrição, parece que Jeová, cansado de tanta chacota, lançou o equivalente a um bombardeio atômico para acabar com elas, mas existem outras versões que responsabilizam Abraão e seus exércitos. Antes de manifestar sua cólera, Jeová enviou dois anjos mensageiros para avisar Lot, o único homem justo do lugar. Os anjos estiveram prestes a cair nas mãos de uma turba enfurecida de sodomitas, mas Lot conseguiu protegê-los escondendo-os em sua casa e oferecendo suas próprias filhas aos assaltantes para distraí-los. Sem dúvida, um anfitrião exemplar. Antes que a ira de Deus caísse sobre a cidade, os mensageiros ordenaram que Lot escapasse com sua família sem olhar para trás. A mulher de Lot, vencida pela curiosidade ou pela nostalgia, virou-se e se transformou em estátua de sal. Finalmente, depois de numerosas aventuras, Lot e suas duas filhas conseguiram se refugiar em uma caverna. Como não havia outros homens disponíveis para *entrar nelas de acordo com o costume de toda a Terra*, as moças embriagaram Lot e, como se dizia antes da invenção da pílula, "aproveitaram-se" dele. Uma família um pouco estranha, mas suponho que em situações de desespero ninguém presta atenção a detalhes. Segundo a Bíblia, fizeram-no em duas noites consecutivas, sem o pai perceber. Ambas conceberam, dando origem às tribos moabita e amonita. Esse é um dos poucos casos em que um homem embriagado até a inconsciência realiza tal façanha, porque muito álcool faz o membro desmaiar, produzindo impotência temporária, e afundando seu dono nas trevas da melancolia. Nesses casos cita-se sempre Shakespeare, naturalmente. Ao ser perguntado sobre as consequências da bebida, um personagem de *Macbeth* responde:

Caramba, senhor! Um nariz avermelhado, sono e urina. A luxúria, ria, senhor, tanto a provoca como a afasta, porque provoca o desejo, mas impede a execução.

Em outra parte deste livro, não me lembro qual, menciono o sangue fresco de serpente diluído em aguardente com açúcar, estimulante de grande prestígio em Taiwan e outros países asiáticos. Na China colocam em um copo com saquê quente diversos filhotes de barata, e bebem-no de um gole só. Conforme um exemplar do jornal *San Francisco Chronicle*, do final do século passado, os chineses malaios imigrantes bebiam sangue de cascavel. Cortavam seu rabo e, enquanto um segurava o animal pela cabeça e o apertava para esvaziá-lo, outro deitava-se no chão e chupava o sangue, entre um gole e outro de uísque. Um coquetel muito afrodisíaco, para quem gosta de coisas exóticas. Meu amigo Miki Shima contou-me que estava nas montanhas de Colorado, a cerca de 2.500 metros de altura, sentado ao redor de uma fogueira à luz da lua, com um frio sideral, quando lhe serviram um cardápio de salsichas de alce e fígado cru de búfalo curtido em cerveja, tudo muito bem regado por uma bebida chamada *Black Dog*, feita com aguardente, suco de tabaco e pólvora. Com o primeiro gole da bebida o frio passou, com o segundo começou a recordar as nostalgias mais antigas e com o terceiro, quando seu cérebro estava prestes a explodir, começaram as visões fantásticas de todas as belas mulheres que tinha desejado em sua vida. Uma das mais terríveis batalhas da guerra do Pacífico, entre o Chile, o Peru e a Bolívia no século passado, foi a de Morro de Arica, um desfiladeiro inexpugnável que os soldados chilenos conquistaram subindo pelas rochas com punhais entre os dentes e, conforme diz a lenda, drogados com uma mistura de aguardente e pólvora semelhante ao *Black Dog*. Em algumas prisões da América do Sul, os homens embriagam-se com "pássaro verde", uma bebida preparada com álcool e solvente de pintura, que leva à loucura e à morte.

Como quase tudo neste mundo, os licores também saíram de moda. O diretor de cinema espanhol Luis Buñuel conta em suas memórias que a receita do martíni perfeito é feita com um raio de luz passando através da garrafa de vermute e tocando de leve o gim. Do martíni, tão popular nos anos 1960 e 1970, passamos por uma década de vinho branco, que culminou nos 1990 com o *kirsch*. Seja qual for a moda, o recipiente é quase tão importante quanto o conteúdo. O mais fino champanhe em copo de papelão tem o mesmo sabor desses ponches verdes dos bailes escolares; em compensação, um vinho medíocre em uma taça refinada melhora de categoria. É como as mulheres, cuja roupa determina a classe econômica e, às vezes, nem sempre, a classe social. Em certas cerimônias tântricas são usados cálices em forma de vulva, chamados de arga, mas não é preciso tanto refinamento para servir coquetéis. Um bom cristal é suficiente.

ABSINTO *Licor verde extraído da planta do mesmo nome* (Artemisia absinthium) *ao qual se acrescentam ervas; com fama de poderoso afrodisíaco desde a época dos gregos, porém tão tóxico que foi proibido na França em 1915, e depois em outros países do mundo. Causa espasmos musculares e gástricos, e seu consumo frequente causa paralisia e morte. Servia-se com um pouco de água e açúcar para atenuar seu sabor amargo. No século XIX, era a bebida favorita dos intelectuais e artistas da praça Pigalle, porque se imaginava que ele convocava as musas. Na Inglaterra, em compensação, era usado em clubes de flagelação, esporte muito popular na época.*

ANIS *Popular na França e na Espanha, é um líquido transparente que adquire um aspecto leitoso quando é misturado à água. O célebre* anisette *Marie Brizard foi criado na cidade de Bordéus em 1755 por uma mulher com esse nome, conhecida pelo seu bom coração. Dizem que ela salvou a vida de um pobre homem durante uma epidemia e que este, em troca, lhe confiou ao ouvido o segredo para fabricar esse licor. A mulher enriqueceu e dedicou grande parte de sua fortuna a obras de caridade. A marca Marie Brizard ainda existe naquela cidade. De sabor semelhante ao absinto, mas menos tóxico, é a base de vários licores afrodisíacos, como o Pernod, o Ricard, o Pastis e o licor nacional de gregos e turcos: o arak.*

Amaretto *Prepara-se com amêndoas, tem sabor doce e forte; usa-se como digestivo e na preparação de coquetéis e sobremesas. Sua reputação erótica deve-se à amêndoa, fruto mitológico surgido do ventre de uma deusa, como já mencionamos.*

Bénédictine *O nome vem de seus inventores, os monges beneditinos de uma abadia da França, varões castos, que com certeza não suspeitaram ter contribuído com outro afrodisíaco para a longa lista de tentações que a humanidade tem de suportar.*

Calvados *Originário da Normandia, é um licor de maçã, intenso e aveludado como todo bom brandy, ao qual se atribui o mesmo poder estimulante dessa fruta. Antigamente também era usado como tônico para preservar a juventude.*

Champanhe *Rei indiscutível dos vinhos, indispensável em todas as festas. É um vinho branco espumante da região de Champagne, na França, produzido com êxito em outros lugares, mas só o autêntico pode ter esse nome. Em 1806, Barbara Nicole Ponsardin, viúva de um banqueiro cujo sobrenome era Clicquot, destinou a fortuna herdada do defunto a desenvolver o champanhe produzido pelos seus vinhedos, que se tornou famoso no mundo com o nome de* Veuve Clicquot. *O champanhe é bebido sempre em companhia de alguém e em momentos de celebração, e talvez por isso atue como afrodisíaco mesmo sem ter essa intenção. Espumante e leve, bebe-se sem pensar e embriaga mais que o vinho, porque graças às borbulhas o álcool penetra rapidamente na corrente sanguínea. É considerado um vinho "feminino" e se supõe que cause maior efeito erótico nas mulheres que nos homens. Nas festas da antiga Roma imperial, enchiam-se piscinas com esse vinho borbulhante, onde homens e mulheres se acariciavam nus. O champanhe fabricado exclusivamente com uva chardonnay é o mais seco e apreciado.*

Conhaque, brandy ou armagnac *Henrique IV, da França, fê-lo entrar na moda como afrodisíaco; a ideia foi divulgada rapidamente e logo os cavalheiros começaram a tomar um cálice antes de ir para a cama, como precaução caso essa noite suas esposas não tivessem dor de cabeça. Assim nasceu o costume de terminar um bom jantar com um charuto e uma taça de conhaque ou brandy, ritual do qual não participavam as mulheres. Batido com açúcar e gemas de ovo é um tônico formidável para a depressão da gravidez e dos dias de chuva.*

GRAND MARNIER *É um conhaque francês com sabor de laranja, muito semelhante ao curaçau, uma bebida doce fabricada com casca de laranjas amargas na ilha caribenha do mesmo nome. Os holandeses que colonizaram a ilha atribuíam a sensualidade das belas mulatas a esse licor, e se encarregaram de exportá-lo para o resto do mundo, com grandes lucros.*

XEREZ E VINHO DO PORTO *Vinhos fortes e doces, muito populares na Espanha, servidos a toda hora, menos durante as refeições. Antigamente era o preferido das damas por sua textura delicada, mas hoje as damas bebem vodca e andam de moto.*

KIRSCH À base de cereja, está muito na moda para aromatizar champanhe ou vinho branco, a bebida dos elegantes. O poder afrodisíaco dessa mistura baseia-se sobretudo na festiva reputação do champanhe e, com certeza, também na cor rosada do coquetel, um prazer para a vista.

PARFAIT AMOUR *Raro licor perfumado que era servido em alguns prostíbulos refinados da França, porque se acreditava que estimulava instantaneamente a libido. Passou de moda, mas ainda pode ser encontrado, caso se queira impressionar o(a) parceiro(a) em uma noite especial.*

VODCA *Como muitos licores fortes — uísque, gim, pisco etc. — não* é *particularmente afrodisíaco, exceto em quantidades moderadas, devido ao feito inibidor do álcool, mas o incluímos nesta lista porque é o complemento indispensável do caviar. Quem não fez amor depois de um preâmbulo de caviar com vodca gelada?*

FILTROS DE AMOR

A lista de afrodisíacos é muito mais longa do que imaginava quando comecei a escrever estas páginas, e já estou um pouco enjoada do assunto... (De tanto me ocupar da gula e da luxúria, receio ficar anoréxica e frígida.) Fiquei sabendo, por exemplo, que as balas de alcaçuz, que chupava em minha infância, estão cheias de estrogênio, e que a salsaparrilha, que bebia como refresco, de testosterona. Os indígenas mexicanos sempre a usaram para restabelecer o ardor viril dos deprimidos e desesperados. Depois de zombar durante séculos da sabedoria indígena, hoje os cientistas extraem dela o hormônio masculino, nem imagino com que intenção, porque já há testosterona demais neste mundo. Existem estimulantes de grande renome em pó, liquido ou em cápsulas, desde o popular extrato de aveia verde e o famoso ginseng, cuja soberana eficácia para fortalecer o sistema imunológico, tranquilizar os nervos e estimular os hormônios é conhecida na China, até a cantárida *(Cantharis vesicatoria)*, uma espécie de barata pulverizada que produz uma intensa ereção inicial, mas também irrita sem piedade as vias urinárias e pode produzir uma agonia irremediável.

Segundo *O livro dos venenos*, de Antonio Gamoneda:

> *Ocorrem gravíssimos acidentes com os usuários de cantáridas, porque sentem uma grande corrosão em todas aquelas partes que se estendem da boca até a bexiga, e ficam com um certo sabor de peixe ou de licor de cedro na boca. Sofrem muitos desmaios, mal-estares e tonturas, e muitas vezes caem da cama e deliram.*

Conta-se que o marquês de Sade foi parar na cadeia por oferecer caramelos de cantáridas a certas damas de conduta leviana, convidadas a uma de suas orgias. Uma delas esteve prestes a morrer e as *outras caíram da cama e deliraram.*

Desde a Antiguidade, os filtros do amor ou amavios são conhecidos em todas as culturas. Meu amigo acupunturista, o sábio doutor Miki Shima, conta que nas lojinhas misteriosas do bairro chinês em San Francisco ou Nova York, pode-se conseguir o renomado pó de chifre de rinoceronte, muito apreciado na Ásia como afrodisíaco infalível. Essa fama custou a vida de milhares desses paquidermes, exterminados sem clemência por causa do chifre. Garante-se que o pó é tão tóxico para o cérebro humano, que uma pitadinha é suficiente para transformar a memória em magma e transportar a alma por caminhos astrais; isso quer dizer que, caso você o tome sem sentir qualquer efeito colateral, pode ter certeza de que lhe venderam outra coisa. Alguns usuários ingerem-no e outros mais apressados picam a pele e esfregam uma quantidade minúscula, que não é suficiente para produzir a morte, mas para o desejo se derramar pelo sangue até a última fibra e suscitar a luxúria, mesmo nas pessoas idosas. Esse método me faz lembrar o famoso caso, registrado nos anais da medicina moderna, de um homem transformado em estátua pela rigidez de suas articulações, que foi atacado por 47 abelhas no peito e, uma semana depois, andava aos pulos e genuflexões, sem vestígios da doença. Também soube que as deformidades dos ossos são corrigidas com excremento de morcego e ninhos de vespa, que, aliás, também têm virtudes afrodisíacas. O pó de rinoceronte ajuda na técnica chamada *kabbazah* (do árabe "segurar"), que algumas mulheres praticam para conduzir seu amante ao Paraíso de Alá mediante apertos e sucções com os músculos de suas partes íntimas. Línguas maliciosas atribuíam esse talento a Diana de Poitiers (1499-1566), por quem o rei Henrique II da França apaixonou-se perdidamente, apesar de ela ser vinte anos mais velha. Essa sábia mulher, aceita por todos como a amante oficial, ocupou o lugar da soberana até a morte do rei, e se supõe que tenha mantido seus músculos genitais firmes e bem treinados até a idade madura. O *kabbazah* não exige nada do homem, cujo papel é completamente passivo; só tem de manter um desejo prolongado que, se lhe falta por natureza, o chifre de rinoceronte pulverizado pode lhe proporcionar.

As beberagens para o amor não são apenas resquícios da Antiguidade, mas próspero comércio moderno. Na Venezuela, alguns amigos meus, profissionais que trabalhavam com os mais modernos computadores, visitavam discretamente as lojas de macumba para adquirir amuletos da sorte, proteção contra o mau-olhado e poções com diversos propósitos sentimentais. Existem poções para curar ciúmes excessivos, averiguar a fidelidade, recuperar o favor dos indiferentes, diminuir a resistência das mulheres pudicas, afastar o amante que deixou de ser desejado e castigar aquele por quem nosso coração anseia, mas que nos faz sofrer. Em pleno centro, entre os prédios de aço e vidro das grandes corporações, é possível mandar fazer um despacho para atrair o amor. Com uma peça de roupa, cabelos, unhas cortadas ou uma mostra da escrita da pessoa que se deseja conquistar, o bruxo ou a bruxa fabricam um boneco que depois é submetido a diversos encantamentos. Mas devemos nos concentrar nas plantas comuns, não nos exemplos de fábula. Existem plantas afrodisíacas como o *yohimbe* (*Pausinytalia yohimbe*), obtido da casca de uma árvore de Camarões, que é vendido em lojas de ervas e de artigos pornográficos, com a advertência de que é venenoso e que uma *overdose* pode provocar fortes tremores, alucinações angustiantes e alguns sintomas digestivos insuportáveis. A maconha e o haxixe, também estimulantes eróticos, são considerados inócuos em várias partes do mundo, mas em outras são proibidos porque diminuem o senso moral, induzem à preguiça, desinibem e eliminam angústias do coração, sintomas não apreciados pelas autoridades. A maconha era conhecida como estimulante em toda a antiga Europa, desde os gregos até os viquingues, e em grande parte do Oriente, sobretudo na China e na Arábia, assim como entre os indígenas das Américas do Norte e do Sul. Ainda hoje é uma das drogas mais usadas, inclusive — ou melhor, sobretudo — nos países em que é ilegal. A cocaína, outra substância proibida, é um alcaloide derivado das folhas do arbusto da coca, que também excita a imaginação e os sentidos. Causa dependência e, em situações de solidão e pobreza, tem consequências trágicas para a vida. Em compensação, as folhas de coca, mastigadas com paciência, ajudam os indígenas do altiplano da Bolívia e do Peru a suportarem os rigores de seus destinos e a fome de cinco séculos.

Nos rituais tântricos da Índia, usava-se uma mescla de haxixe com mel e âmbar gris. Esse culto, perseguido por mais de dois mil anos, é anterior ao hinduísmo e parecido com a ioga, pois ambos enfatizam a respiração e os assanas, mas o Tantra também explora as possibilidades do erotismo como caminho para a iluminação. A ideia é transformar a libido em energia espiritual. Do ponto de vista de uma avó que ainda não renunciou aos pecados da luxúria e da fantasia, um dos aspectos mais interessantes é a variedade de exercícios tântricos destinados a prolongar a tensão antes que o homem atinja o clímax, garantindo assim o prazer da mulher e a unidade do casal. É uma pena que existam tão poucos adeptos do Tantra por aí... Enfim, não adianta se lamentar, é preferível fazer como a raposa de Esopo, que, quando não alcança as uvas, diz que não lhe interessam porque estão verdes. Minha experiência com esse tipo de sensualidade limita-se a um par de luvas. Certa vez, há muitos anos, tive de comprar luvas em um outono frio de Veneza. Entrei numa lojinha estreita como um armário, onde eram exibidas, em uma vitrine de vidro, luvas da mais fina confecção. O balconista — ou talvez fosse o dono da loja — era um homenzinho cheio de brilhantina, com bigode de mágico e terno escuro com colete. Segurou minhas mãos como se fossem uma pomba ferida, com tão amoroso cuidado que senti um calafrio por todas as minhas fibras e todos os meus pelos se arrepiaram. Uma lufada de perfume adocicado chegou às minhas narinas quando ele se inclinou sobre minhas mãos. Pensei que fosse beijá-las e tive um instante de pânico, mas ele se limitou a olhá-las bem de perto, durante bastante tempo, como quem estuda um diamante. Depois as virou, de modo que meus dorsos descansavam em suas palmas, secas e muito quentes, como pães recém-saídos do forno. Seu indicador percorreu com leveza e lentidão insuportáveis as linhas de meu destino, apalparam as gemas de meus dedos, traçaram um círculo de fogo ao redor de meus pulsos. O sangue golpeava minhas têmporas, e ele logo percebeu isso, porque pôde senti-lo enquanto apalpava as veias de meu pulso. Ergueu os olhos e me olhou sem sorrir. Os dois sabíamos; acho que paramos de respirar por uma eternidade, até que eu não pude suportar mais e desviei o olhar, constrangida. Ele murmurou algo em italiano, que soou como uma declaração de amor aos meus ouvidos, mas pode ter sido o preço das luvas. Por fim, contrariado, soltou-me para buscar em uma gaveta um par de luvas de camurça de cor sépia, tão macias como a barriga de um esquilo. Então começou a colocá-las em mim com deliberada parcimônia, dedo a dedo, olhando-me nos olhos, detendo-se em cada articulação, ofegando, com os lábios úmidos. Eu tinha 23 anos e aquele homem deveria ter uns 60, mas nossas idades se apagaram e ambos entramos no limbo eterno dos amantes ilusórios. Passaram-se trinta anos e ainda recordo com precisão absoluta o que vivi naqueles minutos. Não esqueci nem o tom exato das luvas, nem o aroma floral de seu perfume, nem a suavidade perversa de suas mãos acariciando as minhas, nem, naturalmente, minha terrível excitação. Desde então olho com simpatia para as minhas mãos, porque as vejo com os olhos daquele homem. Suponho que isso seja Tantra.

Existem inúmeras plantas cujos efeitos se baseiam mais na magia que na ciência, como a tenebrosa raiz de mandrágora. Esse era um dos ingredientes mais utilizados nos filtros de amor da Idade Média e do Renascimento. Devia ser colhida ao pé dos patíbulos, porque acreditava-se que brotava da terra por causa do esperma dos enforcados e das pessoas submetidas ao suplício da roda. Diziam que gritava quando era tocada pelo gume de uma faca e quem ouvisse aquele gemido perdia o rumo pelo resto de seus dias. Em sua comédia *A mandrágora*, Maquiavel utilizou os mitos sobre essa planta diabólica para desenvolver sua teoria:

> *A origem do movimento e da mudança das coisas mundanas parte dos apetites e das paixões.*

O argumento é clássico: um velho casado com uma mulher jovem deseja descendência, e um certo conquistador aproveita esse fato para enganar o marido e seduzir a mulher. O jovem convence o velho de que a raiz da mandrágora, arrancada à noite por um cachorro preto, garantirá a fertilidade de sua mulher, como sucedera com uma rainha da França. No entanto, adverte-o sobre o veneno poderoso da mandrágora: quem tiver primeiro relações sexuais com a mulher morrerá inevitavelmente oito dias depois. O velho aceita que ela faça amor primeiro com o jovem, disfarçado de vagabundo, para este absorver o veneno da planta, salvando assim sua própria vida. *O fim justifica os meios*, conclui o grande florentino do Renascimento; todos ficam contentes: o velho ignora seus chifres, a mulher descobre o prazer e o conquistador embusteiro consegue seu propósito.

A maior parte dos estimulantes eróticos de uso popular é vendida sem receita médica e eles são legais, apesar de apresentarem alguns sérios perigos, como as cantáridas. Em casos desesperadores, algumas colheres de ginseng na sopa ou o conteúdo de um par de cápsulas de ervas chinesas na salada não fazem mal. Muito pouca gente morre por causa da medicina natural.

> *Filé de cobra de pântano,*
> *põe para ferver e cozinhar no caldeirão.*
> *Olho de tritão e dedo de rã,*
> *Lã de morcego e língua de cachorro,*
> *Lingueta de víbora e ferrão de réptil.*
> *Pata de lagarto e asa de coruja,*

Escama de dragão, dente de lobo,
Múmia de bruxa, fauces e turbilhão
Do tubarão retirado do mar salgado,
Raiz de cicuta arrancada à noite,
Fígado de judeu blasfemador,
Bife de cabra e tiras de teixo
Cortadas durante um eclipse de lua;
Nariz de turco e lábios de tártaro,
Dedo de criança estrangulada ao nascer,
Parida por uma rameira na sarjeta,
Esfrie com o sangue de um mandril,
E assim o malefício ficará firme e seguro.

— Filtro mágico das bruxas de Macbeth, Shakespeare (1606)

A LINGUAGEM DAS FLORES

Entre seus numerosos encantos, outrora as flores tinham a tarefa de transmitir sutis mensagens amorosas, mas na pressa do século XX essa arte tornou-se língua morta. Não acho que valha a pena ressuscitá-la. É como o sânscrito, não há com quem falar. Mas se o leitor ou leitora destas páginas for dado(a) a desvarios, dedico aqui alguns parágrafos à linguagem das flores. Minha experiência me diz que, neste mundo ocidental, não vale a pena se dedicar a detalhes tão delicados quanto este, que na maioria das vezes passam totalmente despercebidos. Os métodos drásticos dão melhores resultados.

A simbologia das flores atingiu seu apogeu em meados do século XIX, na época da rainha Vitória da Inglaterra, mas sua origem foi na Turquia, onde era utilizada para enviar mensagens amorosas cifradas no harém. Lady Mary Wortley Montagu, que viveu nesse último país de 1716 a 1718 como mulher do embaixador britânico, introduziu a linguagem das flores na Inglaterra. Nas décadas seguintes ela se desenvolveu até se tornar uma epidemia romântica tão sofisticada, que era possível manter uma longa correspondência sem nenhuma palavra escrita, usando diversas combinações em um ramo. As damas prestavam muita atenção ao papel usado para suas cartas, porque inclusive as flores pintadas podiam conter intenções. Um lenço bordado com amores-perfeitos era indicação de que ela nunca esqueceria o namorado; com rosas, era uma promessa de amor. Se a agulha criasse com mestria a flor do marmelo, o destinatário podia se considerar afortunado, porque indicava fidelidade total para o resto da vida. Chegou-se a um ponto em que a orientação do laço em um determinado ramo determinava se os sentimentos referiam-se ao doador ou ao receptor; a mão com a qual a oferta era apresentada ou aceita mudava o desígnio, assim como o lugar do corpo escolhido pela mulher para exibi-las: quanto mais perto do coração, maior receptividade ao amor. Daí provém a tradição de presentear com orquídeas antes de uma festa; a mulher escolhe o lugar onde vai usá- las: nos quadris, na cintura, no cabelo ou no peito. É um costume abominável: nenhum vestido fica elegante com esse despropósito. Se as flores eram entregues ou recebidas invertidas, com os talos para cima, o sentido era completamente oposto. Assim, se um pretendente se apresentasse segurando um ramo de tulipas com um laço à esquerda, que significava uma declaração de amor, e ela o devolvesse com as flores para baixo, o coitado não podia ter a menor esperança: a rejeição era inapelável. Mas nem em todos os casos a interpretação era tão dramática, tudo dependia do tipo de flores. As anémonas, por exemplo, representam esquecimento, mas um ramo de cabeça para baixo não era traduzido como saudade, e um jacinto, que desde a época da mitologia grega se refere a dor, ou uma calêndula, que também encarna o sofrimento, não se transformavam em júbilo. Mas ninguém mais tem tempo para essas complicações e supomos que, se você já chegou à etapa de cozinhar afrodisíacos para seu parceiro, não importa com que mão vai entregar a rosa vermelha nem onde decida prender a camélia. Bastam algumas noções básicas: a cor vermelha anuncia paixão; o branco, pureza; o rosado, ternura; o amarelo, esquecimento; o roxo, modéstia (mas agora também é a cor das feministas). Um vitoriano jamais daria flores amarelas para a mulher que quisesse conquistar, mas hoje em dia as flores são tão caras que apreciamos o gesto sem prestar atenção aos detalhes. Ainda recordo com emoção a última vez que alguém me trouxe flores: um sedento girassol embrulhado em papel de jornal, nas mãos de meu neto de 5 anos.

As margaridas silvestres, cujas pétalas arrancávamos na infância para descobrir se o ruivinho que morava na esquina nos amava, significam inocência. Antes acreditava-se que essas humildes flores, bebidas com regularidade, podiam amansar a loucura triste e refazer os espíritos dispersos. O narciso é, logicamente, a flor da vaidade e do egoísmo. Seu nome provém da lenda grega de Narciso, um pastor apaixonado pelo seu próprio reflexo na água, que morreu afogado ao tentar beijá-lo. Além de presumido, tolo. A papoula — flor do ópio — significa alívio à dor, prazer temporário, consolo curto, mas por sua cor também representa o sangue dos caídos na guerra, para os ingleses. Os gerânios, que raramente são incluídos em um ramo pelo seu cheiro amargo, indicam tristeza, desilusão, consolo e outros sentimentos bastante inúteis, de acordo com sua cor. O heliotrópio, cujo nome em grego significa "com a cabeça virada para o sol", proclama sinceridade e devoção no amor; é presenteado como promessa ou alegação de fidelidade em caso de se ter sido surpreendido em movimentos suspeitos. Os lírios anunciam uma mensagem. Essa flor é interessante, pois em algumas culturas do Oriente Médio e do Mediterrâneo é, por sua forma, associada aos genitais femininos, assim como acontece com a orquídea, mas ela também é a flor da pureza, da Virgem Maria e do emblema da França (*fleur-de-lis*). A flor da lavanda é interpretada como desconfiança. As violetas e os jasmins, cujos aromas possuem tais virtudes afrodisíacas — sobretudo à noite — que podem transformar a mais virtuosa das donzelas em ninfomaníaca insaciável, na linguagem das flores simbolizam modéstia e elegância, discrição e graça, respectivamente. O cheiro do nardo também é irresistível para as mulheres, ainda que pareça nauseabundo para a maioria dos homens. Os lilases representam humildade, mas desde o Renascimento atribui-se a essas flores o poder de excitar os homens; durante muitos anos tive algumas em meu jardim e nunca soube que, por causa delas, o carteiro tivera intenções lascivas... Para os vitorianos, incapazes de admitir pensamentos luxuriosos diante de uma dama, os lilases também indicavam a primeira aproximação ao amor; era uma forma de tatear o terreno antes de uma declaração mais explícita, que bem podia consistir de um ramo de rosas brancas, pureza, seguido imediatamente de outro de rosas vermelhas, amor. Nunca juntas, porque denotavam separação e morte, como os destinos de Tristão e Isolda ou Romeu e Julieta. Por último, depois de formalizar o compromisso, se o pretendente fosse muito atrevido, podia oferecer ramas de amendoeira floridas à moça, para exprimir abertamente sua exaltada paixão.

Segundo a linguagem clássica das flores, o não-me-esqueças significa amor verdadeiro e lembrança. Uma lenda austríaca conta que dois apaixonados caminhavam ao longo do Danúbio, quando a moça (caprichosa, evidentemente) viu uma pequena flor azul flutuando na água e a quis para si. O jovem lançou-se ao rio para buscá-la, mas foi puxado pela correnteza e começou a se afogar. Com as últimas forças alcançou a flor e lançou-a à namorada, dizendo-lhe "não me esqueças". Para mim, porém, ela sempre será a flor do exílio. Quando tive de abandonar meu país, depois do golpe militar de 1973, pude levar poucas coisas comigo. No Chile ficaram meu avô, minha sogra — que eu amava com rara devoção —, meus amigos, as recordações de família e a paisagem incomparável de minha pátria. Como a mulher de Lot ao escapar de Sodoma, a ordem foi não olhar para trás, mas quem pode deixar a casa onde seus filhos nasceram sem dar-lhe uma última olhada? Ainda não sabia que estava cortando brutalmente minhas raízes, que iria secar como uma árvore mutilada e que só um incansável exercício da memória impediria que, como a mulher de Lot, eu me transformasse em uma estátua de sal. No fundo da maleta levava um saquinho com terra de meu jardim, com a intenção de plantar um não-me-esqueças nesse país desconhecido onde devia começar outro destino. Não me esqueças, roga quem vai embora... Por isso escolhi aquela flor delicada para simbolizar meu exílio, só pelo nome. Mas ela não prosperou no clima exuberante do Caribe e aquele não-me-esqueças foi morrendo pouco a pouco, à medida que minha saudade aumentava.

DA TERRA COM AMOR

A estátua do deus grego Príapo, filho de Afrodite, erguia-se — literalmente — em todas as hortas e jardins, pois era considerado guardião da fertilidade e da agricultura, e protetor contra os ladrões. Muitas vezes a representação da deidade reduzia-se, ou melhor, expandia-se, sob a forma de um enérgico falo, chamado *olisbokolice*. Hoje em dia, pouca gente pode se dar o luxo de cultivar seus próprios legumes, e tampouco há humor e espaço para um deus escandaloso no jardim; entretanto, entre as cinzas da memória coletiva o sucesso nas colheitas continua intimamente relacionado ao erotismo e à fertilidade dos seres humanos. O culto perdeu-se na história, embora, em certos povoados mediterrâneos, os homens ainda usem amuletos fálicos pendurados no pescoço, para evitar o mau-olhado.

O sabor, os nutrientes e o poder afrodisíaco dos legumes estão diretamente relacionados ao seu frescor. (Não posso dizer que a atração sexual das pessoas também depende de sua frescura, porque seria uma dessas metáforas ofensivas: neste fim de século pressupõe-se que em qualquer idade devemos ser sensuais, uma proposta extenuante, como diria minha mãe.) Voltando aos legumes, o ideal seria arrancá-los da terra e correr com eles para a panela, mas, para a maioria de nós, criaturas urbanas, isso é impossível. A tendência moderna é comprar em grande quantidade e guardar os produtos perecíveis amontoados na geladeira, método justificável quando se tem de alimentar uma família, mas supomos que, se você está interessado na cozinha erótica, é porque já se livrou das crianças, ainda não teve de tomar conta dos avós e dispõe de certa paz de espírito para se deleitar com os ingredientes. Nenhuma *mamma* italiana usaria uma abobrinha murcha nem um tomate enrugado, imaginem só o que os vizinhos poderiam dizer! Sugerimos que imitem essas infatigáveis matronas quando se trata de receitas afrodisíacas; compre os legumes frescos no supermercado, escolha com cuidado para levar apenas os que estão no ponto e, se não encontrar o que precisa, não caia na tentação de substituí-lo por algo enlatado; é mais prudente mudar o cardápio.

Nos jogos da comida e do erotismo, por motivos óbvios, preferem-se as formas fálicas e redondas: cenouras e pêssegos; as texturas carnudas e úmidas, como tomates e abacates; as cores sensuais da pele e das cavidades mais íntimas — romãs e morangos — e os odores persistentes, como o das mangas ou dos alhos. Muitos legumes usados e abusados na literatura erótica devem sua reputação de afrodisíacos ao seu aspecto. Li mais de dez contos de colegiais e noviças pecando com pepinos... É surpreendente que eles não tenham sido proibidos por decreto religioso, medida de precaução estabelecida pelos sultões da Arábia em seus haréns. Os homens não gostam de ser comparados com nada. Outros vegetais fazem lembrar formas femininas, redondos e macios como seios ou nádegas. Nenhum maior de idade, que tenha pegado um tomate fresco na palma da mão e o tenha mordido, enchendo a boca enquanto o sumo escorre pelo queixo e pelo pescoço, deve ter escapado da tentação de compará-lo com outros prazeres orais. Nosso artista, Robert Shekter, é um desses vegetarianos irredutíveis, mas pelo menos é impulsionado por um rigor puritano. Robert trata as verduras com a mesma apaixonada devoção que outros dedicam às ostras. Já o vi morder uma cenoura com lascívia de guloso legendário, e sei que em casos de apuro, quando recebe a visita de Annette, a mulher de seus sonhos eróticos, prepara com as próprias mãos uma autêntica *ratatouille* francesa, uma das receitas de legumes mais estimulantes do repertório culinário universal.

AFRODISÍACO VEGETARIANO DE SHEKTER

Robert pega berinjelas (na proporção de quatro para cada um dos outros componentes do prato), cebolas, pimentões, tomates, alho, coentro, salsa, alfavaca, louro etc.; corta estas verduras em rodelas com toda a destreza que seus dedos artríticos permitem; frita a berinjela em azeite de oliva por cinco minutos enquanto cantarola *O sole mio;* acrescenta o resto, cobre a panela com uma tampa e cozinha tudo em fogo muito brando por uma hora. Enquanto isso toma um banho, coloca sua melhor camisa e recebe Annette com uma rosa entre os dentes. Depois abre a panela, mexe bastante e deixa repousar sua infalível *ratatouille* durante dez minutos antes de servir. Na manhã seguinte ela fica deliciosa e pode ser servida fria, para recuperar as forças.

LEGUMES AFRODISÍACOS

Peço desculpas pelos erros e omissões desta lista. Depois de consultar vários volumes, concluí que não existe acordo com relação ao poder estimulante dos legumes. Péssima notícia para os vegetarianos.

ALHO *Não pode faltar na cozinha. Supõe-se que seja uma planta sagrada, erótica, medicinal e reconstituinte, por isso era oferecida aos atletas nas olimpíadas da Grécia. São atribuídas a ele tantas propriedades curativas — inclusive em casos de câncer — que é vendido em cápsulas para aqueles que não suportam seu sabor. É usado como afrodisíaco há muito tempo, e a única condição, como no caso da cebola,* é *que ambos os amantes o comam, porque o cheiro impregna até a pele. Eu não me incomodo, ao contrário: nada me excita tanto quanto o alho nas mãos de um homem que cozinha. (A propósito, hoje se sabe que a substância química que causa o cheiro do alho também está presente nas secreções íntimas femininas.)*

Alcachofra *Diz-se das pessoas envolvidas em muitos amores que elas têm "coração de alcachofra", porque repartem folhas a torto e a direito. Esse legume é comido com a mão e lentamente; existe uma espécie de ritual no processo de despir a alcachofra, retirando as folhas uma por uma para untá-las em um tempero de azeite, limão, sal e pimenta, e compartilhá-las com o amante.*

Aipo *A marquesa de Pompadour inventou uma sopa de aipo para estimular Luís XV quando o fogo da paixão estava reduzido a tristes cinzas, mas a verdade é que sua fama de afrodisíaco provém da época de gregos e romanos.*

Arroz *É símbolo de fertilidade. Quando se joga arroz nos noivos à saída da igreja com a maior inocência, poucos sabem que o gesto representa a ejaculação e o sêmen. Ainda bem... No que se refere à condição afrodisíaca do arroz, Robert, Panchita e eu tivemos discussões tão bizantinas quanto o número de anjos que cabem na ponta de um alfinete. Alguns opinam que é impossível excitar alguém com um prato de arroz, mas minha mãe afirma que a melhor prova da eficiência desse grão é a superpopulação chinesa.*

Berinjela *Supõe-se que tenha vindo da Índia e chegado à Europa com a invasão dos árabes à Espanha. É considerada excitante, sobretudo quando preparada junto com outros ingredientes eróticos, como alho, cebola, pimentão e numerosas especiarias. Na Turquia há uma receita clássica chamada Imam Bayildi, cuja origem remonta a um imã que desfaleceu de prazer quando sua concubina lhe serviu esse prato. Supomos que se recuperou do ataque com novos brios. Em Bali, em compensação, os homens não a experimentam porque acreditam que mata o desejo, prova evidente de que o erotismo é uma questão de ilusão e fé, mais que de anatomia.*

Agrião *São folhinhas de aspecto inócuo e sabor um pouco picante, que os romanos chamavam de "sem-vergonha", por suas supostas propriedades estimulantes. Crescem perto de esgotos, por isso recomenda-se uma boa lavagem antes de incorporá-los à salada.*

CEBOLA *Fundamental em todas as cozinhas, da mais erótica à mais casta. É originária da Ásia. Caldeus, egípcios, romanos, gregos e árabes consideravam-na afrodisíaca antes que os europeus soubessem de sua existência. O xeque Nefzawi garante, em* O jardim perfumado *(século XVI), que o membro de Abou el Heiloukh permaneceu ereto durante trinta dias sem interrupção por ter comido cebolas.*

COGUMELOS *Por seu aspecto, cor e cheiro, faz lembrar a cabeça de um pênis atrofiado. Bastante atrofiado. Quanto mais simples for sua preparação, mais intenso será seu sabor. Basta fritá-los em um pouco de azeite de oliva com alho, pimenta, sal e umas colheradas de vinho, e servi-los com pão torrado, como preâmbulo de uma sessão amorosa um pouco improvisada. Nem sempre o tempo é suficiente para uma produção faraônica. (Veja nossa receita da* Sopa da reconciliação.)

ENDÍVIA, ESCAROLA, ALFACE *Em alguns textos europeus, todas as variedades de alface são consideradas estimulantes. Em compensação, em outras regiões a infusão das folhas é calmante e antiafrodisíaca.*

ASPARGOS *Os de talo grosso, de cor pálida e com a ponta que varia de rosada para roxa são os mais afrodisíacos. Parecem falos anêmicos. O aspargo verde é o mais popular, mas seu aspecto é menos erótico. Em* O jardim perfumado *são apresentadas várias receitas para ressuscitar o entusiasmo do amante extenuado:*

> *Quem ferve aspargos e depois os frita na gordura, acrescentando gemas e condimentos em pó, e come esse prato todo dia, verá seus desejos e sua potência consideravelmente fortalecidos.*

O melhor deste legume é sua simplicidade da panela para a boca dos apaixonados. Devem ficar firmes — ninguém gosta de legumes murchos —, e para isso convém cozinhá-los com as pontas para cima; dessa forma, a base, que é mais dura, cozinha bastante, e as pontas ficam crocantes. Naturalmente, são comidos com a mão, untados com bastante manteiga derretida com sal. Quem não entende a metáfora?

ESPINAFRE *Originário da Pérsia, rico em vitaminas e minerais, fortalece o corpo e as ânsias de amar.*

FEIJÃO *Para teutões e romanos era estimulante, e a flor simbolizava o prazer sexual. A sopa de feijão teve tal reputação de erótica, que foi proibida no século XVII no convento das freiras da Ordem de São Jerônimo para evitar excitações inoportunas, mas essa fama se perdeu desde que as freiras despojaram-se do hábito.*

GRÃO-DE-BICO *Em* O jardim perfumado, *o jovem Abou el Heidja realiza a epopeica tarefa de deflorar oitenta virgens em uma só noite, graças ao ímpeto obtido previamente com um suculento jantar de grão-de-bico, carne, cebolas e leite de camelo. Duvido, nunca houve tantas virgens disponíveis. Com exceção do leite de camelo, esses são alguns dos ingredientes do célebre cozido catalão de minha agente, Carmen Balcells.*

MILHO *Planta sagrada entre os indígenas americanos, simboliza fertilidade e abundância. Quanto mais pobres os povos originários, mais extraordinária sua criatividade culinária com relação ao milho.*

NABO *Pode-se dizer que, junto com a cebola e o alho,* é *o afrodisíaco dos pobres. Esse humilde legume* é *um excelente alimento.*

PEPINO *Parece que a única coisa que tem de erótico* é *a forma. Existem controvérsias sobre suas virtudes; em algumas regiões é considerado estimulante, enquanto em outras é um antiafrodisíaco.*

PIMENTÃO-DOCE E/OU PICANTE *É universalmente considerado afrodisíaco, especialmente o vermelho e de sabor picante, rico em capsaicina, um alcaloide. Seu nome e sabor variam de uma região para outra; é o audaz componente de todos esses pratos exóticos que deixam a boca em chamas e estimulam a imaginação e o apetite para o amor.*

Alho-poró *Na Roma e na Grécia antigas era-lhe atribuído valor afrodisíaco, possivelmente por sua forma fálica. O imperador Nero tomava todos os dias uma sopa de alho-poró para melhorar a voz, mas não há qualquer prova de que tenha surtido efeito.*

Tomate *Originário da América, deveria estar catalogado entre as frutas. Os espanhóis levaram-no à Europa com o nome de "maçã peruana" e "maçã do amor". Sua polpa vermelha, suculenta e sensual causou escândalo; confiava-se tanto em seu poder estimulante que pagavam-se fortunas por um tomate. As mulheres virtuosas rejeitavam-no, ao contrário das outras, que podiam jogar a culpa dos seus pecadinhos no irresistível tomate.*

Trigo *É o alimento mais antigo e leal da humanidade e, assim como o arroz, representa a fertilidade. A forma da espiga é considerada fálica, o que prova que a imaginação humana não tem limites. Antigamente fazia-se pão com a forma de órgãos genitais para as cerimônias dionisíacas. Não é uma má ideia...*

Trufa *Também chamada de* testículo da terra, *tem cheiro e sabor intensos, e por isso é usada em pouca quantidade. Sua reputação como afrodisíaco foi comprovada, e é considerada indispensável na cozinha tradicional francesa, especialmente no* foie-gras *e na preparação de certas carnes e aves.*

Cenoura *Essa raiz, vulgarmente chamada de "consolo da viúva", começou a ser cultivada na Europa no século XVII e foi trazida para a América pelos primeiros colonos ingleses. Por seu conteúdo de vitamina A e sua forma, atribui-se a ela o poder de exaltar a luxúria, mas, a bem da verdade, não conheço ninguém que se excite com uma cenoura (estou me referindo à sua ingestão, naturalmente).*

COLOMBA NA NATUREZA

E já que estamos falando de legumes bucólicos, vem a calhar a história verídica de uma amiga cujo nome tenho de omitir, porque senão ela me mata. Digamos que se chamava Colomba. Naquele momento ela era uma jovem rubicunda, de abundantes carnes rosadas e sardentas, com longa cabeleira daquela cor ruiva que Tiziano fez entrar na moda no Renascimento, e que hoje pode ser obtida em frascos. Seus delicados pés de ninfa mal sustentavam as grossas colunas de suas pernas, suas nádegas tumultuosas, os perfeitos melões de seus peitos, seu pescoço com dois papos sensuais e seus redondos braços de valquíria. Como acontece muitas vezes nesses casos, minha roliça amiga era vegetariana. (Para evitar a carne, essa gente se enche de carboidratos.) Colomba tinha um professor de artes na universidade que não podia desgrudar a vista dela, loucamente apaixonado por sua pele de leite, seu cabelo veneziano, seus cachos, as covinhas que assomavam pelas mangas e outras que ele imaginava no tormento de suas noites insones no leito matrimonial, junto a uma esposa alta e seca, uma daquelas mulheres distintas cuja roupa sempre cai bem sobre os ossos. (Eu as detesto.) O pobre homem pôs seus conhecimentos a serviço de sua obsessão e tanto falou a Colomba de *O rapto das sabinas*, de Rubens, de *O beijo*, de Rodin, de *Os amantes*, de Picasso, e de *A banhista*, de Renoir, leu-lhe em voz alta tantos capítulos de *O amante de lady Chatterley* e colocou sobre seu colo tantas caixas de bombons que ela, que não deixava de ser mulher, finalmente aceitou seu convite para um almoço campestre. Pode haver algo mais inocente que isso? Ah, mas o professor não era pessoa capaz de deixar passar uma ocasião como aquela. Traçou seus planos como se fosse Maquiavel. Deduziu que ela nunca aceitaria acompanhá-lo a um hotel na primeira saída e que talvez não houvesse uma segunda: tinha de jogar suas cartas de forma magistral. Contava apenas com uma Citroneta, um desses carrinhos de latão pintado que a França colocou ao alcance da classe média nos anos 1960, um veículo que mais parecia um cruzamento de lata de biscoitos e cadeira de rodas, onde só um contorcionista anão poderia fazer amor. Seduzir uma pessoa do tamanho de Colomba em uma Citroneta teria sido totalmente impossível. O piquenique oferecia uma solução romântica e prática ao mesmo tempo. Sua estratégia consistia em atacar as defesas da aluna pelo seu lado mais fraco: a gula. Com mil pretextos e circunlóquios averiguou os pratos favoritos da amada e, sem se desanimar pelo fato de ela ser vegetariana, encheu uma cesta primorosa com guloseimas afrodisíacas: duas garrafas do melhor vinho rosado bem frio, ovos duros, pão camponês, quiche de cogumelos, salada de aipo e abacate, alcachofras cozidas, milho verde assado, frutas aromáticas da estação e todo tipo de doces. Caso precisasse de recursos extremos, levava, como reforço, uma lata pequena de caviar beluga, pela qual tinha pago o salário de uma quinzena, um vidro de castanhas em calda e dois cigarros de maconha. Homem meticuloso — do signo de Virgem — também levou um travesseiro, um cobertor e um repelente de insetos.

Colomba o esperava em uma esquina da praça dos Libertadores, toda vestida de musselina branca, coroada por um chapéu de palha italiana enfeitado com um largo laço de seda. De longe parecia um veleiro, e de perto também. Ao vê-la, o professor sentiu desaparecer o peso dos anos, a lembrança da distinta esposa e o temor das consequências; nada existia neste mundo exceto aquela carne deliciosa envolta em musselina, que tremia com cada movimento, provocando-lhe uma luxúria selvagem cuja existência até ele ignorava. No fim das contas, era um acadêmico, um homem de letras, um estudioso da arte, um marido, um teórico. Até aquele momento não sabia nada de luxúria. A duras penas Colomba subiu na frágil Citroneta, que se inclinou perigosamente; por um momento pareceu que as rodas tinham se enterrado para sempre no asfalto, mas depois de umas quantas sacudidas o nobre veículo começou a andar e se dirigiu para fora da cidade. Pelo caminho falaram de arte e de comida, mais do segundo que do primeiro. E assim, embevecidos com a conversa e com aquele esplêndido meio-dia, por fim chegaram ao lugar que o professor escolhera, um belo campo com grama verde junto a um riacho rodeado de salgueiros. Era um lugar solitário, sem outras testemunhas de seus amores a não ser os pássaros nos galhos dos salgueiros e uma vaca distraída que mastigava flores a certa distância. O professor saltou da Citroneta e Colomba, com certa dificuldade, também desceu. Enquanto ele, diligente, esticava o cobertor à sombra, ajeitava o travesseiro e retirava os tesouros da cesta, sua aluna tirava os sapatos e dava pulinhos medrosos à beira do arroio. Era uma visão encantadora.

O professor não demorou muito para instalar Colomba sobre o cobertor, semirreclinada no travesseiro, estendendo sobre ela o delicioso conteúdo da cesta. Serviu vinho para refrescá-la, tirou a casca de um ovo duro, que ela logo começou a morder, e começou a brincar com os dedos gorduchos da moça, enquanto recitava:

Esse menininho comprou um ovinho, esse menininho o descascou, esse colocou sal, esse menininho o misturou e esse porquinho gordinho o comeu!

Colomba retorcia-se toda, morrendo de rir, e o professor, estimulado por isso, começou a lhe oferecer, uma após a outra, todas as folhas de uma alcachofra; depois de ela ter comido duas inteiras, ofereceu-lhe o quiche de cogumelos e depois os morangos e os figos e as uvas, sem parar de tocá-la por aqui e por ali e de lhe recitar, suando de impaciência, os mais apaixonados versos de Pablo Neruda. A cabeça de Colomba girava por causa do sol, do vinho, dos versos e do cigarrinho de maconha que ele acendeu logo que os últimos grãos de caviar terminaram, diante do olhar impávido da vaca, que tinha se aproximado do local. Neste momento apareceram as primeiras formigas, que o professor esperava com ansiedade: era o pretexto que necessitava. Garantiu a Colomba que, atrás das formigas, apareciam inevitavelmente abelhas e mosquitos, mas que ela não devia ficar com medo, porque tinham trazido o líquido repelente. No entanto, não queria manchar seu belo vestido de inseticida... Por acaso não se lembrava da célebre pintura impressionista *Déjeuner sur l'herbe*, esse piquenique em que as mulheres apareciam nuas e os homens vestidos? Não, Colomba não sabia de que estava falando, de modo que ele teve de descrevê-lo em todos os detalhes, aproveitando para abrir um por um todos os botões do vestido de musselina. Resumindo, digamos que logo depois Colomba estava despojada de seus véus e o sol acariciava as líquidas colinas de seu corpo voluptuoso. Com os dedos, ela colocava na boca os confeitos de castanhas, sem se preocupar com o fio de calda que escorria do seu queixo aos seios, fio que o professor olhava desorbitado, ofegante, até que não pôde resistir mais e lançou-se sobre aquela montanha de carne luminosa e palpitante, disposto a lamber o doce e tudo o que estivesse a seu alcance, arrancando a roupa atabalhoadamente, como se estivesse possuído, até ficar nu também. Colomba se retorcia de cócegas, morria de rir — nunca vira um homenzinho tão magro e peludo, com um pepino tão atrevido abaixo do umbigo — mas não abria as pernas, ao contrário, defendia-se com empurrões sedutores que, vindos dela, pareciam verdadeiras trombadas de elefante. Finalmente conseguiu se desvencilhar do torpe abraço do professor de arte e começou a correr, provocando-o e rindo, como essas mitológicas criaturas dos bosques, que sempre aparecem acompanhadas por faunos. E fauno parecia o professor, tentando alcançá-la.

Enquanto isso a vaca, que não era vaca mas touro, decidiu que chegava de chacota e começou a trotar atrás dos namorados que, para fugirem da investida daquele enorme animal, saíram correndo como almas levadas pelo diabo a buscar refúgio em um bosque próximo.

Haveriam de passar muitas horas até o touro se afastar o suficiente para que os desafortunados excursionistas, trêmulos e nus, pudessem regressar. O efeito da maconha, do vinho, das cócegas e da comida tinha se desvanecido há muito tempo. Colomba, histérica, proferia insultos e ameaças, enquanto o professor, aterrado e escondendo o pepisinho murcho com as duas mãos, tentava inutilmente tranquilizá-la com versos de Rubén Darío. Ao chegaram ao local do piquenique, perceberam que tinham roubado toda a sua roupa e também a Citroneta. Junto ao salgueiro onde trinavam os passarinhos, restava apenas o chapéu de palha italiana...

DEVORANDO O MUNDO

Nasci com a boca aberta...
entrando neste mundo suculento
de pêssegos e limões e sol maduro
e esta rosada e secreta carne de mulher;
este mundo onde a ceia está
no hálito do deserto sutil
nas espécies do mar distante
que flutuam no sonho tarde da noite.

Nasci em alguma parte entre
o cérebro e a romã
saboreando as texturas deliciosas
de cabelo e mãos e olhos,
nasci do cozido do coração,
do leito infinito, para caminhar
sobre esta terra infinita.

Quero alimentar-te com as flores de gelo
desta janela de inverno,
dos aromas de muitas sopas,
do perfume de velas sagradas
que por esta casa de cedro me persegue.
Quero alimentar-te com a lavanda

que se desprende de certos poemas,
e da canela de maçãs assando,
e do prazer simples que vemos
no céu quando nos apaixonamos.

Quero alimentar-te com a terra acre
onde colhi alhos,
quero alimentar-te de memórias
surgindo dos troncos de álamo
quando os parto
e da fumaça de pinhões
que se junta em torno da casa em uma noite quieta,
e dos crisântemos na porta da cozinha.

— Fragmento. James Tipton (1995)

FINALMENTE

Apetite e sexo são os grandes motores da história, preservam e propagam a espécie, provocam guerras e canções, influenciam religiões, lei e arte. Toda a criação é um processo ininterrupto de digestão e fertilidade; tudo se reduz a organismos devorando uns aos outros, reproduzindo-se, morrendo, fertilizando a terra e renascendo transformados. Sangue, sêmen, suor, cinza, lágrimas e a incurável imaginação poética da humanidade buscando significado...

Depois de dar um par de voltas completas pelo mundo dos afrodisíacos, descobri que o único que verdadeiramente me excita é o amor. Mas nestas páginas, com certeza, causei a impressão de não ser romântica e, portanto, careço de autoridade para falar desse frenesi. Nada disso. Por infelicidade pertenço ao tipo de pessoa que acredita no amor à primeira vista e, além de tudo, se casa. Oscar Wilde disse que "o amor é um mal-entendido mútuo". No cinquentenário da minha existência observo meu passado e, para ser justa, deveria estar de pleno acordo com Wilde, mas não me tornei totalmente cínica e ainda posso perder a cabeça por um homem (sou heterossexual, porém não fanática), dadas as condições adequadas, como palavras murmuradas ao ouvido e boa mão para massagens. Nunca me apaixonei com prudência, sempre foi um relâmpago que me deixou meio chamuscada, mas a experiência e a sorte ajudaram-me a manter acesa a chama da paixão para além dos seis meses que normalmente dura o capricho à primeira vista. Em geral fico um tempo considerável com o homem da vez. Essa tendência às relações longas não é masoquismo nem falta de imaginação, mas prudência. É um problema mudar de parceiro: é preciso encontrar novas estratégias para encontrar-se em horas inusitadas, comprar roupa íntima sexy para disfarçar a celulite, inteirar-se das fantasias eróticas do outro e todas essas tolices. Isso é muito entediante e, na maioria dos casos, não vale a pena. Os velhos amantes são confortáveis como as pantufas. Em minha idade provecta descobri o prazer de estar casada com as pantufas. Quando o marido e o amante são a mesma pessoa, talvez se perca grande parte do divertimento, mas sobra tempo para ver filmes. Gosto de filmes... e o casamento também não está mal. Apaixonei-me por meu atual companheiro por razões românticas; estava vivendo em castidade por muito tempo, duas ou três semanas, me parece; mas me casei com ele por motivos puramente práticos: precisava de um visto para permanecer nos Estados Unidos. Tudo deu certo, é fácil conviver com esse homem que cozinha como um *chef* e fala espanhol (seria terrível ser obrigada a brigar e a fazer amor em uma língua estrangeira; eu me sentiria ridícula ofegando em inglês). A paixão veemente parece ser meu estado natural, mas logo o pobre coitado preso na relação fica pálido e começa a emagrecer. Esse foi um dos motivos pelos quais me interessei pelo tema dos afrodisíacos: tinha a esperança de que, com uma dieta adequada, meu marido poderia sobreviver a mim em pleno vigor e boa saúde. Durante um ano — o tempo que demorei para escrever estas páginas — preparei todas as receitas afrodisíacas apresentadas a seguir e pus em prática quase tudo o que se relatou nos diferentes capítulos, menos a balança e algumas posições do *Kama Sutra*, inadequadas para minha idade. Foi um ano feliz, porque não bastam as comidas estimulantes para que o erotismo floresça; também é indispensável criar um ambiente em que os espíritos se regozijem e não caibam palavras adversas, humores melancólicos nem quebrantos.

Gula e luxúria, que tantas loucuras nos fazem cometer, têm a mesma origem: o instinto de sobrevivência. O vínculo entre a comida e o prazer sexual é a primeira coisa que aprendemos ao nascer. A sensação do bebê preso ao peito, imerso no calor e no cheiro da mãe, é puramente erótica e deixa uma marca indelével para o resto da vida. Da lactância até a morte, a comida e o sexo têm a mesma garra. Na maturidade, quando digerir e fazer amor se transformam em tarefas, a mente afasta-se a contragosto da mesa e da cama; mas há alguns seres capazes de chegar até o último dia de uma longa e frutífera existência com o mesmo apetite pelos prazeres terrenos da juventude. Esses velhos formidáveis, como Abraão, Mao, Picasso, Degas, Chagall e milhões de avós silenciosas que, por sua condição feminina, não passaram à história, causam-me tremenda inveja. Será que existe uma relação entre criatividade e erotismo? Espero que sim. O profundo regozijo que sinto, depois de comer bem e de fazer amor amando, reflete-se invariavelmente em meu trabalho, como se o corpo, agradecido, destinasse o melhor de sua energia a dar asas à escrita.

Não sei o que acontece com os homens, mas com as mulheres nenhum afrodisíaco tem serventia sem o ingrediente indispensável da simpatia que, em seu estado de perfeição, é amor. Espero que não me falte no futuro. E quando não puder mais fazer amor, não por indiferença minha, mas porque é difícil encontrar quem deseje fazê-lo com uma bisavó, espero continuar desfrutando pelo menos da comida e das recordações...

RECEITAS AFRODISÍACAS
DE PANCHITA
(com comentários meus)

Minha mãe é uma senhora de estilo clássico e tendência à moderação. Ao criar estas receitas, teve a prudência de experimentá-las uma a uma; durante meses agonizou com cada colherinha de manteiga e raminho de salsa, em um afã desproporcionado de atingir a perfeição. Depois tive de passá-las para o computador e, durante esse processo, confesso que fiz algumas pequenas alterações. Onde Panchita indicava três gotas de licor, coloquei um jorro, porque, em minha experiência, três gotas só causam efeito quando se trata de cianeto. Talvez seja um problema de geração: na época de minha mãe, os cavalheiros reagiam com estímulos sutis, mas na minha isso só acontece com porradas. Parece-me muito importante esclarecer este ponto, porque não permiti que Panchita lesse o texto final. Qualquer erro, portanto, não é responsabilidade dela, mas unicamente minha. Se alguma receita não der certo, paciente leitora ou leitor, prefiro que minha mãe não fique sabendo. À sua idade, não conseguiria resistir. Escreva para mim e eu lhe enviarei as humildes desculpas do caso.

MOLHOS

E OUTROS FLUIDOS ESSENCIAIS

As mãos expressam nossas intenções: acariciam, confortam, castigam, trabalham. A mão boa para fazer um molho é como a mão boa para fazer uma massagem, atributo valioso e escasso.

Os molhos sensuais, esses que o amante guarda em segredo como se fossem um tesouro, junto com os gestos mais íntimos e atrevidos, requerem imaginação.

Todo cozinheiro sabe que aquilo que é duvidoso, assim como os erros, se disfarçam com um bom molho (se o prato for realmente feio, como o polvo, é servido a meia-luz). Um bom molho é fundamental em muitas receitas e, no caso de sua cozinha afrodisíaca, oferece a oportunidade de usar ervas, especiarias, licores e outros ingredientes provocativos. Nossa lista é longa, mas não se assuste, mais cedo ou mais tarde poderá ser útil para você. Meu amigo, o médico japonês Miki Shima, costuma me dar amostras de suas ervas orientais. Quando ficou sabendo deste livro interessou-se imediatamente pelo tema e, com uma de suas corteses reverências, ofereceu-me uma sacola de frascos com nomes impronunciáveis, potentes afrodisíacos da África, China, Índia e outros lugares que evocam mistério, para misturar às receitas de Panchita. Antes de incluí-los neste livro, decidi que alguma pessoa de minha confiança deveria experimentá-los; meu marido, porém, que aceitara servir de cobaia para as receitas culinárias, não demonstrou o mínimo entusiasmo pelos remédios do doutor Shima. Disfarçando bastante, consegui dar-lhe uma colherada de Green Magma (extrato do suco de plantas de cevada verde e arroz selvagem) e três cápsulas de BaWei Di Huang Wan (Rehmannia cozida, *Cornus, Dioscorea, Hoelen, Alisma, Aconite* processado, *Canela e Moutan,* sabe-se lá que diabo deve ser isso) no café da manhã, mas no dia seguinte foi impossível repetir a dose porque ele estava muito agitado, com palpitações, tremores nos joelhos e visão turva. Não distinguía as luzes dos semáforos e caiu duas vezes da escada. Liguei para o sábio acupunturista para lhe perguntar discretamente se podiam ser sintomas de ataque cardíaco, mas ele me garantiu que não. As ervas são muito saudáveis, disse. Devido à reação de Willie, elas não serão incluídas aqui, embora às vezes abra as cápsulas e salpique seu conteúdo nos molhos e temperos de Panchita para aumentar sua potência erótica. Se não exagerar e o molho for saboroso, quase nem se nota.

É difícil preparar um molho só para duas pessoas, porque a metade costuma ficar grudada na panela ou no coador. Por isso, as receitas deste capítulo são um pouco mais abundantes, mas o que sobra não se perde, sempre tem algum destino em brincadeiras sensuais. Posso imaginar várias delas, mas suponho que você também pode, e por isso não vale a pena entrar em detalhes. Muitos molhos podem ser guardados em recipientes plásticos na geladeira, mas eu os prefiro frescos porque adoro prepará-los. Fazer um molho com bons ingredientes é como fazer amor com um especialista. Quase todos os sentidos entram em jogo: deve ser atraente ao olhar, como o rosto da pessoa amada, saboroso como um beijo, suave como as partes mais íntimas e seu aroma tem de ser único, intransferível, como a pele.

Certa vez, Panchita sugeriu um molho de ervas finas para o peru de Natal. Misturou vinho branco, suco de cebola, alho e um raminho discreto de ervas no liquidificador. Percebi certa timidez nessa receita e, aproveitando um descuido dela, acrescentei um grande punhado de ervas e salpiquei vários temperos em pó. Além disso, tive a infeliz ideia de injetar o molho com uma seringa em varias partes do peru, apesar da oposição de minha mãe, que preferia deixá-lo de molho de maneira mais tradicional. O resultado foi desastroso: assada a ave, a carne adquiriu uma suspeita tonalidade esverdeada e ninguém quis experimentá-la. O uso irreverente de tantas especiarias e ervas também produziu um cheiro estranho. Nesse dia aprendi que o aroma de um molho deve ser sutil e bem definido, pois ingredientes em demasia provocam confusão e anulam o encanto. Em outra oportunidade, tentando repetir de cor uma receita de minha sogra, exagerei na essência de hortelã na calda de uma sobremesa; ficou com cheiro de pasta dental e o sabor da *bavaroise* desapareceu, esmagado pela hortelã. Naturalmente, o sabor é o mais importante, pois a finalidade do molho é realçar as virtudes de outros alimentos — levantar o moral dos pratos tímidos —, mas se o ingrediente principal for arrogante, o molho deve se limitar a acompanhá-lo com recato, sem concorrer com ele. Esse é o caso do curry e dos picantes, que deixam um incêndio na boca e a gente nem sabe o que está comendo. O mesmo aplica-se aos molhos doces para sobremesas e frutas. Nesses casos convém usar pouca quantidade e não colocá-los por cima, mas vertê-los no prato antes de colocar o resto. Os molhos são como os tecidos, devem ter uma textura precisa. Alguns são suaves e fluidos como a seda (*bechamel*, *velouté*) e outros consistentes como linho (*pesto*) ou grossos ao tato como um bom *tweed* inglês (bolonhesa, *chutney*). Os molhos são leves na cozinha moderna, às vezes parecem simples caldos transparentes; não se trata mais de sepultar a comida sob um manto assustador que impeça o reconhecimento de sua identidade. A obsessão com o colesterol criou um pânico irracional diante do creme e da manteiga, que ameaça arruinar a boa cozinha, mas no caso dos molhos ela foi benéfica. Em vez de gordura são usados novos licores, especiarias e ervas, que hoje são conseguidos em toda parte e antes eram luxos de sibaritas.

No mercado existem extratos que podem servir de base para um molho original ou enriquecer o sabor de outros, desde caldo em lata e uma sopa cremosa e espessa, até um cubo de sabor concentrado. Uso-os quando não há ninguém olhando, até mesmo para substituir o sal, mas Panchita acha que isso é uma trapaça. Se você não for dessas pessoas que destilam seus próprios licores, extraem suas essências e preparam seus caldos, use os que são oferecidos no mercado sem se deixar atormentar pela culpa, pois existem pecados piores.

Existem milhões de molhos e você pode melhorá-los, mudá-los e inventar os seus logo que perder o medo da cozinha e dos ingredientes. Que importa se errar? Ninguém vai estar filmando seus erros. Eu os invento segundo a inspiração do momento e nunca posso repeti-los, por isso não aparecem aqui. Panchita, muito mais rigorosa, selecionou seus molhos básicos, quase infalíveis e de múltiplos usos. No que se refere a molhos, como no amor, devemos nos guiar pela intuição e não pelos manuais. Não receie acrescentar ou substituir um ou dois ingredientes, desde que conserve a proporção de gordura, farinha, líquidos e/ou ovos. Suponho que não seja obcecado pela exatidão, que não tenha uma balança de cozinha e, como a maioria das pessoas, meça mais ou menos a olho; por isso, em geral, as receitas não estão em gramas nem em onças, mas em colheradas e xícaras. Quando Panchita diz "uma pitadinha" refere-se à quantidade que cabe na ponta dos dedos — o polegar e o indicador, naturalmente —, ou na ponta de uma faca.

Numeramos as receitas para serem facilmente localizadas. Os molhos doces serão encontrados no capítulo das sobremesas.

MOLHOS FRIOS E TEMPEROS

Estas receitas são para duas pessoas em quantidade generosa, ou para quatro com certa avareza. Você nem imagina como o trabalho fica mais simples com um multiprocessador de alimentos.

Nº 1 MAIONESE CASEIRA

É um molho básico, vendido em todos os supermercados, mesmo sem gordura (de que será feita?), mas fica mais saborosa e saudável se preparada em casa. Antigamente dava muito trabalho prepará-la; em toda família havia alguém com "mão boa" e os outros nem tentavam. Supunha-se que, se uma mulher estava menstruada, a maionese talhava e depois era preciso recompô-la com mil melindres, utilizando uma batata cozida. Na época de minha avó as gemas eram batidas à mão com um garfo, incorporando o óleo gota a gota, tarefa que podia consumir uma meia hora de exercício aeróbico, contraindicado para um encontro erótico, porque provoca mau humor. Com o método de Panchita bastam dois ou três minutos, e o resultado é delicioso, só que mais leve. Na primeira vez que a fiz, acrescentei o óleo rápido demais e ela talhou; além disso, salpiquei a cozinha até o teto. Lembre-se que deve fazê-la lentamente. Agora as tampas dos liquidificadores têm um orifício para facilitar esse tipo de coisas.

Ingredientes

1 ovo grande

3/4 xícara de óleo

1/2 colherinha de suco de limão

1 colherinha de mostarda (opcional)

1/2 colherinha de açúcar

Sal e pimenta-do-reino

Preparação

Coloque todos os ingredientes no liquidificador, exceto o óleo e o açúcar. Bata por 10 segundos em baixa velocidade. Destampe e acrescente 2 colheres de óleo e o açúcar. Bata mais 10 segundos e junte o conteúdo com uma espátula. Bata e acrescente gradualmente o resto do óleo. Em um minuto a maionese estará espessa e pronta para servir.

Variações

Pode-se variar esta maionese acrescentando 3 colheres de pimentão vermelho doce (em lata) ou 3 colheres de ketchup e uma de uísque (molho americano). Também pode-se acrescentar 3 colheres de salsa ou coentro e estragão picado (molho verde). Se precisar de maior consistência, acrescente 2 folhas de gelatina sem sabor dissolvidas em pouca água quase fria.

Nº 2 MOLHO TÁRTARO

Para carnes frias, ovos e saladas.

Ingredientes

3/4 xícara de maionese
1 ovo duro
1/2 envelope de gelatina
2 colheres de vinho branco
2 colheres de cebolinha ao escabeche
1 pepino médio ao escabeche
1 colher de salsa picadinha
1 colher de estragão
1 colherinha de mostarda
Sal e pimenta-de-caiena

Preparação

Deixe a gelatina de molho no vinho. Pique fininho o ovo duro, a cebolinha, o pepino, a salsa e o estragão. Misture com a maionese e verifique o tempero de sal e pimenta. Derreta a gelatina no calor, deixe-a esfriar e acrescente-a à maionese e aos temperos. Bata bastante e o molho ficará firme para qualquer uso.

Nº 3 MOLHO FRANCÊS

Preparado no liquidificador ou em frasco tampado bem sacudido, serve para realçar suas saladas.

Ingredientes

1/4 xícara de azeite de oliva
3 colheres de vinagre de estragão
1 colher de açúcar
3 colheres de suco de limão e laranja misturados
1/2 colherinha de molho inglês
1/2 colherinha de mostarda
1 pitada de gengibre moído
Sal

Preparação

Coloque tudo num frasco tampado e agite bem. Guarde na geladeira até o momento de servir.

Nº 4 *PEBRE*

Molho muito popular no Chile e em outros países latino-americanos, ideal para acompanhar carnes, peixes, vegetais etc. Nem tente fazê-lo se o sabor picante o assusta.

Ingredientes

4 pimentões verdes picantes
1/4 xícara de suco de limão
1/4 xícara de óleo vegetal
1 colher rasa de sal
2 colheres de cebolinha picada
2 colheres de coentro picado
2 colheres de salsa picada
3 colheres de vinagre

Preparação

Abra os pimentões e retire sementes e nervos. Pique-os com as mãos e deixe-os meia hora cobertos de suco de limão e sal. Coe e acrescente os outros temperos e verduras. Guarde em um frasco tampado na geladeira até o momento de usar.

Nº 5 GUACAMOLE

Molho mexicano de abacate, sempre presente nas mesas desse país. Quando sobrar peixe do dia anterior, improvise um prato afrodisíaco com este molho, e sirva-o frio. Não pode ser guardado porque fica escuro, por isso o preparo pouco antes de usar. Também serve como *hors d'oeuvre* para untar torradas, batatas fritas ou *tortillas* crocantes.

Ingredientes

2 abacates grandes e maduros
1 cebola branca pequena bem picada
1 pimentão verde picado fino
2 tomates médios sem casca, picados, sem sementes nem suco
2 colheres de azeite de oliva
1 gema de ovo batida
1 colher de suco de limão
1 colherinha de molho inglês Worcestershire
Sal

Preparação

Separe os abacates para o final. Misture os demais ingredientes e deixe-os se impregnarem por 1 hora. Antes de servir, acrescente a gema dissolvida em suco de limão. Misture os abacates recém-descascados e levemente amassados com um garfo. Essa precaução final é para que os abacates não escureçam. Guarde em local fresco.

Nº 6 MOLHO LEVE

Para alcachofras e aspargos, duas verduras afrodisíacas, não só por seu conteúdo, mas pelo aspecto erótico e o prazer de comê-las com os dedos. Infelizmente, esse molho não pode ser guardado. É aromático e delicioso. Se sobrar, use-o nas preliminares do amor; supomos que não precisa de instrução para isso.

Ingredientes

1/2 queijo cremoso batido

2 colheres de suco de toranja (grapefruit)

1 colher de vinagre de maçã

1 colher de salsa picada fina

1 colher de hortelã picada fina

1 colher de endro picado

1 clara de ovo batida

Sal e mostarda

Preparação

Bata o queijo cremoso com o suco de toranja e o vinagre. Acrescente salsa, hortelã e endro. Tempere com sal e mostarda. No momento de servir, acrescente a clara de ovo bem batida (como se fosse para suspiro).

Nº 7 MOLHO TURCO

Para ave fria.

Ingredientes

3 fatias grossas de pão de fôrma sem casca

1 iogurte batido

1 xícara de nozes sem casca e moídas

1/3 xícara de azeite de oliva

2 alhos descascados e amassados

1/2 xícara de salsa picada

1 colher de orégano fresco

1 colher de manjericão picado

Sal e pimenta-do-reino

Preparação

Desmanche o pão no iogurte. Coloque todos os ingredientes no liquidificador. O molho deve ficar espesso. Se for necessário, use mais azeite de oliva.

Nº 8 MOLHO MEDITERRÂNEO

Ingredientes

1/2 xícara de maionese

1/2 xícara de polpa de tomates

3 colheres de azeitonas pretas picadas

2 dentes de alho amassados

1 colherinha de licor de anis

1 colher de vinagre de estragão

1 colher de cebola ralada

1 colher bem generosa de geleia de groselha

Sal e pimenta-do-reino

Preparação

Misture tudo e deixe os sabores se impregnarem 2 horas antes de servir. Acrescente a geleia de groselha. Coloque uma pitadinha de sal e um pouco de pimenta. Mexa bem e deixe esfriar antes de servir.

Nº 9 MOLHO PICANTE

Os pratos mais simples, como salada de batatas ou de macarrão, ovos duros e peixe frio, adquirem um arzinho erótico com este molho.

Ingredientes

1 xícara de camarões pequenos, descascados e cozidos

2 fatias de pão branco

1 xícara de leite

1 cebola média picada fina

1/2 colher de manteiga

1/3 xícara de óleo vegetal

1 dente de alho amassado

1/2 colherinha de páprica

4 gotas de molho picante

1 colher de rum (ou outro licor forte não doce)

Sal, cominho e orégano

Preparação

Frite na manteiga cebola, alho, páprica, cominho e orégano. Deixe o pão de molho no leite por 5 minutos e acrescente-o aos outros ingredientes. Tempere com molho picante e sal. Cozinhe alguns minutos até engrossar. Passe por um coador ou pelo liquidificador. Cozinhe em fogo brando, acrescentando aos poucos o óleo e os camarões. Acrescente o toque final do licor, para acentuar o sabor.

Nº 10 MOLHO HUANCAÍNO

Típico da Bolívia e da serra peruana, usa-se quente ou frio sobre batatas cozidas, decoradas com folhas de alface. Também fica delicioso com milho verde, ovos duros e algumas aves de carne branca.

Ingredientes

1/2 xícara de ricota

100 g de queijo de cabra

1 xícara de azeite de oliva

3 colheres de cebola ralada

2 colheres de creme de leite bem espesso

1 colherinha de molho picante líquido

1/3 xícara de suco de limão

1 dente de alho bem amassado

1 colherinha de casca de laranja ralada

1 colherinha de manteiga de amendoim

Sal e pimenta-branca

Preparação

Coloque todos os ingredientes juntos no liquidificador até formar uma massa homogênea.

Nº 11 MOLHO DE NOZES

Para aves, peixes e como tempero para saladas frias de macarrão.

Ingredientes

1 xícara de nozes amassadas e sem pele

4 fatias de pão de fôrma sem casca

1 xícara de caldo concentrado de ave (1/2 cubo)

4 colheres de creme de leite espesso

Sal, pimenta-do-reino e noz-moscada

Preparação

Deixe o pão de molho no caldo por 10 minutos e depois aperte-o para tirar o excesso de líquido. Misture com os outros ingredientes e bata bem. Se ficar muito espesso, acrescente um fio de azeite de oliva.

Nº 12 *RAVIGOTE*

Muito bom para carnes frias. Não receie, pode colocar quase todas as ervas frescas que encontrar. É um dos poucos casos em que o exagero é aplaudido.

Ingredientes

1 colherinha de hortelã picada
1 colherinha de salsa picada
1 colherinha de endro picado
1 colherinha de coentro picado
1 colherinha de estragão picado
1 colherinha de cerefólio picado
1 colherinha de aipo picado
1 colherinha de manjericão picado
1 colherinha de agrião picado
1 colher de alcaparras picadas
1 colher de limão
1 gema de ovo
1/2 xícara de azeite de oliva
1/4 colherinha de mostarda
1/4 colherinha de essência de anis
Sal e pimenta-do-reino

Preparação

Moa todas as verduras no multiprocessador. Acrescente a gema de ovo. Misture o azeite aos poucos, até formar uma maionese verde. Tempere com anis, sal e pimenta.

Nº 13 MOLHO AGRIDOCE

É mais suave e discreto que o típico molho agridoce da cozinha chinesa. Serve para acompanhar frios de porco e ave.

Ingredientes

2 colheres de mostarda
1/2 iogurte natural
1 pitadinha de sal
1 colher de geleia de laranja
1 colher de geleia de cereja
1 tacinha de vodca

Preparação

Dilua a mostarda no iogurte. Misture com as geleias e a vodca. Mexa bem.

Nº 14 ESPUMA DE LARANJA

É um recurso rápido para nos tirar de apuros. Ovos duros, aspargos, alcachofras e outros vegetais vestem-se de gala com este molho.

Ingredientes

1 xícara de creme de leite espesso

1 colherinha de açúcar

1 gema de ovo

1 colher de suco de cebola

1/2 laranja (casca ralada e suco)

1/2 colherinha de gengibre

Sal e pimenta verde

Preparação

Bata o creme com o açúcar, até ficar consistente. Misture a gema e os outros ingredientes mexendo suavemente para não encolher e murchar. Fica ótimo sobre uma salada de batatas e cebolas cozidas.

Nº 15 COSTA BRAVA

Para saladas verdes e peixe frio.

Ingredientes

1 colher de azeite de oliva

2 colheres de creme de leite espesso

1/2 xícara de ricota

1/4 xícara de azeitonas verdes picadas finas

1/4 xícara de pepino (sem sementes) picado fino

1 colher de cebola ralada

1 colher de hortelã picada

1 colher de suco de limão

1 pitadinha de casca ralada de limão

1 pitadinha de alho em pó

Pimenta-do-reino e sal

Preparação

Misture todos os ingredientes meia hora antes de usar o molho.

Nº 16 MOLHO DE TRÊS MINUTOS

No amor e na cozinha não é bom se apressar muito, mas às vezes não há tempo para o *Kama Sutra* inteiro. Este molho rápido acompanha perfeitamente carne de porco, presunto, bistecas ou lombinho de porco, antes de serem assados. A combinação de ingredientes para este molho parece coisa de loucos — como as anchovas com leite condensado que meu filho adorava na infância —, mas posso garantir que fica delicioso.

Ingredientes

1/2 colherinha de mostarda

1/2 xícara de iogurte natural

1 colher de suco de toranja ou limão

1 colher de geleia de damasco

1 cálice de vodca

Preparação

Dissolva a mostarda no iogurte. Misture com a geleia e a vodca. Mexa bem. Não há nada mais fácil!

Nº 17 MOLHO VERDE

Para salada fria de macarrão, peixe, carnes frias e frios.

Ingredientes

1 xícara de espinafre cozido

3 gemas de ovo cozidas

4 colheres de azeite de oliva

1/2 xícara de iogurte natural

2 colheres de vinagre aromático

1 dente de alho amassado

1 xícara de folhas frescas de estragão, endro, borragem e cebolinha picados e misturados

1 pitadinha de noz-moscada (é melhor que seja fresca e ralada, mas se não conseguir, também pode ser em pó)

Mostarda, sal e pimenta-do-reino

Preparação

Amasse as gemas cozidas com um garfo (ou no multiprocessador), acrescente o azeite e depois o iogurte e o espinafre. Misture vinagre, alho e as ervas. Tempere com mostarda, sal e pimenta à vontade. Se ficar muito espesso, pode usar um pouco da água em que cozinhou o espinafre.

Nº 18 MOLHO ERÓTICO

Dissemos que os ovos são afrodisíacos, lembra? Este molho abusa deles. Em alguns casos, também serve para substituir a maionese.

Ingredientes

1/2 xícara de maionese

2 ovos duros

2 colheres de azeite de oliva

1 colher de vinagre aromático

1 colherinha de estragão fresco picado fino

1 colherinha de suco de limão

1 colher de cebolinha picada bem fina

1 pitada de páprica (ou 1 colherinha de mostarda)

Sal

Preparação

Amasse os ovos com um garfo, tempere-os, misture bem com a maionese e esqueça o colesterol.

MOLHOS QUENTES

Há molhos quentes e frios, que, no primeiro caso, podem ser usados mornos e, no segundo, em temperatura ambiente. Assim como o amor, os extremos são perigosos. Isso economiza um tempo precioso, porque permite deixar o molho preparado com certa antecedência, esperando discretamente na panela destampada (cobre-se o molho quando está quente, pois o vapor acumulado diminui a consistência). A regra geral na preparação de molhos é cozinhá-los em fogo brando, mexendo continuamente com colher de madeira e com a mesma amorosa tenacidade com que os amantes se acariciam. Se, por falta de cuidado, o molho embolotar, coe-o ou passe-o no liquidificador. Se começar a talhar, pode ser consertado com algumas colheres de creme de leite espesso batido. E se talhar de vez, jogue-o no lixo e comece de novo. O queijo e o creme devem ser acrescentados ao final. Para que não ferva, o molho deve ser feito em panela com fundo duplo ao vapor. As ervas frescas podem ser atadas em um ramo para serem retiradas com maior facilidade. As receitas foram calculadas para 4 ou 5 porções.

Nº 19 MOLHO BECHAMEL

Também é chamado de molho branco. Essa formidável invenção francesa é a base de muitos molhos quentes. Resigne-se: tem de aprendê-lo. Pode-se acrescentar especiarias ao molho básico (pimenta, gengibre, noz-moscada, curry etc.), ou ervas frescas picadas, que se misturam ao final para conservarem o aroma (tomilho, salsa, alecrim, estragão, erva-cidreira), ou uma colher de licor doce (xerez, vinho do Porto, vinho Marsala), ou ainda outros sabores (casca ralada de limão, caldo concentrado de carne, cebolinha, pimentões assados, nozes, tomates, cogumelos, alho amassado etc.).

Ingredientes

1 colher bem cheia de manteiga

1 colher rasa de farinha de trigo

1 xícara de leite

Sal e pimenta-do-reino

Preparação

Derreta a manteiga em uma panela e acrescente a farinha. Mexa até formar uma massa homogênea. Acrescente aos poucos o leite, mexendo sempre para evitar bolotas. Misture os temperos e tire do fogo.

Nº 20 MOLHO AO XEREZ

Para acompanhar aves ou cordeiro.

Ingredientes

1/2 xícara de cogumelos secos moídos

1/2 xícara de figos secos moídos

1 colher de manteiga

1 cálice de xerez

1 xícara de caldo de ave

1 colher de fubá

3 colheres de creme de leite

1 colher de uísque

Sal e pimenta verde

Preparação

Deixe figos e cogumelos de molho no licor por 2 horas. Frite-os na manteiga. Acrescente aos poucos o fubá dissolvido no caldo. Ferva em fogo brando por 15 minutos. Tempere com uísque, sal e pimenta verde. Antes de servir, incorpore o creme suavemente.

Nº 21 MOLHO DE ROQUEFORT

Este queijo com veios azuis, com cheiro de bota de soldado, é um magnífico ingrediente para realçar certos pratos. Este molho serve, sobretudo, para temperar talharins e nhoques, mas também pode acompanhar — frio ou quente — certos peixes e verduras refogados ou cozidos ao vapor. Por motivos óbvios, não use nada que contenha queijo roquefort em brincadeiras eróticas.

Ingredientes

3 colheres de queijo roquefort
3 colheres de creme de leite
3 colheres de aipo picado fino
1 colher de manteiga
2 colheres de vinho branco
1 gema de ovo
Sal e pimenta-do-reino

Preparação

Bata o creme com o roquefort. Acrescente a manteiga, o aipo, sal e pimenta, e mexa. Esquente em panela com fundo duplo sem deixar ferver. Bata a gema com o vinho branco e misture, mexendo bastante até ficar espesso.

Nº 22 MOLHO AROMÁTICO

Para todo tipo de carnes, menos a humana, e para simples talharins italianos (com orégano ou manjericão frescos em vez de coentro e louro). Este molho não serve para massagens, porque muita gente fica com alergia.

Ingredientes

1 xícara de champignons frescos picados

1/2 xícara de caldo de carne

1 colher de azeite de oliva

1 dente de alho amassado

1 xícara de polpa de tomates naturais

3 colheres de creme de leite azedo

2 colheres de coentro picado fino

1 folha de louro

Sal e pimenta-do-reino (se usar caldo concentrado em cubos, tenha cuidado ao acrescentar o sal)

Preparação

Frite os champignons e o alho no azeite de oliva. Acrescente a polpa de tomates, o caldo e os temperos. Cozinhe em fogo brando por 15 minutos. Sirva quente, misturando o creme de leite azedo ao final.

Nº 23 *PESTO* AMARANTA

Pesto é um nome genérico que inclui muitas variantes. Foi inventado na Itália para as massas, sobretudo quentes, mas os americanos, que gostam tanto de comê-las frias em forma de saladas, utilizam-no como tempero. Também pode ser usado com mariscos ou em uma sopa sem graça, o que lhe dá mais personalidade. (Dura vários dias na geladeira.) Oferecemos aqui uma receita mais ou menos básica, mas pode acrescentar ervas e temperos ou substituí-los por outros de sua preferência. O *pesto* é como fazer amor: bastam as instruções básicas, o resto é pura improvisação.

Ingredientes

1/2 xícara de amêndoas sem pele e moídas

2 colheres de uvas-passas claras

1/2 xícara de caldo

1 dente de alho amassado

1 colher de óleo vegetal

3 colheres de queijo parmesão ralado

3 colheres de orégano fresco picado

1/2 colherinha de cominho

1/2 colherinha de páprica

Sal

Preparação

Deixe as uvas-passas de molho no caldo. Acrescente o dente de alho frito em óleo. Misture com as amêndoas, orégano, cominho, páprica e sal. Na hora de retirar do fogo misture o queijo ralado.

Nº 24 MOLHO CORALINA

Para todo tipo de peixes quentes. Tem uma cor rosada intensa, um aroma íntimo e um sabor levemente picante; em suma, é francamente sensual.

Ingredientes

4 camarões grandes cozidos e picados

1 xícara de caldo de peixe

1 colher de maisena (ou fubá)

2 colheres de vodca

1 colher de molho de soja

1 pimentão vermelho de lata

1 colher de cerefólio (salsa crespa) picado

Sal, coentro, páprica e alho em pó (opcional)

Preparação

Dissolva a maisena no caldo frio e ferva mexendo sempre até engrossar. Acrescente os camarões, vodca, soja e cerefólio. Passe o pimentão pelo coador e misture-o com o resto. Tempere com páprica, sal e alho em pó. Cozinhe alguns minutos para que os sabores se impregnem.

Nº 25 MOLHO MIKONOS

Também chamada de *nogada* grega, é um molho afrodisíaco que pode ser usado em carnes e alguns peixes. Na América do Sul existe uma receita similar para acompanhar língua bovina.

Ingredientes

3 fatias de pão de fôrma

1 xícara de leite

1 xícara de nozes moídas

1 dente de alho amassado

2 colheres de azeite de oliva

1/2 xícara de manjericão e cebolinha frescos picados

Sal e pimenta-do-reino

1 punhado de pistaches sem pele e inteiros

Preparação

Deixe o pão de molho no leite. Frite o dente de alho no azeite. Misture o pão e o leite, o alho, as nozes, o manjericão e a cebolinha. Tempere com sal e pimenta. Cozinhe 5 minutos até engrossar. Sirva quente com os pistaches inteiros colocados no último minuto. (Se ficar grosso demais, pode usar azeite de oliva.)

Nº 26 MOLHO MARINHEIRO

Também pode ser feito com amêijoas e outros mariscos de concha. Em uma emergência pode usá-los enlatados, mas sempre são melhores frescos. Este molho serve para acompanhar peixes, macarrão, omelete de ervas finas, pudins ou suflês de verduras. Todos os ingredientes, menos a maisena e o sal, são afrodisíacos! Avise o seu amante antes de servir o molho.

Ingredientes

1 xícara de mexilhões cozidos
1 xícara de caldo de verduras

1/2 xícara de cebola picada bem fininha

3 colheres de óleo vegetal

1 dente de alho amassado

2 colheres de extrato de tomates

1 pimentão vermelho de lata moído

1 colher de maisena

Casca ralada e suco de 1/2 limão

Alecrim e salsa picada

Sal e pimenta-do-reino em grão

Preparação

Frite a cebola e o alho em óleo. Acrescente o tomate e o pimentão moído. Engrosse o caldo com a maisena e misture com o anterior. Acrescente os mexilhões, alecrim, salsa, suco e casca ralada de limão, sal e a pimenta inteira. Deixe ferver em fogo brando por 10 minutos, para que os sabores se impregnem.

Nº 27 MOLHO DE VINHO *BRANCO OU TINTO*

O de vinho branco é usado em aves, peixes e verduras de sabor delicado. O de tinto é para carnes vermelhas e legumes.

Ingredientes

1 xícara de caldo (de ave ou pescado, se for usar vinho branco; de carne, se usar o tinto)

2 colheres de manteiga

1 colher de farinha de trigo

1/4 xícara de vinho branco (ou tinto)

2 colheres de xerez

Sal, alho em pó e pimenta--do-reino

2 colheres bem cheias de creme de leite batido (opcional)

Preparação

Derreta a manteiga em fogo brando. Acrescente a farinha e deixe cozinhar por 2 minutos. Coloque aos poucos o caldo quente, mexendo sempre. Acrescente o vinho e o licor. Naturalmente, o molho fica mais fino. Continue mexendo até engrossar um pouco. Verifique os temperos. Se quiser engrossá-lo mais, pode colocar creme de leite batido sem deixar ferver.

Nº 28 SALOMÉ

Para aves, cordeiro e terneiro. Também pode servir para disfarçar testículos. Refiro-me , naturalmente, aos do animal, que costumam ser servidos assados ou fritos em manteiga dourada.

Ingredientes

1/2 xícara de ameixas secas sem caroços

1/2 maçã verde

1/2 xícara de vinho tinto

1 xícara de caldo de ave

3 colheres de creme de leite espesso

Sal e pimenta

Preparação

Deixe as ameixas de molho no vinho por 2 horas. Depois bata-as no liquidificador (sem o líquido), com a maçã descascada e o caldo de ave. Tempere com sal e pimenta. Esquente em uma panela pequena e acrescente o creme de leite antes de servir.

Nº 29 CHUTNEY DE MANGA

Este chutney é ideal para trazer um sopro do Extremo Oriente para a sua mesa. Sirva-o com verduras e para acompanhar carnes vermelhas, lentilhas ou grão-de-bico.

Ingredientes

1 manga verde

1 colher de coentro em pó (sementes secas de coentro)

1 colher de cominho seco em pó

1 colher de açafrão-da-índia em pó

1/2 colherinha de pimenta--de-caiena em pó

1 colher de curry em pó

1 pimentão verde

2 colheres de mel

2 colheres de azeite

1/2 xícara de água (aproximadamente)

Sal (muito pouco)

Preparação

Descasque e corte a manga em cubinhos. Depois corte o pimentão em cubinhos. Frite levemente o pimentão e a manga em uma frigideira com todas as especiarias, por cerca de 5 minutos. Coloque tudo no liquidificador com o mel e a água, e mexa bem. Se parecer muito seco, acrescente mais água. Coloque sal a gosto. Pode ser servido imediatamente ou guardado em um frasco na geladeira (por não mais de uma semana).

Nº 30 CURRY RÁPIDO

Na Índia, o curry é parte integral da preparação de muitos pratos. Foi inventado diante da necessidade de preservar a comida por várias horas em um clima quente e úmido. Na verdade, o curry não é um molho que se acrescenta ao final, mas faz parte da preparação dos pratos. De qualquer forma, convém ter uma receita fácil para enfeitar qualquer carne, peixe ou vegetais, quando desejar improvisar um cardápio afrodisíaco de última hora, ou disfarçar algo que queimou.

Ingredientes

1 xícara de creme de leite (para um molho com menos calorias, pode substituí-la por uma xícara de molho bechamel preparado com leite desnatado)

1 colher de azeite

1 dente de alho amassado

1 colherinha de curry em pó

1 colher de xerez ou vinho branco

1 colherinha de suco de limão

Sal, pimenta-do-reino, uma pitadinha de cominho

Preparação

Frite o alho e o curry em azeite durante 2 minutos. Acrescente o licor e o limão. Retire do fogo. Tempere com sal, pimenta e cominho. Verta lentamente o creme de leite, preservando o calor sem deixar ferver. Se usar molho bechamel que esteve guardado na geladeira por vários dias, deverá batê-lo antes na batedeira ou manualmente

HORS D'OEUVRE

PRIMEIRAS CÓCEGAS E MORDIDELAS

À mesa, representam aquilo que os beijos são para os apaixonados, uma mostra delicada do que virá mais tarde, quando a coisa ficar mais íntima. São servidos para acompanhar um coquetel ou uma taça de vinho branco antes de se passar à mesa e, em alguns casos, quando a ansiedade de amar é tão grande que não há tempo a perder, podem substituir a comida.

Conheço um *playboy* várias vezes divorciado cujo único talento culinário são os *hors d'oeuvres*, que prepara com laboriosidade de monge e mantém sempre frescos em uma geladeira no quarto. Serve-os ao iniciar a sedução e para recuperar forças entre dois encontros amorosos. Para esta seção, Panchita escolheu alguns que têm reconhecido sabor afrodisíaco. As quantidades são suficientes para dois apaixonados eufóricos e gulosos, ou para quatro de temperamento lânguido.

CONCHAS EM MOLHO

Os mexilhões são vistosos — fazem lembrar os órgãos sexuais femininos —, apetitosos e fáceis de preparar. Na América do Sul, são considerados a ostra dos pobres.

Ingredientes

1 kg de mexilhões em suas conchas

1/2 xícara de vinho branco

1/2 xícara de água

1 rodela de limão

Orégano fresco

3 colheres de maionese

1 colher de cebolinha picada fina

2 colheres de coentro, salsa e aipo picados bem fininhos

Preparação

Lave e escove bem os mexilhões em água fria e cozinhe-os durante 10 minutos em água, vinho e a rodela de limão. (O caldo que sobrar é muito afrodisíaco, guarde-o; ofereça-o ao seu amante quando ele começar a perder as forças, à meia-noite.) Descole os mexilhões da concha para ficar mais fácil de comê-los sem sujar o sofá. Faça um molho verde, misturando a maionese com todas as ervas picadas Tempere cada marisco com um pouco de molho e sirva-os em suas conchas em uma travessa enfeitada com limões cortados em quatro.

NOZES DE ADÃO

Não sei o porquê desse nome tão absurdo. Podem ser feitas com qualquer ave, e são ideais para reciclar as sobras do dia anterior. Apresentamos aqui apenas uma sugestão, mas você poderá imaginar outras com frutas afrodisíacas da estação.

Ingredientes

2 xícaras de peru ou qualquer ave cozida cortada em cubos

1 xícara de pêssegos ou damascos frescos ou em lata, cortados em cubos

3 colheres de nozes moídas

1/2 copinho de rum da Jamaica

Preparação

Se usar fruta enlatada, seque-a em papel absorvente. Molhe a fruta no licor e passe-a nas nozes moídas. Espete um pedaço de ave e um de fruta em cada palito.

FIGOS DO VIÚVO

Estes aperitivos incitam a pecar e sempre parecem poucos. Todo mundo aprecia a sensualidade da mistura doce e picante...

Ingredientes

180 g de queijo manchego (semiduro, pode ser queijo de cabra)

1 colher de molho picante nº 9 (veja a receita na seção Molhos e Temperos)

4 figos grandes maduros

1 maçã grande ou uma toranja

Palitos para coquetel

Preparação

Corte o queijo em cubos de 1 cm e passe-os pelo molho picante. Espete-os em uma maçã ou uma toranja. Coloque-os no centro de um prato redondo, rodeados de figos descascados e cortados em quatro.

ENROLADINHOS

Podem ser preparados com alguns dias de antecedência e guardados na geladeira. Combinam com fatias finas de presunto ou de peru defumado. Oferecemos aqui um recheado com queijo e pimentão vermelho, mas use a imaginação para outras variedades, como: massa de ovos, alcachofras com maionese, e as receitas 7, 10 e 11 da seção Molhos e Temperos. Como exige premeditação e dá mais trabalho, essa receita é abundante, porque assim pode servir para várias ocasiões, de preferência com amantes diferentes para eles não perceberem a mudança.

Ingredientes

4 fatias finas de peru ou de presunto

1/2 pacote (130 g) de queijo cremoso

2 colheres de manteiga

2 colheres de creme de leite

100 g de pimentão vermelho em lata

1 colher de suco de limão

1 colher de vodca ou pisco

Sal e pimenta-do-reino

Preparação

Prepare o recheio misturando o queijo cremoso com manteiga, creme de leite, pimentão vermelho moído, limão, licor, sal e pimenta-do-reino. Cubra as fatias de presunto ou peru e enrole-as como um cilindro. Se desejar, pode usar diferentes recheios para cada um. Guarde os enroladinhos na geladeira embrulhados em papel de alumínio. Para servir, corte-os (como se fossem salsichas) em pedaços de 1 cm de espessura.

APERITIVOS DE CAMARÕES

São vistosos, eróticos e fáceis de preparar.

Ingredientes

10 camarões médios descascados e limpos

1/2 xícara de vinho branco

1/2 folha de louro

1 pedacinho de casca de limão e sal

Molho para untar (veja receitas 1, 5 e 8 de Molhos e Temperos)

Preparação

Cozinhe os camarões no vinho com o louro, sal e limão por 10 minutos em fogo brando. Coe e deixe esfriar. Os camarões são servidos espetados em um palito, com seu molho preferido.

AMEIXAS FRÍVOLAS

Lembra-se do que dissemos do valor afrodisíaco das ameixas?

Ingredientes

6 ameixas secas sem caroço

1/2 xícara de xerez ou vinho branco seco

1 colher de nozes picadas

1 pitadinha de noz-moscada recém-ralada

3 fatias finas de bacon

Palitos de coquetel

Preparação

Deixe as ameixas de molho no xerez por algumas horas, depois seque-as em papel absorvente. Recheie-as com um pouco de noz temperada com noz-moscada. Corte as fatias de bacon ao comprido e envolva as ameixas com essas tiras. Leve ao forno alto por 8 a 10 minutos.

TENTAÇÃO DE SALMÃO

Ideal para acompanhar vodca bem gelada. Pode ser guardado vários dias na geladeira.

Ingredientes

1/2 xícara de salmão defumado partido em pedaços pequenos e sem espinhas

80 g de queijo cremoso

1 colher de maionese

1 colher de manteiga

1 colherinha de uísque

1 colherinha de suco de limão

Sal e pimenta-do-reino

Preparação

Bata tudo no processador até obter uma pasta lisa. Deixe esfriar por pelo menos uma tarde, para que os sabores se impregnem. Coloque em uma travessa e, se o seu orçamento permitir, enfeite com uma camadinha de caviar vermelho; sirva rodeado de batatas fritas ou biscoitos.

AIPO AO ROQUEFORT

O frescor do aipo equilibra o sabor forte do queijo, e é uma entrada deliciosa para os apreciadores do roquefort. (Prefiro a receita com queijo suave de cabra, que nos Alpes é considerado afrodisíaco.)

Ingredientes

2 aipos

50 g de queijo roquefort

1 colher de manteiga

1 colher de aipo picado

1 colher de conhaque

2 colheres de cebolinha picada bem fina

Pouco sal e pimenta-do-reino

Preparação

Tire os fiapos dos aipos e corte-os em tirinhas de 5 cm de comprimento. Deixe os aipos de molho em água fria por 2 horas, para amolecer. Retire-os e seque-os com papel absorvente. Misture todos os demais ingredientes no processador para formar uma pasta. Recheie os pedaços de aipo e cubra com cebolinha picada. Deixe esfriar antes de servir.

CHAMPIGNONS FESTIVOS

Se conseguir azeite de oliva aromatizado com trufas, esta é a oportunidade de usá-lo. Meia colherinha dará a esses champignons o toque perfeito, mas mesmo sem o azeite de oliva, o prato ficará delicioso.

Ingredientes

8 champignons médios
Suco de 1/2 limão
1/2 colher de manteiga
2 colheres de patê de fígado
1 colherinha de creme de leite
Sal e pimenta-do-reino
1 colherinha de azeite de oliva com trufas (opcional)

Preparação

Lave os champignons em água corrente para tirar toda a areia. Retire os talos. Molhe os champignons e seus talos em água com limão durante 10 minutos. Retire, seque-os e passe-os na manteiga derretida. Cozinhe-os apenas 2 minutos em fogo alto. Coloque-os sobre um papel absorvente e deixe-os esfriar. Pique a parte macia dos talos e passe-a no patê, no creme de leite e tempere com sal, pimenta e azeite com aroma de trufas. Recheie os champignons usando o tubo para decorar bolos, e sirva-os mornos ou gelados.

SOPAS

O AQUECIMENTO PRÉVIO

Às sopas aplica-se um critério semelhante ao dos molhos: são como os preâmbulos do amor e devem ser preparadas levando-se em conta todos os sentidos: aparência, aroma, sabor, textura e, em alguns casos, som.

No mundo ocidental é falta de educação inclinar-se sobre o prato e fazer ruídos ao tomar a sopa, mas no Oriente seria um acinte para o anfitrião comê-la com a colher na ponta dos dedos, sem entusiasmo nem paixão.

Os bons modos — que variam muito em função de cada lugar — são úteis, pois permitem-nos conviver sem chocar os outros. A tentação quase irresistível de cometer um assassinato por causa dos modos esteve prestes a arruinar minha vida, quando tinha apenas 20 anos. Em um de meus primeiros empregos, meu chefe não dava descarga quando ia ao banheiro... Mas retornemos à comida e à sopa. Deixe de lado os melindres: assim como a liberdade de sussurrar palavras obscenas é parte essencial do abraço amoroso, tomar uma sopa com ruído também é permitido quando se está sozinho com o amante. Não dá para celebrar plenamente uma sopa consistente sem certos exageros: chupar, molhar o pão, suspirar e gemer e até lamber o prato, se ela realmente merecer. Por acaso alguém se lembra da etiqueta ao fazer amor? Com a sopa acontece a mesma coisa. Uma bela sopa é para o corpo aquilo que a paz é para a alma.

Nas sopas, assim como nos molhos, pode-se dar asas à inspiração e ao instinto no momento de cozinhar. Não é preciso se limitar às instruções; nesse caso, as receitas são apenas um ponto de partida, uma janela para a inspiração. As pessoas que possuem esse raro talento, que beira a genialidade, para fazer uma excelente sopa, não conseguem fazer duas iguais. Cada criação é única, ainda que possa haver aproximações. Nesse caso, a receita é como a partitura utilizada pelo músico: cada um a interpreta conforme seu próprio espírito e habilidade. Ao erguer a tampa e submergir a concha naquela beberagem, deve haver só uma constante: a surpresa deliciosa de experimentar sempre algo novo. O processo de fazer uma boa sopa passa pelas mesmas etapas pelas quais se passa ao fazer amor bem-feito; em ambos os casos é preciso mergulhar no prazer sensual de misturar, cheirar, experimentar, lamber, acrescentar, abster-se, duvidar, colocar mais... Essas receitas de Panchita têm-me acompanhado desde que me casei — há uns dois mil anos —, mas não as respeito muito e espero que você faça o mesmo. A filosofia culinária é como a do jogo: se não for divertido, esqueça. Não se trata de atingir a perfeição, mas de rir pelo caminho.

Para que suas sopas tenham êxito, convém imitar uma das rotinas culinárias de Panchita. Não se assuste ao ler o que vem a seguir, pois é menos traumático do que parece. De vez em quando, digamos, uma vez por mês, ela prepara os caldos essenciais que servirão de base para as sopas; após coá-los e deixá-los esfriar, ela os guarda em frascos ou garrafas. Caso tenha a intenção de usá-los durante a semana, coloca-os na geladeira, mas se pretende conservá-los mais tempo, congela-os. Quando se sente inclinada a servir um de seus cozidos sensuais, tira o frasco da geladeira, descongela o conteúdo e, colocando seu chapéu de bruxa, começa a inventar outra sopa. Também os usa como base para molhos, *aspic,* para assar peixes ou mariscos etc. Esses caldos muito concentrados (chamados *de fonds* ou *fumets* na França, e *stock* na Inglaterra e Estados Unidos) são fundamentais na boa cozinha. Antigamente eram feitos em panelas especiais, e toda cozinheira contava com uma máquina para triturar ossos, carnes, vegetais e mariscos, muito semelhantes às que se exibem no Museu da Inquisição. O cozimento agora pode ser mais rápido se for feito em panela de pressão, mas esse não é um requisito imprescindível. É claro que podemos comprar caldos em lata, em pó ou em cubinhos, para sair de apuros em caso de emergência, mas eles carecem de valor afrodisíaco e em geral são puro sal, sódio e sabor artificial. Causam câncer, dizem meus amigos macrobióticos. No entanto, tenho de admitir que guardo uma reserva secreta dessas aberrações culinárias escondidas no fundo da despensa, para usá-las quando minha mãe não está olhando. Quando fizer seus próprios caldos concentrados, pode usar ingredientes que normalmente jogaria no lixo, como conchas de mariscos, ossos de frango, unhas de porco, legumes velhos, sobras de cortes de carne, miúdos de animais, cabeças e caudas de peixe, e muito mais. Quando vejo minha mãe fazendo seus caldos, descubro os fundamentos de sua personalidade. No fundo, ela se parece muito com a bruxa criada por Robert Shekter, com suas meias com listras amarelas levitando alegremente em um lugar intermediário entre o mundo, com suas panelas e pecados, e o céu, para onde sobe o aroma das boas obras. Desta forma gostaria de recordá-la sempre: inclinada sobre o caldeirão fumegante, com um brilho travesso nas pupilas, lançando ingredientes na água fervente, envolta nos vapores afrodisíacos de seus cozidos.

Vamos indicar a seguir os quatro caldos fundamentais de Panchita: carne, frango, peixe e legumes. Devem ser guardados em frascos separados e etiquetados (indique a data também).

QUATRO CALDOS BÁSICOS

As quantidades são maiores porque não vale a pena fazer só a porção que será usada em um encontro amoroso, mesmo que os amantes sejam muito gulosos. Lembra-se daquela cena magistral de García Márquez, em *Cem anos de solidão*, quando dois gulosos epopeicos, Aureliano Segundo e uma delicada professora de canto apelidada injustamente de A Elefanta, competem em um torneio de resistência para ver qual dos dois é capaz de comer mais? Durante três dias devoram vacas, frangos, perus, cachos completos de bananas, caixas de ovos e litros de café, até que Aureliano desmorona, à beira da morte, enquanto ela continua comendo com toda educação, sem perder o ritmo da digestão. Bem, mas de que estávamos falando? Ah, sim, dos caldos. No antigo casarão em que passei minha primeira infância, havia "caldeirões de bruxa" fabricados por meu avô para economizar combustível. Toda manhã, apertadas dentro de uma grande arca, cheia de lã e crina, eram colocadas duas panelas que ferviam com caldos e cozidos, depois fechava-se a tampa do móvel. Na escuridão e no calor da arca, os alimentos coziam sem pressa durante horas, e à tarde estavam prontos para serem servidos à mesa.

Se usar uma panela de pressão, reduza o líquido e o tempo de cozimento para a metade. Se usar uma panela comum, tampe-a bem e ferva em fogo brando. Antigamente a panela era deixada na parte de trás do aquecedor a carvão ou a lenha, onde os ingredientes se fundiam em um lento processo de alquimia, transformando-se pouco a pouco em um elixir essencial. Quanto mais lento o cozimento, melhor o sabor, mas ninguém mais tem tempo para ficar o dia inteiro vigiando o caldo, especialmente se puder fazê-lo em menos de uma hora, usando uma panela de pressão.

Se desejar um caldo transparente, não misture ossos cozidos e crus. No início, deve retirar com uma colher a espuma que se forma na superfície. Cuidado com o sal, lembre-se que o líquido vai se reduzir com a fervura e o caldo pode ficar salgado; é melhor só colocar sal no final. Se achar que está secando muito, acrescente água ou vinho branco. Depois coe o caldo com um pano e deixe-o esfriar. Se tiver a intenção de congelá-lo, coloque-o na geladeira por algumas horas, até a gordura da superfície ficar sólida, e retire-a antes de colocar o líquido nos frascos. Se pretender guardá-lo na geladeira sem congelar, não retire a gordura, porque ela serve para isolar e proteger o caldo até o momento de ser servido.

Essa explicação ficou muito confusa. Ao escrevê-la, até eu me assustei, mas a verdade é que tudo é bem mais fácil do que parece. Panchita faz seus caldos automaticamente, assim como faz tricô sem olhar para as agulhas.

CALDO DE CARNE

É o mais lento e complicado dos caldos, mas também é o menos usado. Recomenda-se usar carne magra, porque a gordurosa muda seu sabor. Pode-se aproveitar restos de carne, ossos, miúdos de animais etc., mas, se não tiver nada disso, compre o seguinte:

Ingredientes

1 kg de carne de costela cortada em pedaços

1 rabada

2 tutanos

2 cebolas grandes cortadas em quatro

8 dentes de alho

4 talos de aipo

1 cenoura grande partida em pedaços

Louro, tomilho, alecrim, coentro, sal e pimenta-do-reino em grão

Preparação em panela normal

Coloque a carne e os ossos em uma panela grande, acrescente 8 xícaras de água fria e deixe algumas horas de molho, enquanto faz amor ou aproveita o tempo para preparar outros pratos. Deixe ferver durante meia hora. Retire a espuma com a escumadeira. Acrescente os outros ingredientes. Deixe ferver durante 3 horas em fogo tranquilo, enquanto você se dedica a outras tarefas mais interessantes que vigiar o caldo, mas verifique de vez em quando a quantidade de líquido, acrescentando um pouco de água se for necessário. Coe em um pano, deixe esfriar e, se pretende congelá-lo, retire a gordura da superfície.

Preparação em panela de pressão

Coloque a carne e os ossos na panela de pressão. Quando ela começar a apitar, diminua o fogo e deixe ferver durante 1 hora. Adicione as verduras e temperos e ferva durante outra meia hora. Coe em um pano, deixe esfriar e tire a gordura.

CALDO DE FRANGO *OU OUTRAS AVES*

Pode usar restos de ave cozidos ou crus, isto é: patas, pescoços, asas, carcaças, miúdos (fígados e corações). Também pode usar carcaça e ossos cozidos de peru, frango ou outras aves. Se não tiver nada disso, compre:

Ingredientes

1 frango inteiro, em pedaços (incluindo pés, pescoço e vísceras)

2 cenouras grandes cortadas em pedaços

2 talos de aipo

1 cebola cortada

1 pimentão verde cortado

1 alho-poró

2 dentes de alho

Louro, tomilho, salsa, 4 cravos, cominho, sal e pimenta-do-reino

Preparação em panela normal

Coloque o frango em uma panela, cubra com 8 xícaras de água e deixe ferver durante meia hora. Retire a espuma. Acrescente os outros ingredientes e deixe ferver em fogo brando por meia hora. Coe em um pano, deixe esfriar, retire a gordura e guarde em frascos, como indicamos para o caldo de carne.

Preparação em panela de pressão

Coloque tudo na panela com 4 xícaras de água. Depois que ela começar a apitar, deixe ferver em fogo brando durante meia hora. Coe, deixe esfriar, retire a gordura.

CALDO DE PEIXE

E o mais afrodisíaco de todos os caldos. Para prepará-lo, pode usar restos de peixe, cabeça e rabo, crus. Também servem as conchas de crustáceos, cruas ou cozidas. Se não tiver essas coisas em casa, compre:

Ingredientes

2 cabeças e 2 rabos de peixe

1 cebola cortada em quatro

1 cenoura grande cortada em pedaços grandes

1 pedaço de aipo

2 dentes de alho

1 xícara de vinho branco seco

3 xícaras de água

Casca e suco de um limão grande

Louro, salsa, coentro, pimenta-do-reino, sal

Preparação em panela normal

Ferva o peixe durante 15 minutos. Retire a espuma. Acrescente o resto dos ingredientes, inclusive o vinho. Deixe ferver durante 45 minutos com a panela tampada. Coe e deixe esfriar.

Preparação em panela de pressão

Coloque tudo na panela de pressão e deixe ferver durante 30 minutos. Coe e deixe esfriar.

CALDO DE LEGUMES

Depois de coar o caldo, não use os legumes que sobrarem para brincadeiras eróticas, mas aproveite para fazer um molho delicioso. Coloque-os no liquidificador e acrescente uma xícara de cogumelos picados e fritos na manteiga, e uma colherinha de limão. Mas voltemos ao caldo. Pode usar todos os legumes que não conseguiu usar durante a semana, mesmo que não estejam muito frescos, mas lave-os bem primeiro. Se não tiver nada em casa, compre o seguinte:

Ingredientes

1 alho-poró cortado em pedaços grandes

1 cebola cortada em quatro

1 nabo cortado em fatias

2 abobrinhas médias cortadas

4 dentes de alho

2 cenouras grandes picadas

4 talos de aipo

1 xícara de cogumelos ou champignons

2 tomates grandes partidos

1 pimentão vermelho ou verde picado em pedaços grandes

Louro, tomilho, alecrim, manjericão

Uma pitadinha de pimenta-do-reino, cominho e páprica

Preparação em panela normal

Cozinhe em fogo brando durante 1 hora em uma panela tampada. Coe com um pano, deixe esfriar.

Preparação em panela de pressão

Cozinhe em fogo brando durante 15 minutos. Coe e deixe esfriar.

CONSOMÊ

É uma sopa transparente e leve como um beijo na testa, ideal para ser servida antes de um prato consistente. Para se obter um caldo transparente, coloca-se a clara e a casca triturada de um ovo quando ainda está fervendo. As impurezas ficam aderidas a elas e é fácil retirá-las com uma escumadeira. Quando o caldo esfria, deve ser coado, colocando-se um pano de prato sobre o coador. Para dar consistência a um consomê transparente, adicione uma colher de gelatina sem sabor dissolvida no próprio caldo.

CONSOMÊ DE BACO

Tem esse nome porque é recomendado para recompor o corpo depois de uma grande farra (ou para dar forças aos apaixonados à meia-noite).

Ingredientes

2 xícaras de caldo de carne

1 colher de cebola ralada

1 dente pequeno de alho amassado

1 colher de manteiga

2 ovos

2 colheres de xerez

Sal e pimenta-do-reino em grão

Preparação

Deve ser servido bem quente, por isso convém colocar duas tigelas no forno enquanto prepara o consomê. Derreta a manteiga e refogue a cebola e o alho em fogo médio durante 2 minutos. Acrescente o caldo, verifique o tempero e deixe ferver, depois adicione o xerez e retire do fogo. Quebre um ovo em cada tigela. Verta imediatamente o caldo em cima e sirva.

LEVANTA-DEFUNTOS

Também chamado caldo de Lázaro, sempre foi usado em minha família para curar resfriados. E com toda a certeza também estimula amantes desanimados.

Ingredientes

4 xícaras de caldo de carne bem coado

1/2 colherinha de curry

1 cálice de xerez

1 pitadinha de cominho (em pó)

Algumas gotas de tabasco

4 colheres de arroz cozido

1 colher de uvas-passas de Corinto

Preparação

Tempere o caldo com o curry dissolvido em um pouco de água quente. Acrescente o tabasco e o cominho e verifique o tempero de sal e pimenta. Sirva quente, acompanhado de arroz misturado com uvas-passas previamente colocadas de molho no mesmo caldo.

VIDA NOVA

Digamos que a briga não foi das piores, que não merece minha infalível sopa da reconciliação e que um caldinho modesto pode contribuir para melhorar os ânimos. Esta receita é excelente para esses casos. Também é um acompanhamento leve, preparado em menos de 10 minutos, para pratos consistentes.

Ingredientes

2 xícaras de caldo de legumes (pode ser enlatado ou de cubos concentrados, se não tiver caldo preparado em casa)

1 xícara de champignons picados em fatias (mais ou menos 5 champignons grandes)

1/4 xícara de vinho Marsala

1 colherinha de sálvia fresca picada fina

2 colheres de azeite de oliva

1 gema de ovo

2 colheres de creme de leite

Sal e pimenta-do-reino

Preparação

Ferva o consomê com a sálvia. Frite os champignons no azeite durante 2 minutos. Acrescente o vinho Marsala, tampe a frigideira e deixe cozinhar em fogo brando durante 5 minutos. Verta sobre o consomê quente. Retire do fogo e deixe esfriar durante 1 minuto, enquanto bate a gema com o creme de leite. Verifique o tempero e sirva imediatamente.

CALDO DOURADO

Não é igual à sopa de cebolas. Esse consomê é um preâmbulo delicado para carícias mais atrevidas.

Ingredientes

4 xícaras de caldo de carne quente

2 cebolas médias picadas fininhas

1 dente de alho

Sal e pimenta-preta inteira

1 cravo

1 jorro de óleo vegetal

4 colheres de vinho do Porto

Algumas gotas de molho Perrins

2 colheres de queijo gruyère ralado

Preparação

Frite a cebola, o alho, o cravo, o sal e a pimenta-preta no óleo. Acrescente o caldo, o licor e o molho Perrins. Deixe ferver durante 10 minutos. Retire o alho e o cravo, e bata o resto no liquidificador. Coloque o queijo ralado em cada tigela no momento de servir.

CONSOMÊ NAPOLITANO

Ingredientes

4 xícaras de caldo de ave

1 colherinha de gelatina em pó

2 gemas batidas e misturadas lentamente ao caldo

1/2 xícara de massa bem fininha (cabelo de anjo)

2 colheres de salsa fresca picada

4 colheres de queijo parmesão ralado

Preparação

Ferva o consomê. Jogue os cabelos de anjo como se fossem chuva, coloque em fogo brando e deixe cozinhar 5 minutos. Acrescente a gelatina coada dissolvida em 1/2 xícara do próprio consomê, assim como as gemas batidas. Não deixe o consomê ferver. Cozinhe 3 minutos em fogo brando e, antes de servir, coloque salsa picadinha e queijo parmesão em cada tigela.

CONSOMÊ AO XEREZ

Muito leve, este é um caldo discreto para acompanhar pratos principais fortes, como aves de caça, coelho ou carne. Gosto de servi-lo sempre em tigelas chinesas com colheres de louça, e se meu acompanhante precisar de um estímulo extra, quebro um ovo cru no prato antes de verter o caldo bem quente.

Ingredientes

3 xícaras de caldo de carne
4 colheres de arroz cozido
1/3 xícara de xerez
1/2 colherinha de curry em pó
1 colher de uvas-passas
Gotas de tabasco

Preparação

Deixe as uvas-passas de molho no xerez durante meia hora. Ferva o caldo com o curry por 3 minutos e acrescente o resto.

ALIVIA PENAS

Consola a aflição em enterros e divórcios, por isso se chama assim. O fígado é afrodisíaco, mas tem um sabor forte, que nem todos toleram. O de ave é mais suave.

Ingredientes

4 xícaras de caldo de ave
1 xícara de batata ralada
1/2 xícara de fígados de ave fritos na manteiga e picados
3 colheres de vinho Marsala ou xerez
1 colher de molho Perrins ou Worcestershire
1 pitadinha de sálvia em pó

Preparação

Ferva o caldo com a batata ralada durante 5 minutos. Acrescente os ingredientes restantes, verifique o sal e deixe ferver mais 5 minutos.

CONSOMÉ REAL

Fácil e rápido, ideal para os amantes apressados.

Ingredientes

4 xícaras de caldo de ave

2 gemas de ovo

2 colheres de amêndoas torradas e picadas

1 colher de manteiga

2 colherinhas de conhaque ou brandy (opcional)

2 colheres de creme de leite (opcional)

Preparação

Bata as gemas com 1/2 xícara de caldo. Ferva o resto do caldo. Retire do fogo. Misture as gemas mexendo bastante e cozinhe em fogo brando durante 5 minutos, cuidando para elas não talharem. Acrescente todos os outros ingredientes, menos o creme de leite. Sirva os pratos. Coloque uma colherada de creme de leite em cada um deles, sem misturar.

SOPAS QUENTES

Se tiver caldos caseiros na geladeira, é muito fácil improvisar um jantar afrodisíaco: o prato principal será uma sopa consistente, acompanhada de uma salada, um bom pão, queijo, vinho e, de sobremesa, um bombom ou um sorvete, dois importantes auxiliares que sempre convém ter por perto para emergências. Depois desse jantar, com o estômago leve e de bom humor, poderão fazer amor alegremente pelo resto da noite. Aprendi isso quando preparei um cardápio afrodisíaco completo e, depois de cozinhar a tarde inteira, de servir o jantar e de limpar a cozinha, estava tão extenuada que, se Gregory Peck tivesse aparecido no esplendor de sua juventude, teria me conformado com uma casta massagem nas costas. Naquela oportunidade preparei uma sopa de cogumelos silvestres (chamada, por motivos óbvios, de "Sopa da reconciliação", cuja receita pode ser encontrada no subcapítulo intitulado "*Si non è vero...*"), que deixou meu parceiro em um estado de euforia superior ao normalmente produzido pelas melhores ervas chinesas de meu amigo, o acupunturista japonês. A sopa de cogumelos foi seguida de salmão com alcaparras em molho de vinho branco, escoltado por alcachofras recheadas e pontas de aspargos, salada César e musse de chocolate. Peguei no sono ao lado na máquina de lavar louça, abraçada a um pano de prato, enquanto o homem daquela ocasião, que infelizmente não era Gregory Peck, me esperava no quarto montando um quebra-cabeça. Nunca mais cometi esse erro. Agora me dedico a preparar a sopa no dia anterior — fica mais saborosa — e então sobra energia para fazer salada e amor.

CREME DE ALCACHOFRA

Simples e saborosa, a única chateação é raspar as folhas, mas você tem de adquirir prática, porque o coração da alcachofra, recheado com a polpa das folhas, é muito erótico.

Ingredientes

2 alcachofras

1 iogurte natural (cerca de 200 g)

2 xícaras de caldo de ave

2 colherinhas de manteiga

1 rodela de limão

Sal e pimenta-do-reino

Preparação

Cozinhe as alcachofras na água com limão até ficarem macias e as folhas se soltarem facilmente (30-40 minutos). Quando esfriarem, retire a polpa das folhas com uma colher. Retire com uma faca as fibras da parte de baixo. Coloque a polpa e o coração da alcachofra no liquidificador, junto com o caldo e o iogurte. Adicione sal e pimenta à vontade. Esquente e sirva com uma bolinha de manteiga em cada tigela.

SOPA DE AMÊIJOAS

Também pode ser feita com mexilhões e outros mariscos de conchas, ou com uma mistura de mariscos frescos ou congelados. O efeito é admirável, e ninguém vai acreditar que a preparou em menos de 10 minutos.

Ingredientes

2 xícaras de caldo de peixe

1 xícara de mariscos cozidos sem conchas, frescos ou congelados

1 dente de alho amassado

1 colherinha de manteiga

1/2 cálice de vinho branco

2 colheres de salsa e coentro picados

2 fatias de pão branco sem casca

Sal e páprica

Preparação

Frite o alho na manteiga. Acrescente o caldo de peixe. Deixe o pão de molho no caldo. Ferva batendo com força para desmanchar completamente o pão. Adicione os outros ingredientes. Deixe ferver durante 5 minutos, verifique o tempero e sirva quente.

CREME ALICANTE

Muito afrodisíaco!

Ingredientes

2 xícaras de caldo de peixe

1/2 cebola pequena

1 alho-poró médio (só a parte branca)

1/2 xícara de camarões sem casca e cozidos

6 vieiras cozidas

1 colher de farinha

1 colher de azeite de oliva

2 colheres de creme de leite fresco

Páprica, alecrim, pimenta--do-reino e sal

Preparação

Corte o alho-poró em rodelas finas e frite-o em só um pouquinho na manteiga. Acrescente a farinha e cozinhe até ficar dourado. Verta aos poucos o caldo quente e mexa para não se formarem bolotas. Cozinhe até conseguir uma sopa de clara consistência (10 minutos). Acrescente os mariscos e os temperos e deixe ferver outros 5 minutos. Antes de servi-la, acrescente o creme sem ferver.

SOPA DE CEBOLAS

Essa é uma versão simples da famosa sopa francesa. Vai ao forno em tigelas de cerâmica refratária, com pão e queijo. Sozinha, já é um prato principal.

Ingredientes

3 xícaras de caldo de carne

2 cebolas médias picadas finas

1 pitadinha de cravo em pó

1 pitadinha de açúcar

1 fio de óleo vegetal

Gotas de molho Perrins

4 colheres de queijo gruyère ou parmesão ralado

2 fatias de pão branco torrado

Preparação

Frite as cebolas no óleo até ficarem douradas, mas não deixe queimar porque ficam amargas. Acrescente o caldo e os demais ingredientes, menos o queijo e o pão, e deixe cozinhar por 10 minutos. Coloque uma torrada em cada tigela de cerâmica, verta o caldo fervente por cima, polvilhe o queijo e leve ao forno por 10 minutos.

SOPA GRANDE COMILANÇA

O grão-de-bico é considerado afrodisíaco em quase todas as culturas. Na época de minha infância no Chile, era considerado um prato muito modesto e nunca figurava em uma mesa elegante ou em um cardápio de restaurante. Bem preparados, são deliciosos; o terrível é descascá-los. Por isso, se pretende encarar o problema, faça uma grande quantidade e congele a metade. Essa sopa também pode ser feita com feijão e lentilhas, que não são afrodisíacos, mas ficam deliciosos.

Ingredientes

1 xícara de grãos-de-bico cozidos

(Deve-se deixá-los de molho durante a noite e cozinhar em água até ficarem macios, durante mais ou menos 1 hora. Em alguma emergência, pode usar os de lata.)

2 xícaras de caldo de ave ou carne

1/2 xícara de leite

1 cenoura pequena ralada

2 colheres de cebola picada fininha

1 dente de alho amassado

1 colher de azeite de oliva

1/4 de xícara de vinho branco

2 colheres de presunto picado fino

Sal, pimenta-do-reino, cominho

Preparação

Refogue a cebola, o alho e a cenoura no azeite durante 2 minutos, acrescente os grãos-de-bico sem casca (não tem jeito: é preciso tirar a pelezinha, mas basta deixá- los de molho alguns momentos para ela se soltar facilmente) e os outros ingredientes, menos o presunto. Deixe ferver durante 5 minutos. Bata tudo no liquidificador para engrossar e sirva a sopa bem quente. Decore os pratos com o presunto picado (se não tiver problema com as calorias, troque o presunto por pedacinhos de linguiça ou de toucinho fritos).

SOPA RÁPIDA DE CARANGUEJO

Também pode-se usar lagosta ou outros crustáceos, frescos ou congelados.

Ingredientes

1/2 xícara de carne cozida de caranguejo ou outro crustáceo

2 xícaras de caldo de peixe

1 fatia de pão branco sem casca

2 colheres de creme de leite

1/3 xícara de leite

1 colher de azeite

1 tomate sem casca e sem sementes

1 pimentão vermelho de lata

Sal, pimenta-do-reino, alho em pó e uma pitadinha de tomilho

Preparação

Deixe o pão de molho no leite e desmanche-o. Refogue o tomate e o pimentão picado no azeite, tempere com sal, tomilho e alho em pó, acrescente o pão e os crustáceos. Cozinhe durante 2 minutos para os sabores se impregnarem. Verta o caldo de peixe e ferva durante 5 minutos em fogo brando, com a panela tampada. Bata no liquidificador, acrescente o creme de leite e sirva bem quente.

SOPA DE PEIXE

Muito saudável e saborosa, pode ser servida como prato principal, acompanhada de uma salada. Esta receita é suficiente para 4 pratos, porque supomos que, depois do primeiro abraço, os amantes possam precisar de outro estímulo afrodisíaco.

Ingredientes

250 g (ou dois pedaços médios) de um bom peixe, de preferência corvina, congro ou robalo

250 g de mariscos sem concha (amêijoas, mexilhões etc.)

2 lulas limpas cortadas em fatias

4 xícaras de caldo de peixe

1/2 xícara de vinho branco

2 tomates médios sem casca e sem sementes

1 cenoura média, sem casca e cortada em rodelas grossas

1 batata grande sem casca e cortada em rodelas grossas

1/4 xícara de cebola picada

1 dente de alho amassado

1/2 xícara de aipo picado fino

1 colher de molho de soja

1 folha de louro, sal, pimenta-do-reino

Preparação

Ferva o caldo com todos os ingredientes, menos o peixe e os mariscos, durante 15 minutos. Acrescente o resto e deixe cozinhar por mais 10 minutos.

SOPA DE CENOURA

Antiga receita árabe que ainda é a favorita dos homens que aspiram a se destacar no amor.

Ingredientes

2 cenouras grandes

2 xícaras de caldo de verdura

1 colherinha de mel

4 colheres de creme de leite

1 cravo

1 rama de canela

1 pedaço de gengibre
(ou 1/2 colherinha de gengibre em pó)

1 pitadinha de cardamomo

1 pitadinha de noz-moscada

Sal, pimenta-do-reino

Preparação

Descasque a cenoura e corte-a em rodelas finas. Coloque-a para ferver em uma panela tampada com o caldo e todos os demais ingredientes, menos o mel e o creme de leite, até ficar bem macia (10-15 minutos). Bata tudo no liquidificador. Coloque tudo de novo na panela para esquentar, sem deixar ferver. Acrescente o mel e o creme de leite, mexa e sirva imediatamente. (Se preferir um toque exótico, pode substituir 1/2 xícara de caldo por 1/2 xícara de suco de laranja.)

SOPAS FRIAS

Quase todas podem ser preparadas com antecedência, e inclusive ficam mais saborosas depois de passarem a noite na geladeira, especialmente o gaspacho. Estas receitas são para duas pessoas, mas se tiver programado uma orgia ou quiser deixar algo para reconstituir o corpo no dia seguinte, depois de um encontro amoroso, duplique as quantidades.

ILHA MARGARIDA

É muito sensual, mas não pode ser guardada, porque escurece em questão de horas e adquire uma cor de lodo esverdeado, nada apetitosa.

Ingredientes

1 abacate grande maduro

2 camarões grandes sem casca e cozidos

1 copo pequeno de suco de toranja (*grapefruit*)

Suco de 1/2 limão

1 xícara de caldo de ave sem gordura

1 colherinha de molho de soja

Sal, pimenta-do-reino e umas gotas de tabasco

Preparação

Bata tudo no liquidificador e sirva a sopa bem fria, enfeitada com um camarão em cada prato.

GASPACHO

Sopa fria de tomates, típica da Espanha, da qual existem muitas receitas. Esta é bem fácil de preparar.

Ingredientes

4 tomates grandes maduros, sem casca e sem sementes
1 lata pequena de suco de tomates natural
1 pepino em escabeche
1 colher de cebola ralada
1 colher de ketchup
2 colheres cheias de maionese
1 colher de vinagre
1 ovo cozido
2 colheres de coentro picado
Sal, páprica e alho em pó

Preparação

Coloque tudo no liquidificador, menos o coentro e o ovo; bata bem e deixe esfriar na geladeira até o momento de servir. Enfeite os pratos com coentro e com o ovo picado fininho.

HOLYDAY DE MAÇÃ

Não se preocupe, não fica com gosto de sobremesa. Na verdade, quase nem se nota o sabor da maçã.

Ingredientes

1 maçã verde grande, descascada e cortada em rodelas
1 colher de manteiga
1 xícara de caldo de verdura
1/2 colherinha de curry em pó
1 pitadinha de canela em pó
1 iogurte natural (200 g), ou 2 colheradas de creme de leite
1 pitadinha de açúcar
Sal

Preparação

Frite a maçã na manteiga. Acrescente o caldo de verdura e o curry. Cozinhe durante 5 minutos e deixe esfriar. Acrescente o iogurte (ou o creme de leite) e o açúcar. Bata no liquidificador e verifique se o sal está no ponto. Sirva bem fria.

VICHYSSOISE

Muito popular na França, essa sopa fria de batatas deu a volta ao mundo. É uma sopa de camponeses, consistente e simples, que geralmente é servida quente no inverno. Pode lhe dar algum toque pessoal, com as ervas ou especiarias de sua preferência. Pode fazer as mudanças que quiser sem medo, porque ela sempre fica deliciosa.

Ingredientes

1 alho-poró médio (só a parte branca) cortado fino

1 batata grande descascada e cortada em cubos

1 colher cheia de manteiga

2 colheres de cebola ralada

2 xícaras de caldo de carne, ave ou verdura

1 pitadinha de sálvia em pó

Sal, pimenta-do-reino e alho em pó

1/3 xícara de creme de leite azedo (*sour cream*)

4 folhas frescas de hortelã

Preparação

Frite o alho-poró, a batata e a cebola na manteiga, durante 2 ou 3 minutos. Acrescente o caldo e ferva em fogo médio até a batata amolecer (10-15 minutos). Deixe esfriar, depois bata no liquidificador para ela ficar muito leve e cremosa. Tempere com sal, pimenta e uma pitadinha de alho em pó. Acrescente o creme de leite azedo, mexendo com carinho. Sirva bem fria, decorada com folhas de hortelã.

BRISA DE PEPINOS

É uma sopa original, fresca e de baixas calorias, o que não é frequente na cozinha afrodisíaca. Imagino que uma sopa como essa devia refrescar os amantes impetuosos de *As mil e uma noites*...

Ingredientes

1 pepino grande descascado e picado
2 cebolinhas picadas
1 xícara de caldo de verduras
1 colherinha de mel
Sal e pimenta verde
1 iorgurte natural denatado
1 raminho de endro fresco
2 raminhos de coentro fresco

Preparação

Bata tudo no liquidificador, menos o coentro. Sirva a sopa bem gelada e enfeite os pratos com as folhas de coentro.

ENTRADAS

JOGOS AMOROSOS, FOLHA A FOLHA, BEIJO A BEIJO

Que aconteceu com a simples salada de folhas verdes de antigamente? Parece ter desaparecido, derrotada pelos alardes da nouvelle cuisine. *Foi destronada por combinações esotéricas que incluem ingredientes inusitados, como manga, polvo ou macarrões chineses, temperadas com molho* teriyaki *e queijo roquefort.*

Até pouco tempo atrás, a nobre salada era uma simples combinação de folhas frescas de alface e um tempero puríssimo de vinagre, azeite, sal e, em alguns casos, pimenta. E era uma pimenta sem cerimônias, nada de coreografias com um artefato de meio metro de comprimento que o garçom gira espalhafatosamente por cima da cabeça dos comensais. Essa salada é o acompanhamento perfeito para todos os pratos fortes deste livro, assim como para algumas sopas consistentes; não é preciso complicar a vida com ideias mais sofisticadas. No entanto, vamos oferecer a seguir algumas entradas para o almoço daqueles amantes que se encontram secretamente ao meio-dia, para aqueles que desejam um jantar leve antes de fazer amor ou queiram exibir sua habilidade culinária com um cardápio um pouco mais elaborado. Se este for seu caso e optar pela variedade, use porções bem pequenas. Amantes inchados e sonolentos não podem se exibir fazendo proezas acrobáticas na cama.

MUSSE DE CARANGUEJO E ABACATE

Quase todas as musses — ou espumas — são feitas com a mesma receita básica; a única coisa que muda é o ingrediente que lhes dá sabor; neste caso, caranguejo e abacate. A musse é uma maneira discreta de se iniciar os preâmbulos do cardápio e do amor, pode ser preparada com certa antecedência e é leve. Esta receita de duas cores, além de sofisticada, tem a vantagem de poder ser feita anteriormente, e assim você pode receber o amante sem sobressaltos culinários de última hora.

Ingredientes

1 xícara de molho branco
1/2 xícara de maionese
1 xícara de carne de caranguejo cozida e desfiada
1 abacate médio maduro
1 colherinha de suco de limão
3 colherinhas de gelatina em pó sem sabor
1 xícara de creme de leite
3 colheres de água
3 colheres de xerez
1 pitadinha de molho picante
Sal e pimenta-do-reino

Preparação

Misture o molho branco frio com a maionese. Dissolva bem a gelatina na água com xerez fervente. Verta sobre o molho (coando) e mexa bastante. Divida em duas partes. Acrescente o caranguejo temperado com sal, pimenta, limão e molho picante a uma das metades. Na outra metade, coloque o abacate batido com o creme de leite, pimenta, sal e limão.

Passe um pouco de azeite de oliva em um molde, coloque a musse de caranguejo e amasse com uma colher para que fique bem comprimida. Verta cuidadosamente a musse de abacate por cima e distribua bem para não ficar com ar, mas tenha cuidado para elas não se misturarem. Coloque na geladeira até endurecer (2 horas). Tire do molde e sirva enfeitada com folhas de alface e rodelas de limão.

SUSPIRO DE ALCACHOFRA

Esta é uma das poucas receitas de *mousse* que não contém molho branco. Fica muito leve e original.

Ingredientes

2 alcachofras cozidas

1/2 xícara de creme de leite (ou 1/2 lata de leite evaporado sem açúcar)

Sal e pimenta-do-reino

1 1/2 colherinha de gelatina sem sabor

Preparação

Ferva as alcachofras pelo menos durante 30 minutos, até as folhas se soltarem facilmente. Escorra toda a água e deixe esfriar. Retire a polpa das folhas com uma colher, tire a polpa do coração e amasse tudo. Tempere com sal e pimenta. Dissolva a gelatina em um pouquinho de água fervente. Bata o creme até engrossar. Se usar leite evaporado, ele deve estar bem frio, quase gelado, antes de ser batido. Misture tudo no liquidificador e bata alguns segundos, para formar um creme homogêneo. Coloque em dois moldes individuais untados com manteiga e deixe 2 horas na geladeira. Tire do molde e sirva em cima do seu molho predileto (receitas 1, 2, 3, 6 ou 16).

HABANERA DE LAGOSTINS

Ingredientes

1 xícara de lagostins médios cozidos

1 maçã cortada em cubos

1 toranja (*grapefruit*) partida em gomos, sem a pele

1 toranja inteira

1 colher de nozes picadas

2 colheres de coentro, cerefólio e hortelã picados

Para o molho:

2 colheres de iogurte natural

2 colheres de suco de limão

1 colher de mel de abelhas

1/4 colherinha de mostarda

1 colher de óleo vegetal

Pimenta-do-reino recém-moída

Preparação

Corte a toranja pela metade. Retire a parte comestível. Misture os lagostins, os gomos cortados e sem pele da outra toranja, a maçã, as nozes e as ervas. Com essa salada, recheie as duas metades da toranja e coloque na geladeira.

Antes de servir, misture bem todos os elementos do molho e verta-os sobre a salada no momento de servir. Deixe para o final o toque com a pimenta-do-reino recém-moída.

PERAS AO ROQUEFORT

Deve ser preparada momentos antes de servir, porque as peras ficam escuras.

Ingredientes

1 pera por pessoa

1/2 limão

1 colher de mel

Molho de roquefort (n. 21) frio

Pimenta-branca

1/2 xícara de nozes moídas

Preparação

Corte as peras pela metade e ao comprido. Retire sementes e fibras, e deixe o centro oco. Tempere-as com uma mistura de mel, limão, um pouquinho de sal e pimenta. Coloque-as viradas para baixo em uma travessa redonda, formando uma estrela. Verta o molho roquefort frio e decore com uma chuva de nozes moídas.

CEVICHE

Prato peruano de peixe ou mariscos crus curtidos em limão, que ficou famoso e hoje dá a volta ao mundo com diversos nomes. Todos os ingredientes são afrodisíacos, e por isso o prato é leve, mas dá muita energia. E servido frio, pelo menos 6 horas depois de ter sido preparado, para o limão poder curtir o peixe. Esta receita é suficiente para 4-6 porções pequenas, mas se quiser um efeito afrodisíaco, poderá deixar só duas pessoas contentes.

Ingredientes

1/2 kg de corvina (ou qualquer peixe de carne branca e firme)

1/4 kg de camarões sem casca e limpos

2 cebolas médias cortadas em fatias bem fininhas

1 xícara de suco de limão

1/4 xícara de laranja azeda (opcional)

1 pimentão verde picante cortado em rodelas finas e sem sementes

Sal e molho picante (opcional)

1 batata-doce grande cortada em 6 rodelas

Preparação

Corte o peixe em cubos, eliminando a pele e os nervos. Lave os camarões em água salgada e seque-os. Se forem grandes, parta-os em pedaços. Em um recipiente de louça ou vidro, coloque em camadas o peixe, os mariscos, as cebolas e o pimentão picante. Cubra com o suco de limão e laranja com um pouco de sal. Tampe e coloque na geladeira. Molhe seguidamente o peixe com o limão para se impregnar com o suco, pelo menos durante 6 horas. Sirva sobre folhas de alface e acompanhe com as rodelas de batata-doce. O sabor picante e azedo do *ceviche* combina muito bem com a textura e o sabor adocicado da batata-doce.

SALADA DAS ODALISCAS

Fica colorida, e é fresca e diferente.

Ingredientes

1 cebola grande cortada em rodelas finas

1 xícara de água fervente

2 colheres de vinagre de estragão

2 laranjas sem casca e cortadas em rodelas finas

4 colheres de suco de laranja natural

1/2 colher de mel de abelhas

1/2 colherinha de Grand Marnier

2 colheres de azeite de oliva

4 azeitonas pretas para enfeitar

4 folhas de hortelã fresca

Sal, pimenta-branca e umas gotas de tabasco

Preparação

Deixe a cebola cortada de molho em água quente durante 10 minutos, com vinagre, sal e tabasco. Ferva 3 minutos. Retire e seque com papel absorvente. Coloque a cebola e as laranjas misturadas em uma travessa e guarde na geladeira. Prepare um tempero com o suco de laranja, licor, mel e azeite. Verta sobre a salada e enfeite com as folhas de menta e as azeitonas.

CALIFORNIANA DE ESPINAFRE

Muito fresca e original.

Ingredientes

1/2 kg de espinafre cru sem talos

1/2 xícara de ricota

1/2 xícara de nozes em pedaços

3 fatias de toucinho (50 g) picado

1/2 xícara de abacaxi picado

3 colheres de azeite de oliva

1 colher de vinagre de estragão

1/2 colherinha de mostarda

Sal e pimenta-branca

Preparação

Lave e seque o espinafre. Pique-o. Misture-o com a ricota amassada e com os pedaços de abacaxi. Torre o toucinho e as nozes no forno e adicione-os à salada. Prepare um tempero com o azeite, vinagre, mostarda, sal e pimenta. Verta-o sobre a salada no momento de servir.

DAS ILHAS GREGAS

Lembra-se do que dissemos sobre as berinjelas? São afrodisíacas no Mediterrâneo e eram obrigatórias nos haréns da Turquia. Faça a prova com esta receita...

Ingredientes

2 berinjelas médias

1 dente de alho amassado

1 colher de suco de limão

1 xícara de cogumelos frescos partidos

2 colheres de azeite de oliva

1 colher de aguardente de uva

4 colheres de molho de tomate

1/2 pimentão vermelho cortado em tirinhas

2 colheres de salsa picada

Sal marinho e pimenta-do-reino

4 colheres de iogurte natural (opcional)

Preparação

Corte as berinjelas em quatro pedaços verticais. Tempere-as com limão, sal, alho, pimenta e salsa. Deixe-as repousar por 1 hora em local fresco. Torre-as na grelha durante 15 minutos. Refogue no azeite de oliva os cogumelos, o alho amassado e o pimentão. Acrescente o molho de tomates e a aguardente, e deixe cozinhar mais 5 minutos. Retire do fogo e verta esse molho em cima das berinjelas. Sirva frio com iogurte (opcional).

BARILOCHE

Ingredientes

4 escarolas cortadas ao comprido

1 peito de ave cozido

1 toranja (em gomos e sem pele)

Para o molho:

2 colheres de azeite de oliva

4 colheres (75 g) de queijo cremoso

1/2 xícara de iogurte natural

1 colherinha de mel

1 colher de vodca

2 colheres de vinagre de estragão

1/4 colherinha de mostarda

1/2 pimentão vermelho em lata

Sal e pimenta-do-reino

Preparação

Coloque as escarolas e os gomos de toranja em uma travessa, formando uma estrela. Corte a carne em cubos e coloque-a ao centro. Bata todos os demais ingredientes no liquidificador para fazer o molho. Tempere a salada com esse molho e enfeite com tiras de pimentão vermelho.

COQUETEL DE CAMARÃO

Neste caso, a aparência é muito importante; por isso, use taças largas ou recipientes especiais de vidro, colocados sobre um ninho de gelo picado. Lembre-se de que as aparências também são afrodisíacas.

Ingredientes

1 xícara de camarões cozidos

1 abacate batido e temperado com sal, limão e pimenta

1 maçã média descascada e ralada

1/2 xícara de molho de tomate

1 colher de azeite

1 colherinha de suco de limão

1 colherinha de molho inglês Perrins

1 colherinha de mostarda

Sal e pimenta-do-reino

Preparação

Coloque o purê de abacate nas taças. Acrescente os camarões. Misture os outros ingredientes, inclusive a maçã ralada, mexa bem, e cubra os camarões com esse molho. Enfeite com uma rodela de limão ou folhas de hortelã.

BATATAS SERRANAS

Esta entrada inspirou-se em um prato do altiplano boliviano. É tão consistente quanto uma refeição completa. No caso de dois amantes discretos, pode-se preparar a metade da receita, acompanhada por uma sopa e uma sobremesa.

Ingredientes

2 xícaras de batatas recém-cozidas

2 ovos duros descascados e cortados em quatro

2 colheres de creme de leite

1 xícara pequena de suco de limão

1 xícara pequena de óleo vegetal

2 colheres de cebola ralada

1/2 colherinha de mostarda

2 pimentas verdes (picantes)

1 dente de alho amassado

1 colher de tomilho picado

1 colher de sálvia picada

3 tomates maduros cortados em fatias

Sal e azeite de oliva para temperar

Preparação

Amasse as batatas antes de esfriar. Prepare um tempero no liquidificador com azeite, limão, creme de leite, cebola, alho, mostarda, pimenta verde e sal. Verta-o sobre as batatas e amasse bem. Coloque essa massa em um molde untado com azeite, pressione e deixe esfriar.

Antes de servir, vire a mistura em uma travessa. Enfeite a superfície com pedaços de ovos duros e azeitonas e, em volta, coloque as fatias de tomate temperadas com sal, azeite de oliva, tomilho e sálvia.

CREOLE

Ingredientes

1 xícara de arroz cozido com açafrão

1 xícara de cenoura ralada

1 laranja descascada e em gomos

1 banana

1 colherinha de manteiga derretida

1 colher de uvas-passas de Corinto de molho em rum

1 colher de coco ralado

2 colheres de maionese

1/4 colherinha de canela em pó

Gotas de tabasco

Molho Espuma de laranja (nº 14)

Preparação

Deixe os gomos de laranja e a banana separados. Misture todos os outros ingredientes, menos o molho. Unte um molde com óleo e pressione a salada dentro dele. Coloque na geladeira durante 1 hora e desmolde na travessa em que vai servir o prato. Verta por cima o molho Espuma de laranja e decore alternando gomos de laranja com pedaços de banana. Exótica e decorativa, é ideal para essas tardes quentes do verão, que incitam ao amor.

SALPICÃO DE PRIMAVERA

Pode variar os ingredientes, pois esta salada permite usar a imaginação e as sobras da geladeira. Fica deliciosa tanto com ave quanto com carne fria, camarões e diferentes verduras.

Ingredientes

120 g de salmão defumado desfiado

1 alface picada bem fina

1 cenoura média cozida e picada em cubos

1 tomate descascado sem sementes picado

1/2 xícara de ervilhas novas

1 ovo duro partido em quatro

Preparação

Misture todos os ingredientes em uma saladeira. Verta por cima Tempero francês (nº 3), pouco antes de servir.

SALADA CHILENA

Muito simples, prepara-se com dois legumes afrodisíacos: tomate e cebola.

Ingredientes

2 cebolas médias

3 tomates

Pimentão picante fresco

2 ramos de salsa fresca

Sal, pimenta-do-reino, azeite e vinagre

Preparação

Pique a cebola bem fininho e deixe-a de molho em água quente com vinagre durante meia hora. Deixe escorrer e seque com papel absorvente. Descasque os tomates e corte-os ao comprido em gomos. Pique o pimentão picante e misture com a cebola e o tomate. Tempere com sal, pimenta, azeite. Enfeite com a salsa.

SALADA DE AIPO

Ingredientes

4 talos de aipo sem fibras

1 abacate pequeno

1/2 xícara de amêndoas torradas, cortadas em lâminas

1 maçã verde

1/2 xícara de uvas-passas brancas

1/2 xícara de maionese

1 colherinha de suco de limão

Preparação

Deixe as uvas-passas de molho em água, dentro de uma xícara. Deixe escorrer e seque. Pique o aipo e coloque-o em água fria durante meia hora. Escorra. Descasque e corte a maçã. Coloque suco de limão por cima, para não ficar escura. Descasque e corte o abacate. Misture tudo e verifique o sal.

PRATOS PRINCIPAIS

KAMA SUTRA...
BEM, MAIS OU MENOS!

Neste momento entramos plenamente na matéria culinária. Não tenha medo. Ninguém é perfeito, mesmo os melhores cozinheiros cometem erros, o importante é não admiti-los nunca. Possuo uma vasta experiência em catástrofes culinárias, posso oferecer dados práticos que Panchita jamais aprovaria. Seu lema é a execução impecável e honesta, a minha é a falta de jeito criativa. Tente navegar entre esses dois extremos, na medida do seu talento.

Há diversos preâmbulos no encontro amoroso, que começam com o primeiro impacto dos feromônios passando do nariz para o cérebro, com o urgente chamado da espécie, e culminam nas batalhas de dois adolescentes no assento traseiro de um carro, que, justamente quando abandonam as precauções para chafurdar nos abismos da luxúria desenfreada, são pilhados por um policial com uma lanterna para esfriar os ânimos. Em todas as etapas da vida repetem-se as mesmas cerimônias de acasalamento, como uma dança ritual de flamingos. Esses preaquecimentos não acontecem mais no assento de um carro, mas atrás da fotocopiadora do escritório. Em geral, o homem os abrevia ao máximo, mas se possui um mínimo de inteligência e cultura, prolonga os preâmbulos para conquistar sua companheira: as fêmeas humanas são bastante exigentes a respeito. Este é o conselho do autor de *O jardim perfumado* ao grão-vizir da Tunísia:

> *Sabe, Vizir (Que a bondade de Alá caia sobre ti!), que, se desejas experimentar uma cópula agradável, uma que conceda a mesma satisfação e prazer a ambas as partes, é preciso acariciar a mulher e excitá-la com mordidelas, beijos e carícias. Faze com que ela se vire na cama, coloca-a às vezes sobre as costas e outras sobre o ventre, até vires em seus olhos que chegou o momento do prazer...*

Na cozinha, o equivalente a essas carícias preliminares na cama são os aperitivos, saladas, sopas e entradas. Na Itália também seria a massa e na Espanha as suculentas *tapas*, inclusive a omelete de batatas com linguiça, que são consideradas entradas e não pratos principais. Entretanto, depois de executar os passos da dança dos flamingos que leva os amantes a um ponto sem retorno, chega o momento de mostrar o verdadeiro talento dos executantes. Os manuais eróticos dedicam 90% dos seus conselhos práticos aos preâmbulos, e cobrem com uma cortina de renda o que vem a seguir, não por discrição, mas porque, ultrapassado o último umbral, abrem-se as comportas da razão e então já não há manual que valha. Francamente, conheço poucas pessoas capazes de fazer amor com um manual de instruções ao lado do travesseiro. Em um soneto, Pablo Neruda descreve a culminação sensual desta forma:

... e o fogo genital transformado em delícia
corre pelos estreitos caminhos do sangue
até se precipitar como um cravo noturno,
até ser e não ser apenas um raio na sombra.

Na cozinha, o equivalente ao nerudiano fogo genital transformado em delícia é o prato principal. Assim como o orgasmo é a apoteose do encontro amoroso, o momento supremo do canto da espécie, assim também o prato principal é ponto culminante de um almoço ou jantar. A entrada e a sobremesa são complementos encantadores, parte necessária da liturgia da mesa, mas só o prato principal desvela o caráter de quem cozinha. Prefiro falar no singular, embora um banquete costume constar de vários pratos homéricos, porque estas são receitas eróticas e já indicamos que, com o estômago repleto, nem Casanova daria conta.

Salvo indicação em contrário, estas receitas são suficientes para dois apaixonados de bom apetite, e às vezes sobra um pouco para um reforço ao amanhecer.

FRUTOS DO MAR

CONGRO DE LA CALETA

O congro é uma enguia marinha de carne branca muito fina. Pode ser cozido no forno, de forma bem simples, com manteiga, muito limão e pouco sal. No Chile, ele é comido em forma de sopa (caldinho de congro), recoberto com farinha, e frito ou cozido ao vapor com diversos molhos, frio ou quente. Se comprar um peixe inteiro, peça para retirarem a pele e cortarem o rabo e a cabeça, que poderá aproveitar para fazer um *fumet* (veja no capítulo das sopas), base indispensável para um bom molho.

Ingredientes

1/2 kg de congro limpo

1/2 xícara de vinho branco

1 cebola cortada em rodelas finas

1/2 xícara pequena de óleo vegetal

Suco de um limão

1/4 xícara de queijo ralado

1 colher de manteiga

1/2 colher de pimentão vermelho em pó

1 colher de salsa picada

Sal e pimenta-do-reino

Preparação

Lave o peixe, divida-o em postas e deixe-o secar. Em uma travessa refratária, coloque a cebola, o óleo e o pimentão em pó e deixe cozinhar durante 5 minutos. Coloque por cima o peixe temperado com vinho, limão, sal e pimenta. Deixe-o cozinhar em fogo alto durante 10 minutos. Retire do forno e coloque por cima bolinhas de manteiga, queijo ralado e salsa. Molhe-o com o seu próprio molho, coloque de novo no forno e cozinhe por mais 5 minutos. Deixe-o repousar no calor alguns momentos antes de servir, para que se impregne com os sabores. Acompanhe com batatas ao vapor e folhinhas de salsa.

PEIXE À NEWBOURG

Pode ser preparado com congro, corvina, truta, robalo ou qualquer peixe fino. Nesta receita também podem-se aproveitar sobras de peixe cozido.

Ingredientes

2 postas de peixe de carne branca

4 colheres de caldo de peixe

1 colher de uísque

1/2 xícara de iogurte natural

1/2 xícara de creme de leite

2 gemas

1 colher de manteiga

1/2 colherinha de casca de limão ralada

Sal e páprica

Preparação

Cozinhe o peixe ao vapor com pouco sal (10-15 minutos). Esquente a manteiga, o creme de leite, o iogurte e as gemas levemente batidas em uma panela com fundo duplo. Cozinhe em fogo brando sem deixar ferver e mexendo sempre.

Quando ficar espesso, acrescente aos poucos o licor misturado com o caldo do peixe, temperos e limão ralado. Cubra o peixe e cozinhe em fogo brando por mais 5 minutos.

CORVINA AO CREME

Pode ser feito com congro, salmão ou outros peixes de carne firme.

Ingredientes

1/2 xícara de amêndoas cortadas, sem casca e torradas

1/2 kg de corvina (a parte central)

2 raminhos de alecrim fresco

1/2 cálice de vodca

2 colheres de manteiga

1/2 xícara de creme de leite

Suco de um limão

1 pitadinha de noz-moscada

Sal e pimenta-branca

Preparação

Lave e seque o peixe. Tempere-o com sal, pimenta e limão. Coloque-o em uma travessa refratária untada com manteiga. Verta o cálice de vodca por cima. Cubra-o com bolinhas de manteiga e ramas de alecrim fresco. Tampe-o com papel de alumínio e cozinhe em forno médio de 20 a 25 minutos. Retire do forno e, antes de servir, acrescente o creme de leite, a noz-moscada e as amêndoas torradas. Coloque mais 5 minutos no forno, sem o papel de alumínio.

MERLUZA DIANA

Se seu orçamento não lhe permitir um peixe muito fino, isso não é motivo para se privar de um prato afrodisíaco.

Ingredientes

1/2 kg de merluza (ou outro peixe semelhante)

1 colher de manteiga

1/2 toranja

1 ovo

1/2 xícara de maionese caseira

50 g de ricota fresca

2 cebolinhas em escabeche

1 colherinha de alcaparras

1 limão

1/2 colherinha de coentro picado

Sal e pimenta-do-reino

Preparação

Tempere o peixe com sal e pimenta, e coloque-o em uma assadeira com bolinhas de manteiga. Descasque a toranja, parta-a em gomos (sem a pele), coloque os pedaços sobre o peixe e esprema por cima o suco que ficou na casca. Cozinhe em fogo médio durante 20-25 minutos. Vai se dar conta de que está pronto quando verificar que a carne se solta facilmente da carcaça. Retire, deixe esfriar e coloque-o em uma travessa. Bata no liquidificador a ricota, a maionese, o limão, as alcaparras e as cebolinhas. Acrescente o caldo do peixe para formar um molho leve, prove o tempero e verta-o sobre o peixe. Enfeite com ovos duros e salada de agrião.

ROBALO AO CURRY

Prato fino e consistente para fortalecer amantes exigentes.

Ingredientes

2 postas de robalo lavadas e sem pele

1/2 cebola pequena partida em quatro

1/2 cenoura cortada em rodelas

1 xícara de água

1 colher de azeite de oliva

1/2 colher de vinagre

Suco de 1/2 limão

1 ramo de ervas aromáticas

Pimenta-do-reino em grão e sal

Para o molho:

1 colherinha de manteiga

1 colherinha de curry em pó

1/2 maçã verde sem casca e ralada

1 pitadinha de açúcar mascavo

1 colherinha de farinha

1 gema crua

1/2 xícara de leite de coco

2 colheres de creme de leite

2 colheres bem cheias de coco ralado

O caldo em que se cozinhou o peixe

Sal e pimenta-do-reino

Preparação

Ferva durante 15 minutos a água, a cebola, a cenoura, o ramo de ervas aromáticas, a pimenta-preta e o sal. Passe limão nas postas de peixe e coloque-as em uma panela. Verta suavemente a água fervente sobre elas. Cozinhe durante 15 minutos em fogo muito brando. Retire o peixe com todo o cuidado, para não se partir, e guarde em local quente. Coe o caldo e guarde-o para o molho.

Derreta a manteiga e acrescente o curry, o vinagre, a maçã e o açúcar. Mexa bastante, acrescente a farinha e cozinhe por 5 minutos em fogo brando. Sem parar de mexer, acrescente aos poucos o caldo de peixe, o leite de coco e o coco ralado, e cozinhe em fogo brando por mais 10 minutos. Verifique o tempero e, evitando que ferva, acrescente o creme de leite semibatido com a gema. O peixe é servido coberto com esse molho e acompanhado de arroz com mariscos.

TRUTAS RECHEADAS

Seu amante é um desses pescadores fanáticos? O mais provável é que seu único troféu sejam umas trutas bastante patéticas. Com esta receita, pode transformá-las em motivo de prazer.

Ingredientes

2 trutas médias limpas, sem cabeça nem rabo

Suco de um limão

100 g de presunto

2 colheres de manteiga

1/2 xícara de creme de leite

1 gema crua

1/2 tacinha de vinho branco seco

1 rodela de abacaxi de lata

1 pepino ao escabeche (pequeno)

1 colher de aipo picado muito fino

1/2 colher de cebolinha picada

1 colher de salsa picada

Sal e pimenta-do-reino

Preparação

Lave bem o peixe, seque-o e tempere-o com limão, sal e pimenta. Faça uma pasta no multiprocessador com presunto, pepino, aipo e cebolinha. Acrescente a gema e o creme de leite. Recheie as trutas com a passa e una as bordas com palitos de madeira. Coloque manteiga em uma assadeira e depois ponha o peixe temperado com o vinho. Cozinhe em forno médio durante 15 minutos. Retire, verta o resto do creme de leite por cima e cozinhe mais 5 minutos em fogo brando. Sirva quente, salpicado com a salsa fresca.

SALMÃO NETUNO

Fácil, rápido, leve e muito estimulante, é o prato ideal para apaixonados impetuosos. Não se esqueça de que a massa deve ficar *al dente*, porque se cozinhar demais vai parecer que está comendo minhocas.

Ingredientes

1/2 kg de salmão fresco
250 g de massa cabelo de anjo
4 colheres de azeite de oliva
2 colheres de suco de limão
1 ramo de endro fresco
2 colheres de coentro
1 tomate grande
3 colheres de cebolinha picada
Sal e pimenta-do-reino

Preparação

Tempere o peixe com sal, pimenta, 1 colher de suco de limão e um pouco de azeite de oliva, e coloque o ramo de endro por cima. Se não tiver uma panela especial para cozinhar ao vapor, acho bom comprar uma logo, mas por enquanto pode improvisar com um coador grande sobre uma panela com água. Só o vapor deve chegar ao peixe. Cozinhe-o durante cerca de 15 minutos, porque tem de ficar quase cru por dentro.

Enquanto o peixe cozinha, ponha para ferver uma panela com 8 xícaras de água, 1 colher de azeite e sal para a massa. Pique o tomate em quadradinhos, a cebolinha bem fina e o coentro. Retire o peixe do coador, tire o endro e corte-o em pedaços pequenos. Deixe o cabelo de anjo ferver alguns minutos, para ficar *al dente*. Retire do fogo e coe bem. Misture com o resto e tempere com 1 colher de azeite de oliva, 1 colher de limão, sal e pimenta a gosto.

LAGOSTA PARK AVENUE

Esta é uma forma muito simples de preparar a rainha dos mares, mas como a lagosta é cara, sugiro que leia bem a receita.

Ingredientes

1 lagosta limpa

1/2 xícara de caldo de peixe

1/2 xícara de xerez

4 colheres de conhaque

2 colheres de manteiga

4 colheres de azeite de oliva

2 colheres de cebola picada fina

2 tomates sem casca e sem sementes picados

1 colher de salsa picada

1 pitadinha de alho em pó

Sal e pimenta-de-caiena

Preparação

Corte a lagosta em medalhões e frite-os dos dois lados na frigideira. Retire-os e, no mesmo azeite, refogue a cebola picada até ficar transparente, acrescente o tomate picado, o alho em pó e a salsa. Mexa bem e coloque a lagosta com o caldo e os licores em cima dessas verduras. Tempere com sal e pimenta. Tampe a frigideira e cozinhe durante 20 minutos em fogo brando. Retire os medalhões. Bata o que restou na frigideira e a manteiga no liquidificador, para obter um molho. Molhe os pedaços de lagosta e sirva.

LULAS À LÚCULO

Quando quiser comê-las em sua tinta, vá a um restaurante. Esta receita é fácil e deliciosa.

Ingredientes

4 lulas médias limpas
1/2 xícara de espinafre cozido
1/2 xícara de camarões cozidos
1/2 xícara de leite
2 fatias de pão sem casca
1 gema de ovo
3 colheres de azeite
2 colheres de manteiga
1 colher de cebola picada
1 alho amassado
1 pitadinha de noz-moscada
Sal e pimenta-branca
Rodelas de tomate para enfeitar

Preparação

Molhe o pão no leite. Frite a cebola com o alho, o sal, a noz-moscada e a pimenta. Misture com o espinafre. Acrescente o pão bem desmanchado no leite e a gema. Mexa bastante. Acrescente os camarões picados e a manteiga. Cozinhe 5 minutos, mexendo sempre, até obter uma pasta. Recheie as lulas com essa pasta (só três quartas partes). Feche a abertura com um palito e frite uma por uma em azeite bem quente. Sirva acompanhadas de rodelas de tomates.

CAMARÕES AO AÇAFRÃO

Lembre-se que, no Oriente, o açafrão é considerado um poderoso estimulante. Esta é uma receita de minhas amigas Francesca e Marisa, que dão aulas de culinária italiana aos ingênuos turistas americanos em Milão.

Ingredientes

8 camarões grandes sem casca e limpos

250 g de macarrão em forma de borboletas (farfalle)

1/2 xícara de queijo mascarpone (se não encontrar, pode usar queijo cremoso bem fresco)

1/2 colherinha de açafrão em pó

1 colherinha de azeite de oliva

1 colher bem cheia de manteiga

Sal, pimenta-do-reino, uma pitadinha de páprica e outra de alho em pó

Preparação

Frite os mariscos na manteiga com sal e pimenta. No fundo da travessa onde servirá a massa, bata o queijo com uma colher e acrescente aos poucos o açafrão, até obter um creme amarelo homogêneo. Acrescente sal, pimenta, alho e páprica, mexendo bem. Cozinhe a massa em 8 xícaras de água quente. Coe-a (deve ficar *al dente*). Acrescente o azeite e mexa. Verta imediatamente sobre o queijo e mexa bastante. Coloque os camarões em cima e sirva rápido.

FALSA *PAELLA*

A *paella* verdadeira é preparada em uma frigideira especial (*paellera*), teoricamente nas brasas, e significa horas de duro trabalho, limpando mariscos e picando os demais ingredientes. Não vale a pena fazer isso para duas pessoas. Esta é uma imitação que deixaria qualquer espanhol legítimo indignado — desculpem! —, mas também serve como preâmbulo ao amor, porque todos os ingredientes são afrodisíacos.

Ingredientes

2 xícaras de mariscos crus, misturados (lulas, camarões, vieiras, amêijoas), descascados e limpos

6 mexilhões em suas conchas

1 xícara de arroz branco

2 xícaras de caldo de peixe (concentrado ou feito em casa)

1 tomate pequeno picado em quadradinhos

3 colheres de azeite de oliva

1 pitadinha de açafrão-da-índia

1 pitadinha de açafrão

1 pitadinha de páprica

1 colher de cebola picada fina

1 dente de alho amassado

Sal, pimenta-do-reino e pimentão vermelho para enfeitar

Preparação

Frite a cebola em uma frigideira até ficar transparente, mas não dourada. Acrescente as especiarias e frite por mais 1 minuto. Acrescente os mariscos – menos os mexilhões –, o tomate picado e o alho. Cozinhe por 5 minutos, mexendo de vez em quando. Acrescente o caldo; deixe ferver e coloque o arroz. Tampe a frigideira e diminua o fogo. Deixe cozinhar por 15 minutos. Coloque por cima os mexilhões e o pimentão vermelho cortado em tiras, para enfeitar. Tampe de novo a frigideira e deixe cozinhar por mais 10-15 minutos. Verifique se o arroz ficou bem cozido, retire do fogo, destampe sua falsa *paella* e deixe repousar 2 minutos antes de servir.

AVES

PATO COM PÊSSEGOS

Em geral ficamos com medo quando cozinhamos pato, porque é comum ele ficar duro como borracha ou boiando em sua própria gordura; mas, se dispuser de tempo, esta receita é segura. Não vale a pena fazer meio pato. Esta receita é suficiente para 4 a 6 pessoas, mas pode ser servida como único prato para dois apaixonados com bom apetite, dispostos a saboreá-lo lentamente e a repor as forças mais tarde, com as sobras.

Ingredientes

1 pato (de 1 quilo e meio, mais ou menos), cortado em pedaços

1 lata de 250 g de pêssegos em calda (em metades)

2 colheres de suco de limão

4 colheres de óleo vegetal

1/2 xícara de xerez ou outro vinho doce

1 xícara de caldo de ave

1 folha de louro

1 dente de alho amassado

1 colher de açúcar

Sal e pimenta-do-reino

Preparação

Lave o pato. Seque-o, pingue limão e frite os pedaços em uma panela com azeite muito quente e com açúcar. Acrescente o caldo quente, o suco de pêssego, o licor, o alho e os temperos. Cozinhe tampado durante uma hora, cuidando para não grudar no fundo. Retire os pedaços de pato e coloque-os em um pirex.

Retire o louro e toda a gordura do molho. A melhor maneira é deixar esfriar até a gordura endurecer e depois retirá-la com uma colher. Enfeite o pato com os pêssegos cortados em gomos, verta o molho por cima, tampe a travessa com papel de alumínio e coloque em forno quente durante 15 minutos antes de servir.

GUISADO DE FRANGO

Convém prepará-lo no dia anterior, pois fica mais saboroso e você fica com mais tempo livre para inventar outros recursos eróticos no dia do encontro. É servido com arroz e feijão (opcional).

Ingredientes

4 coxas de frango

1 xícara de vinho branco

1 xícara de água

1 banana pequena

1/4 pimentão vermelho

1/4 pimentão verde

1/4 xícara de tomates sem casca e cortados

1 colher de amendoim salgado e triturado

1 colher de amêndoas sem casca e picadas

1 colher de uvas-passas brancas (deixá-las previamente de molho)

1 dente de alho

1 folha pequena de louro

1/4 cebola grande

1 pitadinha de gengibre, sal e pimenta-do-reino

40 g de chocolate amargo suave

Preparação

Ferva o frango em vinho e água, com sal, pimenta e louro, durante 20 minutos em uma panela tampada. Retire o louro. Coe o caldo. Tire a pele das coxas de frango e coloque-as de novo na panela ou em uma frigideira grande. Ponha o caldo no liquidificador com todos os outros ingredientes, menos as amêndoas, o amendoim e as uvas-passas. Cubra o frango com o molho e deixe cozinhar 45 minutos em fogo brando. No dia seguinte acrescente as amêndoas, as uvas passas e o amendoim, antes de esquentar e servir.

FRANGO ALEGRE

Ingredientes

2 xícaras de carne de frango cortada em pedaços grandes

2 colheres de azeite de oliva

2 fatias de toucinho defumado picadas

1 dente de alho picado

2 tomates grandes sem casca e cortados em fatias

1 xícara de grãos de milho verde

1 colher de vinagre de estragão

1 iogurte natural

1/2 xícara de creme de leite espesso

1/2 kg de espinafre fresco, sem talo

Sal e noz-moscada

Preparação

Frite o toucinho e os pedaços de frango no azeite, até ficarem dourados. Acrescente o milho, alho, vinagre e cozinhe durante 15 minutos em fogo brando. Retire e coloque a carne em um pirex. Bata o caldo que ficou na panela com o iogurte. Tempere com sal e noz-moscada. Coloque esse caldo em cima da carne. Cubra com as folhas de espinafre e tampe com as rodelas de tomate. Asse no forno durante 15 minutos. O prato ficará verde, com o vermelho dos tomates por cima.

PERU DO HARÉM

Como este livro é para dois amantes, não vamos incluir a preparação de peru recheado, que é suficiente para uma família inteira; mas meio peito de peru fica delicioso com esta receita.

Ingredientes

1/2 peito de peru cortado em quatro

1 xícara de água

1/2 cenoura

1/4 cebola

1/2 talo de aipo

1/4 nabo

Sal e pimenta-do-reino

1 xícara de nozes moídas

1 dente de alho amassado

1/4 xícara de salsa picada (as folhas)

1 fatia grossa de pão de forma sem casca

2 colheres de azeite de oliva

Azeitonas pretas e rodelas de tomate para enfeitar

Preparação

Frite o peru, o nabo, a cenoura, a cebola, o aipo, o sal e a pimenta no azeite. Acrescente a água e deixe ferver por 45 minutos com a panela tampada. Retire do fogo, coe o caldo e deixe as verduras de lado.

Elimine os ossos e deixe apenas a parte comestível do peru. Deixe o pão de molho na xícara de caldo. Bata-o no liquidificador junto com a salsa, o alho e as nozes. Obterá um molho espesso que poderá tornar mais líquido com azeite de oliva. Cubra a carne do peru com esse molho e sirva acompanhado de rodelas de tomate e azeitonas pretas.

GALINHA VALENTINO

Ingredientes

1 peito inteiro de galinha jovem

1 colher de farinha

1 colher de manteiga

1/2 xícara de creme de leite

1/2 xícara de caldo quente

1/4 xícara de amendoim torrado

1 gema

1/2 colherinha de molho Perrins

1 colher de pimentão cozido e picado

4 colheres de licor de chocolate

1/2 colherinha de molho picante

Sal e pimenta-do-reino

Preparação

Misture a manteiga com a farinha em uma panela; quando ficar dourada, acrescente o creme de leite e o caldo, mexendo sempre para não embolotar. Acrescente o peito de galinha cortado em quatro e temperado com sal e pimenta. Cozinhe durante meia hora com a panela tampada em fogo brando, virando os pedaços de galinha de vez em quando. Retire do fogo. Dissolva a gema em um pouco de leite e acrescente-a, junto com o pimentão, o licor de chocolate, o molho picante e o molho Perrins. Cozinhe por mais 10 minutos em fogo brando, mexendo sempre. Este prato fica melhor quando é requentado no dia seguinte.

GALINHA DO BOM ROMANCE

É fácil, mas deve ser preparada no dia anterior.

Ingredientes

1 peito de galinha
1 colherinha de vinagre
4 colheres de manteiga
1 1/2 xícara de leite
1/4 cebola ralada, sem o suco que sai quando as cebolas são raladas
1/2 alho-poró picado
1 colherinha de farinha
4 colheres de xerez
1 pitadinha de noz-moscada
Sal e pimenta-branca

Preparação

Divida o peito em dois, passe vinagre e deixe repousar durante 15 minutos. Lave-o em água fria e tempere-o com sal, pimenta e 1 colher de manteiga derretida. Deixe os dois pedaços na geladeira até o dia seguinte. Frite a cebola e o alho-poró no resto da manteiga. Doure os pedaços de peito nesta mesma manteiga. Adicione o leite e cozinhe em fogo brando durante meia hora. Quando ficarem macios, pode retirá-los do fogo. Acrescente farinha ao caldo do cozimento e deixe cozinhar em fogo brando, mexendo sempre, para formar o molho. Tempere com noz-moscada e com o xerez. Verta o molho sobre o peito e sirva com arroz com açafrão e uvas-passas.

COQ AU VIN

Receita clássica que deveria ser feita com galo, mas a experiência indica que uma galinha ou um frango robusto dá melhores resultados. Este prato fica mais gostoso se tiver tempo de repousar (pode ser feito no dia anterior). É suficiente para 4 a 6 pessoas, e não vale a pena fazer menor quantidade, pois pode ser congelado.

Ingredientes

1 frango médio

1 xícara de caldo concentrado de galinha

2 colheres de azeite de oliva

1 colher de manteiga

1 cebola média picada

2 cenouras tenras cortadas em rodelas

1/2 xícara de cogumelos secos (deixar de molho antes)

1/2 xícara de toucinho cortado em cubos

2 dentes de alho amassados

1 ramo de ervas aromáticas

2 colheres rasas de farinha

2 xícaras de champignons frescos cortados em fatias

1 xícara de cebolinhas (pérolas)

2 colheres de conhaque

1 folha de louro

2 xícaras de vinho tinto (de preferência burgundy)

1 colher de xarope de palma (escuro, para crepes)

Sal e pimenta-do-reino

Preparação

Corte o frango em pedaços, eliminando o pescoço e as asas. Frite no azeite o toucinho, a cebola, a cenoura e o alho (5 minutos). Acrescente as cebolinhas (pérolas), o louro e o ramo de ervas. Coloque os pedaços de frango, impregne-os com conhaque e acenda um fósforo. Quando a chama apagar, acrescente o vinho, os cogumelos secos, o caldo e o xarope. Cozinhe em fogo alto até o líquido ficar reduzido a 1 1/2 xícara. Faça uma pasta com a farinha e a manteiga e acrescente-a aos poucos. Misture com o frango e os champignons, além de sal e pimenta a gosto. Cozinhe por outros 10 minutos em fogo brando para os sabores se impregnarem. Antes de servir, retire o excesso de gordura da superfície. Acompanhe o prato com pedaços de pão frito.

PERDIZES AO ESCABECHE

Minha avó as preparava desta forma, e sempre ficavam maravilhosas. É um prato frio categórico e afrodisíaco, que pode ser feito com um ou dois dias de antecedência, e ser levado da geladeira para a mesa ou para a cama.

Ingredientes

4 perdizes limpas

1/2 xícara de azeite de oliva

1/2 xícara de caldo de ave concentrado

1 colherinha de açúcar

6 cebolas pequenas cortadas em quatro

1/4 xícara de conhaque

1 colher de vinagre

2 cravos

2 folhas de louro

1 pedaço de casca de laranja

1/2 colherinha de pimenta-do-reino em grão

1 tigela de grãos de uva

1 cacho de uvas rosadas para enfeitar

Sal

Preparação

Amarre as patas e as asas das perdizes para que o animal não se desmanche durante o cozimento. Passe conhaque e sal nas perdizes. Frite as cebolas no azeite com açúcar até ficarem douradas, mas sem queimá-las. Acrescente a casca de laranja, os cravos, o louro, o resto do licor, o caldo, o vinagre e a pimenta-do-reino. Deixe as perdizes cozinharem durante 15 minutos nesse molho de cebolas. Acrescente as uvas sem casca e cozinhe por outros 15 minutos. Apague o fogo e deixe esfriar. As perdizes ficarão no meio de uma geleia. Antes de servi-las (frias), retire a casca de laranja, o louro e os cravos. Coloque em uma travessa e enfeite com o cacho de uvas.

CARNES VERMELHAS

CORDEIRO COM ESPINAFRE E DAMASCOS

Apesar de o cordeiro não ser considerado afrodisíaco, isso não acontece com outros ingredientes desta receita. A mistura do sabor levemente amargo do espinafre com o doce aroma dos damascos fica deliciosa. Este é um preâmbulo perfeito para iniciar uma conversa íntima sobre o prazer dos sentidos. E suficiente para duas pessoas e pode ser acompanhado por um simples arroz branco.

Ingredientes

1/2 kg de carne de cordeiro sem osso cortada em cubos grandes

1/2 kg de folhas de espinafre lavadas e sem talos

1 lata pequena de damascos

1 dente de alho

1 xícara de caldo

1/2 xícara de creme de leite

1 colher de óleo vegetal

1 colherinha de farinha

1 colher de manteiga

1/2 colherinha de casca ralada de limão

Sal, pimenta-do-reino, noz--moscada

Preparação

Frite a carne e o alho no azeite até dourar. Acrescente o caldo. Cozinhe em uma panela tampada até ficar macio (45-60 minutos). Retire, coloque em um pirex ou em uma travessa de barro, e cubra com as folhas de espinafre. Derreta a manteiga em uma frigideira ou numa panela pequena. Acrescente a farinha e mexa bastante, em fogo brando. Acrescente a calda dos damascos e cozinhe por 2 minutos. Retire do fogo. Tempere com sal, pimenta, casca ralada de limão e noz-moscada. Acrescente o creme de leite, mexa bem e cubra o espinafre com esse molho. Recubra com papel de alumínio, enfeite com os damascos e coloque no forno durante 20 minutos.

FILÉ *BELLE ÉPOQUE*

O molho é delicioso e o filé nunca falha, desde que não cozinhe demais. Compre a melhor carne; neste caso, é um excelente investimento, pois poderá lhe oferecer bons rendimentos mais tarde.

Ingredientes

2 filés mignons grandes

1 colherinha de azeite de oliva

2 xícaras de bom vinho tinto

1/2 cenoura cortada fina

1/2 cebola cortada fina

2 fígados de frango

3 filés de anchova

2 colheres de creme de leite

Sal, pimenta-do-reino e alho em pó

Preparação

Ferva o vinho, a cebola e a cenoura durante 15 minutos em uma panela. Bata-os no liquidificador junto com os fígados e as anchovas. Coloque de novo na panela e deixe cozinhar por mais 15 minutos, mexendo sempre. Desligue o gás e acrescente o creme de leite. Mexa e mantenha quente, com o mínimo de calor.

Enquanto isso, frite os filés dos dois lados em uma frigideira bem quente, com muito pouco azeite. Devem ficar dourados por fora e vermelhos por dentro. Verta o molho por cima e sirva imediatamente.

FILÉ EM CHAMPANHE

Uma garrafa de champanhe é muita bebida para dois amantes normais. Sempre sobra e, depois de aberta, as borbulhas vão embora e o champanhe se transforma em um líquido amarelo, sem alma nem personalidade. Use as sobras nesta receita. Como ela é rápida, pode deixar tudo pronto e, depois de se aquecer com carícias, champanhe e alguns *hors d'oeuvre*, os dois podem ir para a cozinha e, 20 minutos mais tarde, a comida estará pronta.

Ingredientes

2 bifes de filé sem gordura

1 colher de azeite de oliva

1 dente de alho

1 ramo de ervas sortidas

1/2 xícara de tomates sem casca e picados

1/2 xícara de champanhe

2 colheres repletas de uvas-passas grandes (das claras e sem sementes)

Sal e pimenta-do-reino grossa

Preparação

Esquente bem o azeite. Frite os bifes. Tempere-os com sal e pimenta, dos dois lados. Acrescente as uvas-passas, as ervas, o alho e o champanhe. Deixe cozinhar durante 15 minutos na frigideira tampada. Acrescente os tomates e deixe cozinhar por mais 5 minutos. Sirva.

FILÉ ORIENTAL

É rápido, fácil e sempre dá certo. Serve-se por cima de macarrão *al dente* ou de arroz branco.

Ingredientes

1/2 kg de filé mignon cortado em fatias finas

2 colheres de azeite

1 dente de alho picado

1/2 cebola

1/2 xícara de champignons picados finos

1/2 xícara de pimentão vermelho picado fino

1/2 xícara de aipo picado fino

5 colheres de molho de soja

1 colherinha de curry em pó (se for picante, coloque menos)

6 lâminas de gengibre fresco (ou 1 colherinha em pó)

1 colherinha de estragão picado

1 colherinha de sálvia picada

Preparação

Frite as fatias de carne no azeite quente e retire-as da frigideira. No mesmo azeite, frite a cebola, o alho, o aipo, o gengibre e o pimentão durante 6 a 8 minutos. Acrescente os champignons e cozinhe durante 10 minutos em fogo médio. Tempere com sálvia, estragão, soja e curry. Misture com a carne e sirva.

COELHO PICANTE

Não sirva coelho aos amantes dos gatos, porque eles se sentem constrangidos. Esta é uma antiga receita peruana. Um coelho inteiro, mesmo que seja magrinho, é demais para duas pessoas, mas será difícil conseguir comprar um pedaço menor. Esta receita dá para 4 a 6 pessoas. Pode congelar uma metade e servi-la a outro comensal (caso a monogamia não seja seu forte).

Ingredientes

1 coelho grande cortado em pedaços

2 cebolas médias raladas ou picadas finas

2 colheres de manteiga

1 colher de azeite de oliva

1 xícara de caldo

1/2 taça de xerez e vinho do Porto

1/2 xícara de nozes moídas

Suco de 2 limões

1 colherinha de molho de pimenta

1 colherinha de páprica

Sal

Preparação

Passe bastante limão no coelho e deixe-o de molho em um recipiente com 2 xícaras de água durante 6 horas. Retire-o e seque-o bem. Frite os pedaços em manteiga fervente com cebolas, sal, páprica e o molho de pimenta. Quando os pedaços estiverem dourados, acrescente o caldo e o licor. Tampe a panela e deixe cozinhar em fogo brando durante 1 hora.

HAMBÚRGUERES DE COELHO

Esta receita nasceu de sobras de lebre selvagem. Em um passeio ao campo, meu avô foi caçar e regressou com meia dúzia desses animaizinhos. Depois de esfolados, e após ter retirado os chumbos, sobrou pouco para comer, mas de qualquer forma foi o suficiente para inspirar estes hambúrgueres. Também podem ser feitos com frango, pato, peru e outras carnes afrodisíacas.

Ingredientes

2 xícaras de coelho cozido e moído

1/2 xícara de pão de forma molhado no leite

3 fatias finas de toucinho

1 colherinha de óleo vegetal

2 colheres de manteiga

1/2 xícara de creme de leite

2 gemas cruas

1/2 xícara de farinha de rosca

Sal, uma pitadinha de mostarda e pimenta-branca

1 xícara de Molho de xerez (nº 38) ou de Molho ao vinho tinto (nº 36)

Preparação

Pique o toucinho e frite-o no óleo. Adicione a carne moída, o pão molhado no leite e os temperos. Misture o creme de leite com as gemas semibatidas. Acrescente-as ao resto em fogo brando, e mexa durante 5 minutos. Retire e deixe esfriar. Forme 4 hambúrgueres pequenos com as mãos e passe-os pela farinha de rosca.

Frite-os na manteiga, 5 minutos de cada lado.

Coloque-os em uma travessa refratária no forno com fogo alto durante mais 5 minutos, para crescerem. Sirva com o molho de sua preferência e acompanhe com champignons dourados na manteiga com alho.

CERVO AO ALECRIM

Nem sempre é possível conseguir esse tipo de carne, a menos que se tenha um amigo caçador, mas em algumas épocas do ano ela pode ser encontrada nos açougues. A receita é para 6 pessoas e a verdade é que não convém preparar menos. Pode-se guardar na geladeira por alguns dias. Se quiser causar uma impressão inesquecível em seu parceiro, sirva o cervo acompanhado de maçãs recheadas.

Ingredientes

1/2 kg da melhor parte do cervo, sem osso (carne musculosa, sem gordura)

3 colherinhas de azeite de oliva

3 cebolas médias cortadas em quatro

1/4 colherinha de cravo moído

1 colher de sal

1/4 colherinha de canela em pó

1 ramo de alecrim (cerca de 6 folhas)

1/2 xícara de vinho do Porto

2 xícaras de vinho tinto

1/2 xícara de creme de leite espesso

Preparação

Corte a carne em cubos grandes e frite-a no azeite de oliva. Acrescente todos os ingredientes secos e mexa até dourar. Acrescente o vinho tinto e o vinho do Porto. Ferva em fogo brando durante meia hora, com a panela tampada. Para evitar que a carne queime, convém colocar um isolante entre a panela e o fogo. Retire e adicione o creme de leite aos poucos.

Se desejar acompanhá-lo com maçãs, vai precisar de uma maçã verde por pessoa. Faça uma tampinha na parte superior e retire todas as sementes com uma colher, deixando um buraco no meio, que deve ser recheado com uma mistura de geleia de groselhas ou cerejas, um pouco de vinho doce, açúcar, canela e uma pitadinha insignificante de cravo em pó. Essas maçãs servem para acompanhar muitas carnes, não se esqueça...

RINS MONTMARTRE

Para quem gosta de rins e acredita em suas virtudes eróticas, esta é uma receita rápida.

Ingredientes

1/2 kg de rins de terneiro

4 colheres de vinagre

2 colheres de manteiga

1 dente de alho triturado

1 colher de salsa picada

2 colheres de cebolinha (*ciboulette*)

1/2 taça de vinho branco seco

1 colherinha de molho Perrins ou extrato de carne

Sal e pimenta-branca

Preparação

Tire a gordura e os nervos dos rins, e corte-os em fatias. Deixe de molho em água com vinagre durante meia hora. Retire-os e seque-os com papel absorvente. Frite-os em uma frigideira com manteiga, alho, salsa, cebolinha, sal e pimenta. Dez minutos depois, verta o vinho branco e o molho Perrins (ou o extrato de carne). Não deixe ferver, porque os rins ficam duros. Sirva com arroz.

MIOLOS À ITALIANA

Já dissemos que o cérebro de certos animais é considerado um alimento muito afrodisíaco em várias culturas. Esta receita do sul da Itália tem a vantagem de não se notar o que se está comendo. Se tiver de comprar um cérebro inteiro e ele pesar mais do que indicamos aqui, duplique a receita e organize uma pequena orgia, porque isso não pode ser guardado.

Ingredientes

1/2 kg de miolos de vaca

2 ovos

1 colher de queijo parmesão ralado

1/2 colherinha de coentro picado

1/2 xícara de farinha de rosca

1/2 xícara de azeite de oliva

1 limão

Sal e pimenta-do-reino

Preparação

Lave bem os miolos e deixe-os ferver 5 minutos. Coe e retire a pele; corte em pedaços de uns 5 cm de comprimento. Bata levemente os ovos e acrescente 2 colheres de água fria, queijo, coentro, sal e pimenta. Passe os miolos por essa mistura e depois pela farinha de rosca; frite de ambos os lados até ficar dourado. Sirva com arroz e o limão cortado em quatro.

OSSOBUCO DOS ALPES

Este é um dos pratos mais categóricos da culinária universal. Atribui-se todo tipo de propriedades alimentícias e eróticas à medula óssea. Na panela de pressão, ela cozinha em apenas 45 minutos.

Ingredientes

6 pedaços de ossobuco

1 colher de farinha

2 colheres de óleo vegetal

3 colheres de purê de tomates

2 cebolas picadas

1 dente de alho amassado

Casca ralada de 1/2 laranja

Casca ralada de 1 limão

2 cenouras cortadas em rodelas

1 ramo de cerefólio e salsa picados

1 taça de vinho branco seco

Sal e pimenta-do-reino

Preparação

Frite a carne no óleo fervendo. Acrescente as cenouras e as cebolas. Salpique com farinha e cozinhe até dourar. Acrescente vinho e água fervendo até a altura da carne. Tempere com sal e pimenta. Acrescente o purê de tomates, a salsa e o alho. Cozinhe em fogo brando durante 90 minutos (45 na panela de pressão). Cuidado para a água não secar; sacuda a panela de vez em quando para não grudar no fundo. Retire os pedaços de carne, coloque-os em uma travessa funda e mantenha-os aquecidos.

Acrescente a casca ralada de laranja e limão ao molho e deixe cozinhar por mais 10 minutos. Passe o molho por um coador e verta-o sobre a carne. É servido com batatas cozidas ou com arroz soltinho.

PRATOS VEGETARIANOS

PASTA DE ASPARGOS E CAVIAR

Um prato fino, de boa aparência e muito afrodisíaco, com o único defeito de ser caro. Não precisa usar caviar beluga, pode optar por um mais barato. Não deixe de informar ao seu amante que este prato é complicado, caro e afrodisíaco, e que espera um pagamento adequado — em carne — pelas despesas e pelo trabalho.

Ingredientes

200 g de talharins

50 g de caviar (o melhor que estiver ao alcance de seu bolso, pode ser até o vermelho)

2 colheres de azeite de oliva

1 ovo duro picado

1 colher de alcaparras

6 aspargos verdes pequenos

1 xícara de Molho leve (nº 6)

Preparação

Ferva 8 xícaras de água com uma colherada de azeite e sal. Cozinhe os talharins para ficarem *al dente*. Enquanto isso, cozinhe os aspargos ao vapor durante 5 minutos (devem ficar firmes). Corte-os em pedaços de cerca de 3 cm de comprimento. Tempere-os com uma colher de azeite de oliva. Retire o macarrão do fogo e passe-o pelo escorredor. Misture-o com o molho e os aspargos, em uma travessa previamente aquecida no forno, para não esfriar. Coloque por cima o ovo duro picado, as alcaparras e, finalmente, ponha o caviar no meio. Decore com um limão cortado em quatro partes dos lados da travessa. Sirva imediatamente.

TALHARINS COM ALCACHOFRA

Este prato pode ser preparado em 10 minutos, e o recomendo para recuperar as forças do corpo dos amantes cansados e famintos, porque está repleto de ingredientes afrodisíacos. Também pode ser comido como salada no dia seguinte.

Ingredientes

250 g de talharins

1 xícara de alcachofras no azeite (picadas)

1 frasco pequeno de pimentão vermelho

1 queijo de cabra suave (60 g)

6 azeitonas grandes (pretas ou verdes)

1/4 xícara de pinhões (opcional)

2 tomates grandes maduros

1/3 xícara de azeite de oliva

2 colheres de manjericão fresco picado fino

Sal e pimenta-do-reino

Preparação

Esquente o azeite, o caldo das alcachofras e dos pimentões em uma frigideira pequena. Também esquente os pinhões, caso for usá-los. Cozinhe os talharins *al dente*, enquanto pica o tomate e as azeitonas. Misture com as alcachofras picadas.

Deixe escorrer a água da massa e, na mesma panela quente, misture todos os ingredientes, inclusive o queijo de cabra esmigalhado e o manjericão. Tempere com sal e pimenta.

ABOBRINHAS AO CURRY

É um prato rápido e seu resultado é exótico. Se batizar este prato com algum nome oriental extraído de *As mil e uma noites*, poderá produzir uma forte impressão sem qualquer esforço. Sirva com arroz branco ou, para um efeito mais erótico, com arroz com açafrão.

Ingredientes

4 abobrinhas médias

1 colher de azeite

1/2 cebola ralada

1/2 cenoura ralada

1/2 xícara de creme de leite

1 colherinha de curry em pó

2 colheres de coco ralado

1/2 xícara de leite de coco (ou de vinho doce)

4 tâmaras cortadas em tiras

Preparação

Corte as abobrinhas pela metade, em sentido longitudinal. Aqueça o azeite e frite-as rapidamente dos dois lados. Retire-as da frigideira. Refogue no mesmo azeite a cebola, a cenoura, o coco ralado, o curry e as tâmaras, durante 5 minutos. Acrescente o leite de coco (ou o vinho doce) e ferva em fogo brando durante 10 minutos. Coloque as abobrinhas no molho e cozinhe mais 10 minutos. Desligue o fogo antes de acrescentar o creme de leite e servir.

BERINJELAS DO XEQUE

Esta é uma das antigas receitas estimulantes que todo bom amante deve conhecer. É para duas pessoas, mas recomendo fazer o dobro da receita...

Ingredientes

1 berinjela grande ou 2 médias

1 cebola

4 colheres de azeite de oliva

2 tomates

1 dente de alho

1 pitada de cravo em pó

1 colherinha de açúcar

3 colheres de queijo parmesão ou gorgonzola ralado

Sal, pimenta-do-reino, manteiga

Preparação

Corte a cebola bem fininha, pique o alho e frite-o ligeiramente no azeite de oliva. Adicione o cravo, o açúcar, o sal e a pimenta. Tampe a frigideira e cozinhe em fogo brando por 3 minutos. Enquanto isso, corte a berinjela e os tomates em rodelas e esquente-os em forno alto (400 °C). Coloque uma camada de berinjelas em um pirex untado com manteiga, cubra com parte da mistura de cebola e alho, salpique a metade do queijo, depois coloque os tomates, o resto da cebola e o resto do queijo. Coloque bolinhas de manteiga na superfície, cubra o recipiente com papel de alumínio e asse durante meia hora. Retire o papel e deixe no forno quente até a berinjela ficar macia (mais ou menos 10 minutos). Serve-se com arroz.

ESPETINHOS DE PUNJAB

Inspirados no aroma e no sabor da Índia. Pode usar os legumes de sua preferência. Esta receita é para quatro espetos grandes.

Ingredientes

1 frasco de corações de alcachofra em azeite de oliva (170-200 g)

1 cebola pequena

1/2 pimentão vermelho

1/2 pimentão verde

1 abobrinha média

6 champignons grandes

4 cubos de tofu

1/2 limão

Molho curry rápido (nº 30)

Preparação

Lave, seque e corte os legumes em pedaços grandes, coloque-os alternadamente nos espetos e molhe-os com um pouco do azeite das alcachofras e com o suco de limão. Esquente o forno (350° C) e asse os espetos por 20 minutos. Sirva-os com o molho de curry.

RISOTO DE LORI

Todos os ingredientes são afrodisíacos! Com esta receita, Lori Barra, a mulher que fez o projeto gráfico da primeira edição deste livro (tudo fica em família), seduziu meu filho, arrancando-o assim das garras da solidão depois de um triste divórcio…

Ingredientes

1 xícara de arroz *arborio*

1 xícara de champignons picados

1 xícara de cogumelos portobello picados

3 xícaras de caldo de verdura

2 colheres de manteiga

4 colheres de azeite de oliva

3 colheres de cebola picada fina

1/2 xícara de queijo parmesão fresco ralado

1 colher de alho ralado

1 colherinha de azeite de oliva trufado (opcional)

1 colher de alecrim picado

1/2 colherinha de noz--moscada ralada (fresca)

Sal

Preparação

Esquente o caldo. Retire do fogo. Coloque 3 colheres de azeite de oliva e 1 colher de manteiga em uma frigideira; frite a cebola, o alho, os champignons e os cogumelos. Retire e ponha tudo isso em um prato. Na mesma frigideira, coloque o resto do azeite e da manteiga, frite ligeiramente o arroz, acrescente o alecrim, a noz-moscada e o caldo aos poucos, em fogo brando, mexendo de vez em quando. Deixe cozinhar 20 minutos e depois adicione os cogumelos e os champignons. Misture, verta o resto do caldo e deixe cozinhar por 10 minutos, mexendo às vezes. Quando o arroz ficar macio (não deve ficar seco), verta 1/2 xícara de vinho tinto, o azeite trufado e deixe cozinhar por mais alguns minutos. Experimente para ver se o sal está no ponto. Retire do fogo, acrescente o queijo ralado e sirva bem quente.

SOBREMESAS

FINAL FELIZ

Depois de um jantar erótico que, colherada a colherada, conduz os amantes através dos preâmbulos e jogos amorosos até o leito, deve haver um final feliz: a sobremesa. Uma sobremesa coroa a orgia íntima: mangas flambadas ao rum ou profiteroles recheados com framboesas e cobertos por um manto aveludado de chocolate…

Nos restaurantes de luxo geralmente há um cozinheiro especializado só em doces, um afortunado cidadão que passa os dias entre especiarias aromáticas, creme fresco, tortas e bolos, ou seja, justamente o que eu gostaria de fazer para ganhar a vida. As sobremesas são para a mesa o que os concertos barrocos representam para a música: uma arte delicada. Mas o açúcar é fatal, engorda, estraga os dentes e arruína a pele, para não mencionar o diabetes, o colesterol e outras doenças que não se notam ao olhar, mas que, com o passar do tempo, nos parecem aterradoras. Aprenda a preparar sobremesas com graça e a oferecê-las com sentimento, mas tente não experimentá-las. Assim como as carícias, o açúcar pode se transformar em vício. Brinque com a colher mexendo o doce em seu prato até ele perder toda a atração, jogue-o disfarçadamente embaixo da mesa — é bom contar com um cachorro para esses casos — ou simplesmente não se sirva e diga a seu parceiro que está guardando sua porção para brincadeiras eróticas posteriores. Não há nada tão afrodisíaco quanto a musse de chocolate sobre a pele, mas de preferência que seja a sua, porque se a aplicar em outra pessoa, terá de lambê-la e ela contém muitas calorias. Depois de brincar com a sobremesa na cama, prepare um banho para dois, bem quente e com sais aromáticos, ponha uma boa música, acenda velas e sirva champanhe em uma taça só. (Tudo isso, tão fácil de descrever, para mim nunca dá certo na vida real: a água do banho esfria e meu companheiro pega no sono enquanto tento limpar o chocolate que caiu nos lençóis.)

Os doces são uma fraqueza que tenho combatido duramente, em uma guerra sem trégua iniciada logo que me conscientizei de que tinha dentes. É um vício pior que o álcool ou as drogas, porque é legal, não é considerado pecado e pode ser cometido em público. Cada bombom na boca desliza sem transição para os quadris e depois temos de pagar a culpa com inúmeros regimes e ginásticas. Nasci em uma época errada; quem se lembra daquele sábio ditado que dizia que "a gordura faz parte da formosura"? Meu lugar está nas telas de algum pintor impressionista, junto com ninfas gorduchas; ou nos versos de um poeta árabe, entre robustas odaliscas alimentadas a mel e nozes; ou nas páginas de um autor vitoriano, cuja fantasia erótica eram as nádegas rechonchudas de uma mulher complacente, que ele acariciava com uma pena de pavão. Já sei, as penas, assim como o incenso, saíram de moda desde a década de 1960, mas ainda não se descobriu nada para substituí-los. Que diabos estou fazendo na Califórnia neste fim de século? Todo mundo aqui vive obcecado pela saúde e pela beleza; às seis da madrugada, meus vizinhos correm pelas ruas sem que ninguém os persiga, de short e com uns aparelhinhos nos pulsos para medir os sobressaltos do coração. Parece que, quanto maior for o número de palpitações por minuto, mais gordura se elimina e mais músculo se desenvolve, mas não tenho certeza disso, porque ainda que meu coração viva galopando, não tenho nenhum músculo visível em minha anatomia. Este capítulo do livro foi o mais difícil para mim. A noite, sonho com sobremesas e passo os dias estudando as receitas, enquanto minha mãe as prepara na cozinha e o resto da família se deleita com elas. Há meses não experimento qualquer tipo de doce, mas penso neles sem cessar. Não posso me queixar, pois com a maior parte de minhas amigas cinquentonas acontece o mesmo com o sexo... Com um pouco de sorte, logo serei admitida ao círculo de masoquistas de meu bairro. (A propósito, há algumas semanas apareceu um anúncio no jornal de San Francisco solicitando sádicos e masoquistas para um filme pornográfico. Apresentaram-se quatro sádicos e 69 masoquistas.)

Considero inútil complicar ainda mais a existência preparando sobremesas; já é suficiente ter de pagar impostos, portanto poupe energia para a execução amorosa, pois esse é o propósito de um jantar afrodisíaco, não é? Lembre-se de que, nesse caso, o hábito faz o monge: a aparência da sobremesa é mais importante que o sabor. Qualquer coisa melhora se estiver banhada em licor, e ainda mais se acender um fósforo, ou se for servida em uma taça alta, decorada com creme chantilly. Se busca um efeito mais audacioso, pense em formas evocativas, como uma banana e um par de bolas de sorvete colocadas estrategicamente. Tenha sempre em casa um pouco de fruta fresca ou em lata, sorvetes, chocolate para fazer uma calda e biscoitos para enfeitar, com isso pode sair de apuros se não teve tempo para pôr em prática as receitas de Panchita que, entretanto, não dão muito trabalho.

CALDAS E CREMES DOCES

As caldas em geral são cristalinas e muitas vezes são feitas com glicose ou xarope bem espesso. São preparadas com frutas frescas ou em conserva, com geleias e outros ingredientes afrodisíacos, como mel, chocolate, café e especiarias. Podem ser guardadas por vários dias na geladeira, devidamente tampadas. Os cremes são feitos com leite ou creme de leite, e com frequência são engrossados com maisena (farinha de milho muito fina) ou com gemas. Quando se usam ovos é preciso ter cuidado com a temperatura dos líquidos, que devem estar quentes sem ferver, para que o creme possa engrossar sem talhar. Aqueles preparados com creme de leite fresco só podem ser guardados por dois ou três dias.

CREME INGLÊS *CUSTARD*

Este creme é a base de muitos outros, por isso não pode ser ignorado. Sua textura é sedosa como a da pele muito jovem, possui uma bela cor marfim e um sabor delicado, que pode ser variado com licores de amêndoa, laranja etc., aromas como café ou chocolate, ou especiarias como a baunilha, a canela, o cravo e outras.

Ingredientes

2 xícaras de leite

4 gemas

1/2 xícara de açúcar

1 pedaço de casca de limão

Preparação

Aqueça o leite, o açúcar e a casca de limão sem deixar ferver, em uma panela com fundo duplo, sobre a água, não dentro, para que a temperatura seja adequada. Bata bem as gemas. Retire o equivalente a 1/2 xícara do leite quente e verta-o aos poucos sobre as gemas, sem parar de mexer. Misture isso aos ingredientes anteriores e cozinhe mexendo sempre, até ficar espesso. Retire do fogo, tire a casca de limão, aromatize à vontade com licores, especiarias etc., e deixe esfriar, mexendo de vez em quando para não formar nata. Pode ser guardado na geladeira por vários dias.

ZABAIONE

É um creme de licor que costuma ser servido sobre sorvetes ou sozinho, em taças pequenas e com biscoitinhos.

Ingredientes

5 gemas de ovo

1/2 xícara de açúcar de confeiteiro

1 xícara de vinho Marsala (ou outro vinho branco doce)

1/4 xícara de licor doce (*kirsch*, curaçau, rum ou o que tiver)

Preparação

Bata as gemas com o açúcar até ficarem quase brancas. Batendo sempre, acrescente o vinho branco aos poucos. Leve ao fogo em uma panela de fundo duplo e bata constantemente com uma batedeira manual (a elétrica é bem melhor) até obter uma mistura homogênea e espessa. O volume praticamente duplica. Acrescente o licor. Bata por mais 5 minutos e sirva quente em taças (não pode ser guardado).

CALDA DE CHOCOLATE

É outra calda básica indispensável. Qualquer sorvete comum, servido em taça, com calda de chocolate e coroado por uma noz ou uma cereja ao marrasquino, se transforma em uma sobremesa de luxo. Pode perfumá-la com baunilha, licor de frutas, essência de amêndoas etc. Além disso, essa calda é muito afrodisíaca, sobretudo se for lambida nos dedos do amante.

Ingredientes

200 g de chocolate amargo

3/4 xícara de água

1/2 xícara de açúcar

1 colher cheia de manteiga

Preparação

Dissolva o chocolate com o açúcar e a água em uma panelinha de fundo duplo, sobre o vapor. Mexa e tenha cuidado para não queimar. Quando obtiver uma calda espessa e homogênea, acrescente a manteiga e aromatize à vontade.

CREME DE CAFÉ

Assim como a calda de chocolate, esse creme serve para melhorar alguma sobremesa pouco favorecida.

Ingredientes

1/4 xícara de café bem concentrado

1 gema de ovo

1 colher de açúcar

1 colher de chocolate ralado

1/2 xícara de creme de leite fresco

Preparação

Bata a gema com o açúcar e o café. Cozinhe até engrossar em uma panela com fundo duplo, sobre água fervendo. Retire do fogo e acrescente o chocolate, mexa para dissolvê-lo bem e adicione o creme de leite. Pode ser servido frio ou quente.

MEL DE FRAMBOESA

Ideal para sorvetes e crepes recheados com creme chantilly ou ricota. As framboesas são frutas sensuais e frágeis, por isso nunca devem ferver, exceto quando estiver fazendo conserva.

Ingredientes

2 xícaras de framboesas

1 xícara de açúcar

1/2 colherinha de glicose

1/4 xícara de água

Preparação

Faça uma calda espessa com o açúcar, a glicose e 1/4 xícara de água. Deixe esfriar. Bata as framboesas no liquidificador e misture-as à calda.

MOLHO DE MAÇÃ

Ingredientes

1 xícara de molho de maçã (pode ser comprado em frasco ou em lata. Pode ser compota de maçã de bebê)

1 colherinha de canela

1 pitadinha de cravo moído

1 pitadinha de gengibre moído

2 colheres de açúcar de confeiteiro

Suco e casca ralada de uma laranja grande

Preparação

Aqueça a compota ou o suco de maçã em fogo brando junto com todos os demais ingredientes, até ferver. Retire do fogo. Deixe esfriar.

MOLHO DE MEL

Ingredientes

1 xícara de água quente

1 colher de maisena

1/2 xícara de mel

2 colheres de manteiga

1 colherinha de casca de limão ralada

Preparação

Dissolva a maisena em água fria, cozinhe em fogo brando, acrescente o mel, a manteiga e a casca ralada de limão. Bata até obter um molho bem leve.

SUSPIRO DE BANANA

Ingredientes

1 maçã sem casca e sem sementes

1 banana

2 claras de ovo

3 colheres de açúcar

1 colher de suco de limão

2 colheres de rum

Preparação

Coloque tudo no liquidificador e bata bem. Sirva imediatamente em cima de uma massa de bolo impregnada em calda. Não se pode esperar muito para servir porque a banana fica escura.

MOLHO DE VINHO TINTO

É diferente do zabaione. Serve-se quente sobre uma massa de bolo esponjosa ou sobre sorvetes, especialmente de baunilha ou canela.

Ingredientes

1/2 xícara de um bom vinho tinto

1/2 xícara de água

4 colheres de açúcar

2 colheres de manteiga

1 colher de maisena

1 rama de canela

1 pedaço de casca de limão

1 pitadinha de sal

Preparação

Coloque tudo, menos a manteiga, em uma panela, e ferva em fogo brando por 4 minutos, mexendo sempre. Tire a rama de canela. Acrescente a manteiga e mexa para ela se dissolver. Sirva quente.

MOLHO DE DAMASCO

Também pode ser feito com pêssegos e outras frutas enlatadas. É um bom acompanhamento para panquecas, bolos, torrada francesa, sorvetes etc.

Ingredientes

2 xícaras de damascos em lata, sem a calda

1/2 xícara de xerez (ou de licor de laranja)

1 pitadinha de sal

1 colherinha de suco de limão

Preparação

Misture tudo no liquidificador. Cozinhe ao vapor (panela com fundo duplo) até ferver. Sirva bem quente.

MOLHO DE RUM

Foi inventado pelos ingleses para o famoso *plum pudding,* ou pudim de ameixas, uma verdadeira bomba de calorias. Você pode usá-lo também em outras sobremesas menos letais.

Ingredientes

3 ovos e uma gema

4 colheres de água

4 colheres de açúcar

4 colheres de rum

Preparação

Coloque tudo em uma panela com fundo duplo sobre água fervendo e cozinhe mexendo constantemente até obter um molho espesso. Sirva imediatamente.

SOBREMESAS

Estas receitas são para dois amantes de temperamento doce, dispostos a se deleitar com a sobremesa com delicadeza e calma. Pensamos oferecer receitas afrodisíacas, fáceis e rápidas, mas não pudemos omitir uma amostra de crepes, soufflé e mousse, porque nenhum cozinheiro que se preze pode ignorar essas obras-primas.

DELÍCIAS DE PÊSSEGO

São muito evocativas, porque parecem seios.

Ingredientes

1 pêssego grande maduro e sem casca

2 bolas de sorvete de limão

2 cerejas ao marrasquino

1 colher de licor de marrasquino

1 taça de champanhe rosé

Preparação

Parta o pêssego pela metade e retire o caroço. Coloque cada metade em uma taça com boca larga. Coloque em cima uma bola de sorvete, enfeite com as cerejas e com um pouco do licor de marrasquino, encha as taças de champanhe e sirva imediatamente.

PERAS ÉBRIAS

Era a sobremesa preferida da minha santa tia Teresa; apesar de sua alma cristalina, seu olhar brilhava maliciosamente quando lhe serviam essas peras.

Ingredientes

1 pera grande, madura e sem casca, partida pela metade

Suco e casca ralada de 1/2 limão

2 colheres de ricota

1 colher de mel

1 pitadinha de noz-moscada

2 colheres de açúcar

1 copo de vinho tinto

1 rama de canela

Preparação

Esvazie o centro das metades da pera e impregne-as com limão, para não escurecerem. Recheie as partes da pera com uma mistura de ricota, mel, casca de limão ralada e noz-moscada. Conserve-as na geladeira. Faça uma calda espessa e perfumada com o vinho, o açúcar e a canela. Verta o vinho quente sobre as peras geladas e sirva imediatamente.

TAÇA TROPICAL

Rápida e exótica.

Ingredientes

1 manga madura sem casca e sem caroço

1 banana cortada em pedaços

1 xícara de creme de leite espesso

2 colheres de açúcar

1/2 xícara de framboesas

2 colheres de licor de cassis

Preparação

Bata todos os ingredientes, menos as framboesas, no liquidificador. Congele durante 2 horas. Retire e bata de novo no liquidificador. Sirva bem gelado, em taças, enfeitadas com as framboesas.

TAJ MAHAL

Você sabe que o açafrão é afrodisíaco, mas sabia que também pode ser usado em sobremesas?

Ingredientes

2 maçãs vermelhas

1/4 xícara de água

1 xícara de açúcar

2 colheres de suco de laranja

1 pitadinha de açafrão em pó (ou 3 fibras)

2 colheres de Grand Marnier

4 colheres de creme chantilly

Preparação

Ferva a água, o açúcar, o suco de laranja e o açafrão até ficar no ponto de caramelo claro. Acrescente as maçãs descascadas, sem sementes e partidas em quatro. Cozinhe em fogo brando durante 10 minutos, virando-as para que fiquem coloridas dos dois lados. Retire, deixe esfriar e verta Grand Marnier. Coloque as maçãs em taças altas, e enfeite com creme chantilly (creme de leite fresco batido com açúcar de confeiteiro e baunilha).

MAÇÃS FEITICEIRAS

Todos os homens adoram essa sobremesa, e ela é fácil de preparar.

Ingredientes

4 maçãs grandes vermelhas sem casca

2 colheres de leite condensado

2 colherinhas de açúcar

1 tacinha de xerez

1 colher de manteiga

1 colher de suco de limão

Casca de limão, cravo e canela

2 ginjas ou cerejas e 2 ramas de canela para enfeitar

Preparação

Deixe as maçãs de molho em água fria com limão durante 10 minutos. Unte com manteiga duas tigelas pirex individuais e salpique um pouco de açúcar em seu interior. Tire as sementes das maçãs e coloque cada uma em um recipiente. Recheie-as com leite condensado, limão, canela e cravo. Umedeça as maçãs com o licor e com um pedaço de manteiga. Tampe cada tigela com plástico transparente. Cozinhe no micro-ondas durante 7 minutos. Retire, deixe esfriar e enfeite com uma ginja ou cereja e um pouco de canela. Não coloque na geladeira porque a manteiga endurece.

SEIO DE NOVIÇA

O nome verdadeiro é peito de freira, mas por razões literárias optamos por algo mais sugestivo.

Ingredientes

1 xícara de ameixas secas picadas finas

4 claras

4 colheres de açúcar de confeiteiro

1/4 colherinha de essência de baunilha

Preparação

Bata as claras até ficarem firmes e acrescente aos poucos o açúcar peneirado. Adicione a essência de baunilha e suavemente as ameixas picadas. Coloque em um molde untado com manteiga e leve ao forno (moderado) durante 1 hora. Sirva com creme inglês ou com creme chantilly.

MADAME BOVARY

A frívola heroína de Flaubert inspirou esta sobremesa.

Ingredientes

1 xícara bem cheia de cerejas, morangos, framboesas e groselhas misturados

3 colheres de açúcar

2 colheres de *kirsch*

1 colherinha de casca de limão ralada

3 colheres de queijo cremoso

4 biscoitos champagne triturados

1/2 banana

Preparação

Retire o caroço das cerejas. Misture-as com as outras frutas e com o açúcar e deixe ferver durante 8 minutos. Retire, coe, guarde a calda e deixe esfriar. Bata o queijo com um garfo e acrescente a casca de limão ralada e os biscoitos triturados. Acrescente a calda do cozimento e o *kirsch*, formando um creme pouco espesso. Coloque um pouco desse creme em taças e cubra-o com a fruta vermelha antes de servir. Corte a banana em rodelas e enfeite a sobremesa com ela.

CREME CATALÃO

Existem muitas variações, mas aqui oferecemos a mais fácil e que nunca falha. Deve fazê-lo bem cedinho.

Ingredientes

2 xícaras de creme de leite

6 gemas

2 colheres rasas de açúcar

1 colher bem cheia de açúcar mascavo

1/4 colherinha de baunilha

Preparação

Numa panela de fundo duplo, esquente o creme de leite com o açúcar branco e com a baunilha. A água não deve ferver muito. Acrescente as gemas batidas, mexendo sem parar. Retire quando o creme engrossar e coloque na geladeira para esfriar (8 minutos). Quando estiver bem gelado, salpique o açúcar mascavo por cima, até as bordas. Coloque a vasilha sobre outra, com gelo picado. Coloque no forno bem quente, com o fogo na parte de cima, para o açúcar virar caramelo (2 ou 3 minutos). Retire e guarde na geladeira até o momento de servir.

ESPUMA DE VÊNUS

Sobremesa fresca de verão, que pode nos tirar de apuros.

Ingredientes

1 banana

1/2 maçã

Suco de 1/2 laranja

1 kiwi sem casca

1 clara de ovo

4 colheres de açúcar

1 colher de licor de menta

2 rodelas finas de limão

Suco de 1/2 limão

Preparação

Descasque as frutas e coloque tudo no liquidificador, menos as rodelas de limão. Bata durante 3 minutos. Coloque o creme em taças altas e decore com a rodela de limão na borda da taça.

BOMBA DO CARIBE

Esta receita é muito abundante para duas pessoas, mas pode lhe servir para uma pequena orgia.

Ingredientes

1/2 abacaxi fresco com seu talo, cortado verticalmente 1 manga média picada em cubos

1 banana em rodelas

1 tangerina (em gomos)

1/2 xícara de goiaba

3 colheres de açúcar

Suco de 1/2 limão

2 colheres de licor de curaçau

1 xícara de sorvete de baunilha

2 colheres de coco ralado

Preparação

Esvazie o abacaxi, corte a parte comestível em cubos e guarde a parte de fora em local fresco. Misture os cubos de abacaxi com a manga, a tangerina e a goiaba, acrescente a banana molhada em suco de limão para não escurecer e adicione o açúcar e o licor. Recheie o fundo do abacaxi com sorvete e cubra com a fruta. Salpique coco ralado por cima. Sirva imediatamente ou coloque no congelador para o sorvete não derreter.

CARLOTA DOS AMANTES

Repleta de afrodisíacos: chocolate, nozes, café, licor, ovos!

Ingredientes

4 biscoitos champanhe (ou biscoitos secos) triturados

2 ovos

1 barra de chocolate amargo (75 g)

2 colheres de nozes moídas

2 colheres de açúcar

2 colheres de manteiga

1/2 xícara pequena de café preto concentrado

1 colher de conhaque

Preparação

Parta o chocolate e derreta-o em uma panela de fundo duplo, junto com 2 colheres de água. Acrescente o açúcar e a manteiga. Bata bastante enquanto acrescenta as gemas, uma depois da outra. Deixe cozinhar 5 minutos e retire do fogo. Bata as claras até ficarem firmes e misture-as ao chocolate, junto com as nozes. Acrescente aos poucos o café, o conhaque e os biscoitos. Coloque em duas taças largas e enfeite com creme chantilly.

MOUSSE AU CHOCOLAT

E a sobremesa afrodisíaca por excelência, de praxe nos bons restaurantes e um convite formal ao amor. Existem muitas versões sobre ela, mas só vamos apresentar a mais simples. Se desmoronar, não faça comentários, finja que ficou exatamente como esperava e sirva-a em taças. Se nem dessa forma ficar apresentável, use-a como loção para massagens sensuais.

Ingredientes

170 g de chocolate amargo

3 colheres de café forte

2 ovos inteiros, com as gemas e as claras batidas separadamente

1/2 xícara de creme de leite espesso

1 colher de licor de laranja

Gotas de baunilha

Preparação

Dissolva o chocolate e o café em fogo brando. Acrescente as gemas, mexa e cozinhe durante 2 minutos. Retire do fogo, deixe esfriar e acrescente as claras, o creme de leite, a baunilha e o licor. Coloque na geladeira em taças, que pode decorar conforme o seu gosto.

BAVAROISE DO MOURO

A *bavaroise* consiste em um suspiro com claras de ovo batidas, calda, gelatina e um perfume líquido (café concentrado, limão, chocolate) ou um purê semiespesso de frutas ou nozes. Seu resultado depende das proporções e das claras bem batidas e firmes, de preferência usando a batedeira. Deixa-se esfriar na geladeira durante várias horas em um molde e, antes de desmoldar, passa-se por água quente, para cair facilmente na travessa em que será servido. Use sua imaginação para fazer diversas *bavaroises;* aqui lhe oferecemos apenas um exemplo.

Ingredientes

3 claras

1 1/2 xícara de açúcar

1/4 xícara de água

3 colherinhas cheias de gelatina em pó

1/2 xícara de creme de leite espesso batido

1 xícara pequena de café concentrado

1 colher de chocolate amargo

Essência de baunilha e rum

Preparação

Faça uma calda com a água, o açúcar e umas gotas de essência de baunilha e rum. Bata as claras até ficarem firmes (suspiro). Misture aos poucos a calda com as claras e bata suavemente até esfriar. Desmanche a gelatina no café e no chocolate quente. Misture-a com as claras, utilizando um coador. Finalmente, acrescente o creme de leite, mexendo de leve. Verta a mistura em moldes individuais previamente molhados e coloque na geladeira. Para servir a *bavaroise*, tire-a dos moldes e cubra-a com creme inglês.

CREPES

São panquecas tão finas que às vezes parecem transparentes. A massa — que tem a consistência de um creme bem líquido — pode ser perfumada com algum licor. Para dar certo, devem ser feitas na panquequeira ou em uma frigideira bem quente, untada só com um pouquinho de manteiga ou óleo. Utilize uma colher grande de massa para cada panqueca. Quando a massa se soltar (1 minuto), deve ser virada para cozinhar do outro lado. Se a primeira panqueca ficar grossa, adicione um pouco mais de leite à massa. É recomendável fazer o dobro desta receita e guardar na geladeira as que não foram utilizadas, enroladas em papel de alumínio, para serem usadas mais tarde. Inclusive podem ser congeladas. Esta é a receita básica para 10 unidades.

Ingredientes

1 ovo
1 xícara de leite
3 colheres cheias de farinha de trigo
1/2 colher rasa de açúcar
1 pitadinha de sal
1/2 colher de vodca (pisco, rum ou outro licor)

Preparação

Bata tudo junto no liquidificador até obter uma massa uniforme. Deixe a massa batida e tampada repousar durante meia hora. Aqueça a panquequeira com um pouquinho de manteiga ou óleo (convém utilizar um pincel). Verta uma colher grande da massa e mexa para ela se espalhar pela panquequeira. Quando a massa soltar (1 minuto) vire-a para que cozinhe do outro lado.

CREPES SUZETTE

Poderá encontrá-los em todos os grandes restaurantes internacionais. São servidos flambadas, o que é um espetáculo muito estimulante. Sua elaboração não é tão complicada se tiver preparado tudo com antecedência.

Ingredientes

6-8 panquecas

50 g de manteiga

50 g de açúcar de confeiteiro

Suco e casca ralada de 1/2 laranja

4 colheres de Grand Marnier

4 colheres de conhaque (Triple Sec)

Preparação

Conserve as panquecas mornas. Em uma frigideira pequena, esquente a manteiga. Acrescente aos poucos o açúcar, a metade do conhaque e a metade do Grand Marnier. Acrescente o suco e a casca ralada da laranja. Deixe ferver, mexendo a frigideira em fogo alto durante 1 minuto. Obterá uma calda grossa. Reduza o calor ao mínimo e dobre as panquecas em quatro. Passe-as pela calda, uma por uma, até ficarem bem impregnadas. Verta o resto do licor quente por cima e acenda um fósforo. Sirva quando a chama apagar. Toda essa operação é fascinante; faça-a perto da mesa para seduzir seu convidado.

CRÊPES NOËL

Ingredientes

6 panquecas

3 colheres de queijo cremoso

3 colheres de ricota

4 colheres de açúcar

1 colher de casca ralada de limão

1 pitadinha de noz-moscada

1 xícara de ginjas ou cerejas em lata com a calda

2 colherinhas de maisena

4 colheres de licor de ginjas ou cerejas (*kirsch*)

Preparação

Misture o queijo, a ricota, 2 colheres de açúcar, noz-moscada e limão. Estenda uma camada dessa pasta em cada crepe e enrole-os. Ferva as cerejas com o resto do açúcar. Acrescente a maisena dissolvida no *kirsch* e mexa bastante. Guarde em local aquecido. Coloque as panquecas no micro-ondas durante 1 minuto. Retire-as e cubra-as com calda de cerejas quente. Sirva imediatamente.

SIBARITA

Estes deliciosos crepes contêm um verdadeiro concentrado de afrodisíacos.

Ingredientes

6 panquecas

2 xícaras de figos frescos sem casca

4 colheres de açúcar em pó

4 colheres de nozes trituradas

2 colherinhas de conhaque

1 pitadinha de noz-moscada

6 colheres de creme chantilly

Preparação

Amasse os figos com um garfo. Misture com o açúcar, as nozes, o conhaque e a noz-moscada. Recheie as panquecas com essa pasta, dando-lhes forma quadrada. Coloque-as numa travessa e leve-as ao microondas durante 1 minuto. Retire e enfeite com creme chantilly antes de servir.

SURPRESA ZUCOFF

É uma omelete flambada ao rum que você pode variar à vontade, conforme os caprichos de sua imaginação e as sobras que tiver na geladeira.

Ingredientes

3 ovos inteiros
1 clara de ovo
1 colher de manteiga
1 colherinha de farinha
1 pitadinha de sal
2 colheres de tâmaras, sem sementes e cortadas
2 colheres de uvas-passas brancas da Califórnia, sem sementes e previamente deixadas de molho em água
4 colheres de mel
3 colheres de manteiga
1 tacinha de rum

Preparação

Durante 3 minutos, cozinhe 3 colheres de manteiga com o mel. Acrescente as tâmaras e as uvas-passas. Cozinhe por mais 3 minutos e não deixe grudar no fundo. Retire e guarde em local aquecido. Bata as claras bem firmes e acrescente as gemas uma por uma. Misture a farinha e uma pitadinha de sal, batendo por 2 minutos. Aqueça uma colherinha de manteiga em fogo alto em uma frigideira pequena. Verta a massa e mexa com um garfo do centro para as bordas. Desgrude as bordas da omelete com uma espátula e diminua o calor. Quando o fundo ficar dourado, deslize-o em um prato. Cubra-a com a mistura de tâmaras e uvas--passas. Dobre-a em dois, leve-a à mesa e só então verta sobre ela o rum previamente aquecido, e acenda-o.

SUFLÊ DE DAMASCO

Todas as cozinheiras receiam os suflês, porque costumam ficar um pouco crus no meio, ou encolhem logo que saem do forno. Este tem sabor delicado e é seguro, bem... isto é, oferece toda a segurança que podemos ter nesta vida.

Ingredientes

3 ovos, com as claras separadas das gemas

1 colher grande de manteiga

2 colheres de açúcar

4 colheres de farinha de rosca (ou de biscoitos triturados)

4 colheres de geleia de damasco

Preparação

Bata o açúcar com a manteiga até formar um creme. Acrescente as gemas e bata por mais 2 minutos. Adicione a geleia e a farinha de rosca. Finalmente, misture as claras batidas em ponto de suspiro. Coloque essa preparação em um molde com fundo duplo untado com manteiga. Podem ser moldes individuais colocados sobre um pirex com um pouco de água. Deixe no forno durante 15 minutos com calor moderado. Sirva quente com calda de damascos.

ARROZ-DOCE DO CONSOLO ESPIRITUAL

Lembra-se de meu sonho do arroz-doce no início deste livro? Não posso imaginar sobremesa mais sensual... Esta receita é para 8 pessoas normais, mas me parece um crime reduzi-la. Sou capaz de devorá-la em um piscar de olhos, e por isso, leitora ou leitor, não vejo por que seria diferente em seu caso. Se porventura sobrar algo, pode guardar na geladeira e, se estiver de bom humor, use os restos para cobrir seu amante dos pés à cabeça com este luxuriante arroz-doce e depois lambê-lo lentamente. Nessas ocasiões, as calorias se justificam.

Ingredientes

1/2 xícara de arroz
10 xícaras de leite
2 xícaras de açúcar
1 rama de canela
1 colher de canela em pó
1 pedaço de casca de limão
4 xícaras de água morna

Preparação

Deixe o arroz de molho na água morna durante meia hora, e depois pode coá-lo. Coloque o arroz, o leite e a rama de canela para ferver, até ele ficar macio, por mais ou menos meia hora. Acrescente o açúcar e a casca de limão e continue a fervê-lo em fogo brando, mexendo de vez em quando para não grudar, até engrossar (cerca de mais meia hora). Coloque-o em uma travessa, deixe esfriar na geladeira e, antes de servir, salpique com a canela em pó.

CRÉDITOS ARTÍSTICOS

p. 1 Fotografia, Lori Barra, imagem completa na p. 265

p. 6 *Morning Grace*, óleo de Martin Maddox, 1991, detalhe nas p. 5

p. 18 Fotografia, William Gordon

p. 21 Fotografia, Marcia Lieberman

p. 24 Fotografia, Luis Miguel Palomares

p. 26 Fotografia, Marcia Lieberman

p. 28 *Papaya, naranja y lluvia*, óleo de Sylvia Ordónez, 1992, coleção do sr. Ivan Mendiola, Galeria de Arte Atual Mexicana

p. 40 *Table with Candle and Fruit Above*, óleo de Remedios Varo, © 1997, Artists Rights Society/VEGAP, Madri

p. 54 *Windows VI*, egg tempra de George Tooker, 1962 (Chameleon Boooks)

p. 64 *Untitled #7 (collage for Blood Wedding)*, óleo de Juan Gonzalez, 1988 Nancy Hoffman Gallery, fotografia: Christopher Watson

p. 68 *Dyptych: Interior with Couple*, óleo de Gonzalo Cienfuegos, 1991. Fotografia, Kactus Foto, Chile/Superstock

p. 74 *Intimité: Couple dans un interieur avec paravent*, óleo de Félix Edouard Vallotton, coleção Samuel Josefowititz, Lausanne/Giraudon, Paris/Superstock

p. 80 *Cherry Group*, óleo de Glen Holland, 1996, Fischbach Gallery, fotografia: Paul Raffi

p. 84 *Woman with Sprig of Laurel*, têmpera de George Tooker, 1992. DC Moore Gallery, Nova York

p. 96 *Casa de las Hermanas Arias*, 1973, óleo, © Fernando Botero (Courtesy Marlborough Gallery, Nova York)

p. 111 Fotografia, Luis Miguel Palomares

pp. 112, 116 *The Creation of Eve,* pastel de Martin Maddox, 1989

p. 120 *Spring Fever,* óleo de Martin Maddox, 1991

p. 128 *The Main Course,* óleo de Martin Maddox, 1992

p. 134 *Back of Nude,* óleo de William Merrit Chase, The White House/Superstock

p. 142 *In a Foreign Land,* óleo de Emma Turpin, Portal Gallery, Londres

p. 150 *La Chambre d'Ecoute,* óleo de René Magritte, 1952. The Menil Collection, Houston, fotografia: Paul Hester © 1997 C. Herscovici, Bruxelas/Artists Rights Society, Nova York

p. 156 *Objets Familiers,* óleo de René Magritte, 1928, coleção particular. Fotografia: Paul Hester c. 1997, C. Herscovici, Bruxelas/Artists Rights Society

p. 162 *En la Cocina,* óleo de Antonio López García © 1958. (Courtesy Marlborough Gallery, Nova York)

p. 166 *Still Life with Oil Lamp and Herring,* óleo de David Sterenberg, 1920, Museu Estatal Russo, São Petersburgo, Scala/Art Resource, Nova York

p. 174 *Nocturnal Menina,* óleo de Vladimir Zabaleta, 1989

pp. 188, 192 *The Expectant Mother,* óleo de Martin Maddox, 1995

p. 196 *Pêches,* óleo de Man Ray, Man Ray Trust, Nova York, © 1997 Artist Rights Society, Nova York/A DAG P, Paris

p. 206 *Bodegon de Palenque,* óleo de Ana Mercedes Hoyos, 1989, Christie's Images, Nova York

p. 212 *Charm,* meios combinados de Lilly Cannon, coleção de Owens Chapman

p. 223 *Relámpagos Naranjas,* acrílico de Julio Galán, 1988. Galeria Ramis Barquet, Nova York

p. 224 *Neruda's Wine Glass,* pastel de Vivienne Flesher, 1997

pp. 238, 248 *Urban Landscape-Lovers,* óleo de Larry Wilson, Superstock

p. 244 *Muses of Fall,* óleo de Angel López, © 1997

p. 254 *Eve,* 1981, óleo © Fernando Botero (Courtesy Marlborough Gallery, Nova York). Fotografía de Christie's Images, Nova York

p. 262 *Sleeping Girl,* óleo de Balthus, Tate Gallery, Londres/Art Resource, Nova York © 1997 Artist Rights Society, Nova York/ADAGP, Paris

p. 266 *Femme Fatale,* óleo de Martin Maddox, 1995

p. 268 *Sevillianas,* têmpera de George Tooker, 1975, Chalk and Vermillion Fine Arts

p. 294 *Flore,* óleo de Ivan Loubennikov, Galerie Alain Blondel, Paris, coleção particular, fotografia: David Allison

p. 302 *Odalisque,* têmpera de George Tooker, 1967, Chameleon Books

p. 328 *Embrace 1,* têmpera de George Tooker, 1979, Chameleon Books

p. 342 *The Nature of Regret,* óleo de Martin Maddox, 1992

p. 378 *Cherries, Pears and Butterfly,* caseína e óleo de Stone Roberts, 1989, Salander-O'Reilly Galleries, Nova York

Copyright © Isabel Allende, 1997

Direção de criação do projeto original deste livro: Lori Barra, TonBo designs
Novo projeto gráfico, design de capa e diagramação para esta edição: Renata Vidal
Imagem de capa: *Morning Grace*, óleo de Martin Maddox, 1991
Produção: Jan & Eric Martí, Command Z Shane Iseminger
Documentação artística: Carousel Research, NY Fay Torres-yap, Elizabeth Meryman, Leslie Mangold, Laurie PlattWinfrey

CIP-BRASIL. CATALOGAÇÃO NA PUBLICAÇÃO
SINDICATO NACIONAL DOS EDITORES DE LIVROS, RJ

A427a
7. ed.

Allende, Isabel, 1942-
Afrodite : contos, receitas e outros afrodisíacos / Isabel Allende ; ilustração Robert Shekter ; receitas Panchita Llona ; tradução Claudia Schilling. - 7. ed. - Rio de Janeiro : Bertrand Brasil, 2025.
il.

Tradução de: Afrodita
ISBN 9786558383802

1. Afrodisíacos - Coleções literárias. I. Shekter, Robert. II. Llona, Panchita. III. Schilling, Claudia. IV. Título.

25-98196.0 CDD: C863
CDU: 82-3(83)

Gabriela Faray Ferreira Lopes - Bibliotecária - CRB-7/6643

Texto revisado segundo o Acordo Ortográfico da Língua Portuguesa de 1990.

Todos os direitos reservados.
Não é permitida a reprodução total ou parcial desta obra, por quaisquer meios, sem a prévia autorização por escrito da Editora.

Direitos exclusivos de publicação em língua portuguesa somente para o Brasil adquiridos pela:
EDITORA BERTRAND BRASIL LTDA.
Rua Argentina, 171 — 3º andar — São Cristóvão
20921-380 — Rio de Janeiro — RJ
Tel.: (21) 2585-2000,
que se reserva a propriedade literária desta tradução.

Seja um leitor preferencial. Cadastre-se no site www.record.com.br e receba informações sobre nossos lançamentos e nossas promoções.

Atendimento e venda direta ao leitor: sac@record.com.br

CÓPIA NÃO AUTORIZADA É CRIME
ABDR
ASSOCIAÇÃO BRASILEIRA DE DIREITOS REPROGRÁFICOS
RESPEITE O DIREITO AUTORAL
EDITORA AFILIADA

Este livro foi composto em Fournier MT Std e Neutra Text,
e impresso em papel Off-white na gráfica Santa Marta.